# 保健・医療・福祉の研究・教育・実践

Research and Practice on Health and Welfare

新潟医療福祉大学
山手 茂
園田恭一
米林喜男
編

東信堂

# まえがき

　本書は、新潟医療福祉大学社会福祉学部に所属する教員によって執筆されたものである。わたくしたちは、各自の研究関心にそって調査研究をつづけつつ、社会福祉士、精神保健福祉士、介護福祉士という福祉専門職の育成教育に尽力しているが、このたびその研究成果の一端をこの論文集にまとめ、広く斯界の方々のご批判を仰ぎたいと思った次第である。

　新潟医療福祉大学は、平成13（2001）年に開学し、創設後6年目を経た若い大学であるが、社会福祉学部のほかに、医療技術学部、健康科学部、計3学部を擁し、社会福祉学科、理学療法学科、作業療法学科、言語聴覚学科、義肢装具自立支援学科、健康栄養学科、看護学科、健康スポーツ学科の8学科を設置している。これらの8学科は、保健・医療・福祉の連携という問題意識のもとに研究教育両面で相互協力しつつ、QOL（Quality of Life）サポーターとしての専門職の育成に勤しんでいる。

　また、大学院医療福祉学研究科は、保健学・社会福祉学・健康科学の3修士専攻課程と博士後期課程を設けている。

　新潟医療福祉大学は、平成18（2006）年には日本高等教育評価機構による外部評価を受け、大学としての評価基準を満たしているとの認定をうけることができた。なかでも、社会福祉学科について「社会福祉活動の実際を学ばせるべく、学生の地域活動への参加を積極的に推進していること」が優れた点として高い評価を得たことは、特記すべきことではないかと思っている。

　社会福祉学部の教員一同は、今後とも社会福祉士・精神保健福祉士の国家試験合格率や就職率などを含めた外部評価をいっそう高めるべく、人々が幸せで安らぎのある生活が送れるように支援する専門職を育成教育するとともに、それぞれの関心領域の研鑽にも努力する所存である。

2007年3月
新潟医療福祉大学社会福祉学部長　米林　喜男

## 解題と本書の構成

　本書に収載されている各論文は、2007年3月現在で、新潟医療福祉大学社会福祉学部社会福祉学科に所属して教育や研究に従事している教員のそれぞれが、自らテーマを選択して自由に執筆したものであるが、本書を刊行するに当たっては、事前に数回に亘り企画の主旨や相互のテーマ、内容等の交換や調整を行い、また中途や脱稿の段階での検討や打ち合わせなどももたれた。
　そこで、ここでは、それらをも踏まえて、解題をも兼ねて、各論文の紹介や、本書の構成などを記しておくこととしたい。

　第Ⅰ部『社会福祉の専門性と教育』は、社会福祉の中心的な課題であり、方法であるソーシャルワーク関連の論文を集めている。
　第1章「ヨーロッパにおけるソーシャルワーク教育の動向」(岩﨑浩三)は、アメリカなどと比べると取りあげられることが少なかったヨーロッパの、最近の動向を、「各国のとる社会政策によって実践されているソーシャルワークの内容に差異がある背景をもちながら、ヨーロッパのソーシャルワークがグローバリゼーションやEUの目指すヨーロッパ統合にともなってどのようなソーシャルワークにかかわる問題が生じ、ソーシャルワーク教育ではヨーロッパ化をどのように進めていこうとしているのか」を探っている。
　第2章「ソーシャルワークとスピリチュアリティ」(村上信)は、「医療化」が拡大する中にあって、「医療の領域、とりわけ緩和ケアにおけるスピリチュアルとWHOが健康の新定義にスピリチュアルという新しい要素を加えようとしたことについて概観し、その上でソーシャルワークとスピリチュアリティについて考察」している。
　第3章「社会福祉士制度の到達点と課題」(横山豊治)は、「国家資格をもったソーシャルワーカーである社会福祉士の任用制度を早急に確立するよう提言」するとした日本学術会議の報告書(2003年6月)も踏まえて、多面的に社会福祉士制度の検討や評価を行い、最新のデータをもとに、その養成教育と任

用の現状をまとめている。

　第4章「相談援助職養成教育に障害当事者を模擬相談者として活用した効果」（星野恵美子）は、「相談援助専門職であるソーシャルワーカーにとって重要な」能力や知識を修得させるにあたって、「社会福祉士を養成する大学教育の現場で試みている教育方法開発の現状」を報告している。

　第5章「社会福祉士養成教育の現状と課題」（山手茂・内保美穂）は、「『社会福祉士養成大学間の格差』を中心に社会福祉士養成大学教育の現状と課題を検討」し、「今後の大学改革の課題を提案」している。

　第Ⅱ部『支援・援助の展開と再検討』は、社会福祉の中心課題である「援助」「支援」「生活支援」「自立支援」等をめぐっての論文を収載している。

　第6章「『生活支援』概念の形成過程」（丸田秋男）は、「第一に、政策過程の下で『生活支援』に関連した概念がどのように形成されてきたか。第二には、『生活支援』概念を構成する要素は何か、最後に、残されている課題は何か」を明らかにしようとした試みである。

　第7章「介護実践における自立支援の再検討」（岡田史）は、「自立支援の主目標は常に人間の生き方であり、人生である」「介護福祉士にとっての自立支援は常に介護実践においては大きな課題であり、目標であり、目的であった」という原点から、介護実践の歴史をレビューしたものである。

　第8章「精神障害者地域生活支援センターにおける生活支援活動の推移と課題」（佐藤真由美）は、「2006年（H18）障害者自立支援法の施行に伴うサービス体系の再編成により、同年10月から相談支援事業および地域活動支援センターへとその形を変え」た「この10年間の地域生活支援センターの推移と今後の課題についてをこれまでの先行研究を振り返り考察」している。

　第9章「精神保健福祉の現状と課題」（吉田光爾）は、「障害者自立支援法による精神障害者ケアマネジメントの課題を整理し、精神障害者の地域生活支援を本法下で行っていくにあたり、どのような支援や視点が実践の支援技法として必要なのかを検討・概説」している。

　第10章「専門職の援助と倫理」（大槻美智子）は、「介護援助を職業とする者が介護福祉専門職として、よって立つ倫理とは何かという視点から」「倫理規

範を社会人として取るごく普通の事柄という点と職業人としての規範という点から」論述している。

　第Ⅲ部『保健・医療・福祉の現状と課題』は、「グループホーム」「サテライト型特養」「放課後児童健全育成事業」「地方公務員メンタルヘルスケア」「住民参加型在宅福祉サービス」「広域地方自治体における福祉政策形成過程」など、都道府県や市町村レベルでの保健や福祉の政策や取り組みの現状と課題に関連する論文を収めている。
　第11章「新潟県における認知症高齢者グループホーム」(松山茂樹)は、「認知症高齢者グループホームの意義を確認するとともに、激増の経緯の背景を考察し、現状を分析し、2006年4月の改正介護保険法による、地域密着型サービスへの移行を踏まえて今後の課題を明らかに」している。
　第12章「サテライト型特養の現状と課題」(宮下榮子)は、「スタートして数年『サテライト型サービス』の現状はどうなのか、どのような条件を必要とし、またどのような課題を持ちどのような方向を目指しているのか」などについて明らかにしている。
　第13章「放課後児童健全育成事業の現状と課題」(豊田保)は、「2006年度で本事業が法制化されて9年目を迎えることになるが、施設数と利用児童数が急速に拡大してきている放課後児童健全育成事業の現状および今後の課題を総合的に明らかにすることが本論文の目的である」としている。
　第14章「地方公務員メンタルヘルスケアの現状と課題」(伊東正裕)は、「IT化の推進や平成13年からの相次ぐ市町村合併によって、地方公務員の職場環境は大きく変化してきた」「そのような状況の中で、市町村合併後の公務職場でのメンタルヘルス対策は、どのような現状にあり、どのような課題が残されているか」を検討するとしている。
　第15章「住民参加型在宅福祉サービスの実践」(渡邉敏文)は、「新潟市における住民参加型在宅福祉サービス『まごころヘルプ』の実践活動を調査し、その結果を検討して、住民参加型在宅福祉サービスの意義を考察する」としている。
　第16章「広域地方自治体における福祉政策形成過程に影響を及ぼす諸要因」

（塩見義彦）は、「自治体の財政力、知事・市長等の福祉観、政治姿勢、首長と議会・議員との力関係、その他、地域社会の風土や各種団体の活動状況、マスコミの動向等さまざまな要因が複雑に絡み合って政策として形成されていく」。「これらを前提に広域地方自治体における福祉政策形成過程に影響を及ぼす各種要因とその影響度合いの現状と意味するものを概括的に述べてみたい」としている。

第Ⅳ部『保健・医療・福祉研究の方法と理論』は、「健康・保健と社会制度」「現物給付の給付機構」「保健医療福祉分野におけるマルチレベル分析」「ソーシャル・キャピタルと保健医療福祉」「医療職と福祉職」など、保健・医療・福祉に関連する基本的課題を、それらに係わる概念や理論や方法論の再検討をも含めて行っている論文を集めている。

第17章「健康・保健と社会制度」（園田恭一）は、「日本において、健康や保健ということが、医療や福祉との関連で、あるいは社会制度全体の中で、どのような位置を占め、役割を果たしてきているのかについて」、日本国憲法や社会保障や法制度や行政組織等々に即して検討を行っている。

第18章「現物給付の給付機構にかんする一考察」（横山和彦）は、医療保険を中心として「現物給付の給付機構の制度体系の素描を意図した制度論である」。

第19章「保健医療福祉分野におけるマルチレベルの分析の意義と可能性」（濱野強）は、「個人の帰結を、個人変数および環境変数、すなわち集合変数の両者で説明する解析手法であり、生態学的錯誤を防ぐ」と定義されているマルチレベル分析の保健医療福祉分野における適用について論じているものである。

第20章「ソーシャル・キャピタルと保健医療福祉」（藤澤由和）は、「多様な展開を見せているソーシャル・キャピタルという考え方をどのように捉えるかという目的から、この考え方の理論的根幹がどのようなものであるかという点を、ソーシャル・キャピタルの初期からの理論展開を振り返ることを通して概観し、さらにこの理論的な根幹に基づいて、保健、医療、福祉といった領域においてソーシャル・キャピタルという考え方がどのような可能性を持

つものであるかに関して検討」を行っているものである。

　第21章「医療職と福祉職の現状と課題」（米林喜男）は、「医療職と福祉職の違いをその歴史的な経緯ならびに社会的認知の遅滞に焦点を当てながら、両者の連携にとって重要な役割を果たす医師と社会福祉士・介護福祉士の現状と課題について検討」している論文である。

2007年3月<br>
園田恭一

# 目 次

まえがき …………………………………………………… i
解題と本書の構成 ………………………………………… ii

# 第Ⅰ部　社会福祉の専門性と教育 …………3

## 第1章　ヨーロッパにおけるソーシャルワーク教育の動向——ボローニャ・プロセスの影響に焦点を当てて ………… 岩﨑　浩三　5
1．はじめに …………………………………………… 5
2．ヨーロッパの高等教育 …………………………… 6
3．ヨーロッパのソーシャルワーク教育 …………… 9
4．むすび ……………………………………………… 14

## 第2章　ソーシャルワークとスピリチュアリティ ………… 村上　信　18
1．はじめに …………………………………………… 18
2．緩和ケアとスピリチュアリティ ………………… 18
3．健康の定義とスピリチュアリティ ……………… 20
4．ソーシャルワークのスピリチュアリティ研究 ……… 22
5．ソーシャルワークの歴史とスピリチュアリティ ……… 25
6．スピリチュアリティの定義とソーシャルワーク …… 27
7．おわりに …………………………………………… 29

## 第3章　社会福祉士制度の到達点と課題——養成教育と任用の現状を中心に …………………………………………… 横山　豊治　34
はじめに ……………………………………………… 34
1．国家試験データの検討 …………………………… 34

2．社会福祉士の養成教育 ………………………………… 37
　3．社会福祉士の任用 ……………………………………… 41
　4．任用制度の確立を求める声 …………………………… 46
　5．社会福祉士制度の見直しに向けて …………………… 48
　おわりに …………………………………………………… 51

## 第4章　相談援助職養成教育に障害当事者を模擬相談者として活用した効果 ………………………………… 星野恵美子 54
　はじめに――本研究の背景と意図 ……………………… 54
　1．本教育プログラムの意義・目的 ……………………… 55
　2．プログラム内容 ………………………………………… 55
　3．評価の実施（効果の測定）…………………………… 58
　4．演習評価アンケート結果 ……………………………… 60
　5．自立支援のための必要な基礎知識のテスト結果 …… 62
　6．結　論 …………………………………………………… 63

## 第5章　社会福祉士養成教育の現状と課題――社会福祉士養成大学間の格差の検討を中心に ……………………… 山手茂・内保美穂 66
　序――本論文の目的 ……………………………………… 66
　1．21世紀日本における大学の状況 ……………………… 67
　2．社会福祉士養成大学の増加と養成大学間格差の拡大　69
　3．社会福祉士試験高合格率大学の条件 ………………… 71
　結語――社会福祉士養成教育の課題 …………………… 75

# 第Ⅱ部　支援・援助の展開と再検討 ………77

## 第6章　「生活支援」概念の形成過程 ……………… 丸田　秋男 79
　1．問題の所在 ……………………………………………… 79
　2．主な研究者の論点 ……………………………………… 79

3．「生活支援」の用語の意義 …………………………… 80
　　4．「生活」と「支援」の捉え方 …………………………… 81
　　5．政策概念としての「支援」と「生活支援」………… 85
　　9．残された課題 …………………………………………… 91

## 第7章　介護実践における自立支援の再検討 ……………… 岡田　　史　93
　　1．はじめに ………………………………………………… 93
　　2．1970年代後半高齢者介護の仕事を始めた頃 ………… 93
　　3．1980年後半介護福祉士誕生の頃 ……………………… 97
　　4．専門職団体設立の頃 …………………………………… 99
　　5．自立をめざした介護を求めて ………………………… 101
　　6．中越地震における介護ボランティア体験 …………… 102
　　　おわりに ………………………………………………… 104

## 第8章　精神障害者地域生活支援センターにおける生活支援活動の推移と課題——この10年間の先行研究を振り返ってみえてくるもの …… 佐藤真由美　106
　　1．はじめに ………………………………………………… 106
　　2．研究の目的および方法 ………………………………… 106
　　3．研究の意義 ……………………………………………… 107
　　4．精神障害者地域生活支援センターの概要 …………… 107
　　5．地域生活支援センターに関する先行研究 …………… 107
　　6．考　察 …………………………………………………… 114
　　7．おわりに ………………………………………………… 117

## 第9章　精神保健福祉の現状と課題——障害者自立支援法下における精神障害者ケアマネジメントの課題を中心に …………………… 吉田　光爾　120
　　1．はじめに ………………………………………………… 120
　　2．自立支援法下におけるサービス利用手続き ………… 121
　　3．自立支援法における精神障害者ケアマネジメントの課題　123
　　4．自立支援法下でいかに精神障害者ケアマネジメントをすすめるか　129

5．おわりに ………………………………………………… 136

第10章　専門職の援助と倫理 …………………………… 大槻美智子　138
　1．はじめに ………………………………………………… 138
　2．人権と倫理綱領 ………………………………………… 138
　3．倫理原則と倫理的態度 ………………………………… 141
　4．援助行為の中の倫理的問題 …………………………… 143
　5．おわりに ………………………………………………… 144

## 第Ⅲ部　保健・医療・福祉の現状と課題…147

第11章　新潟県における認知症高齢者グループホーム
　　　　――現状と課題を中心に ………………………… 松山　茂樹　149
　はじめに …………………………………………………… 149
　1．わが国の認知症高齢者グループホームの沿革 ……… 149
　2．介護保険法での規定及び指定基準 …………………… 152
　3．認知症高齢者グループホームの現在までの課題 …… 154
　4．新潟県における認知症高齢者グループホームの現状　155
　5．今後の課題 ……………………………………………… 163
　おわりに …………………………………………………… 164

第12章　サテライト型特養の現状と課題――施設と家庭の融合は可能か・
　　　　学生の介護観構築のために ……………………… 宮下　榮子　165
　はじめに …………………………………………………… 165
　1．大型施設に関する学生の認識 ………………………… 166
　2．福祉施策と介護施設規模の変遷 ……………………… 168
　3．サテライトケアの現状 ………………………………… 171
　4．家族・家庭・地域の関連 ……………………………… 173
　5．まとめ …………………………………………………… 174

## 第13章　放課後児童健全育成事業の現状と課題 ………… 豊田　保　177
　1．本論文の目的と方法 ……………………………………… 177
　2．放課後児童健全育成事業の動向 ……………………… 178
　3．放課後児童健全育成事業の課題 ……………………… 195

## 第14章　地方公務員メンタルヘルスケアの現状と課題──合併後の自治体に
　　　　　おけるメンタルヘルス相談事例を通して ……………………… 伊東　正裕　200
　1．はじめに …………………………………………………… 200
　2．「指針」の概要 …………………………………………… 202
　3．事例A ……………………………………………………… 202
　4．地方公務員メンタルヘルスケアの現状と課題 ……… 206
　5．まとめ ……………………………………………………… 210

## 第15章　住民参加型在宅福祉サービスの実践──「まごころヘルプ」の活動
　　　　　を通してみる住民参加活動の意義 ……………………… 渡邉　敏文　213
　はじめに ……………………………………………………… 213
　1．住民参加型在宅福祉サービスとその実際 …………… 213
　2．会員の声にみるヘルプ活動の意義と有償の意味 …… 227
　おわりに ……………………………………………………… 230

## 第16章　広域地方自治体における福祉政策形成過程に影響を
　　　　　及ぼす諸要因──政策形成過程における透明性の確保に向けて … 塩見　義彦　232
　1．はじめに …………………………………………………… 232
　2．政策形成過程における各種影響要因 ………………… 233
　3．諸要因の関連と今後の課題 …………………………… 240
　4．おわりに …………………………………………………… 243

## 第Ⅳ部　保健・医療・福祉研究の方法と理論 …245

### 第17章　健康・保健と社会制度 …………………… 園田　恭一 247
1．健康・保健と日本国憲法 ……………………… 247
2．健康・保健と社会保障 ………………………… 250
3．健康、保健と法制度・行政組織 ……………… 256

### 第18章　現物給付の給付機構にかんする一考察──医療保険を中心に
………………………………………………… 横山　和彦 263
はじめに ……………………………………………… 263
1．現物給付の特殊性 ……………………………… 263
2．三角錐モデル (trigonal pyramid model) …… 269
3．医療保険の三角錐モデルの特徴 ……………… 273

### 第19章　保健医療福祉分野におけるマルチレベル
　　　　　分析の意義と可能性 ……………………… 濱野　強 276
1．マルチレベル分析への潮流 …………………… 276
2．マルチレベル分析の実際 ……………………… 281
3．保健医療福祉分野におけるマルチレベル分析の適用　284

### 第20章　ソーシャル・キャピタルと保健医療福祉 ……… 藤澤　由和 287
1．はじめに ………………………………………… 287
2．ソーシャル・キャピタルという考え方の源流 ……288
3．まとめ：ソーシャル・キャピタル概念の政策的含意　295

### 第21章　医療職と福祉職の現状と課題──医師及び社会福祉士・
　　　　　介護福祉士を中心に ………………………… 米林　喜男 301
1．はじめに ………………………………………… 301
2．医療職と福祉職の成立 ………………………… 301

3．医療職ならびに福祉職の専門分化 ……………………302
4．業務独占と名称独占 ……………………………………303
5．医師と医師以外の医療職における権限の相違 ………304
6．専門職としての確立 ……………………………………305
7．医療職及び福祉職の資質について ……………………306
8．専門職とは何か …………………………………………308
9．医療・福祉専門職の課題 ………………………………309
10．まとめ……………………………………………………311

あとがき ……………………………………………………315
索引 …………………………………………………………317
執筆者紹介 …………………………………………………320

保健・医療・福祉の研究・教育・実践

# 第Ⅰ部　社会福祉の専門性と教育

# 第1章　ヨーロッパにおけるソーシャルワーク教育の動向
　　——ボローニャ・プロセスの影響に焦点を当てて

岩﨑　浩三

## 1．はじめに

　最近の中央教育審議会の答申〔「21世紀の大学像と今後の改革方策について」〈平成10年中央教育審議会答申〉、「グローバル化時代に求められる高等教育の在り方について」〈平成12年中央教育審議会答申〉、「我が国の高等教育の将来像」（平成17年中央教育審議会答申）〕に見られるように、わが国の高等教育は大きく変わろうとしている。殊に平成17年の答申においては、冒頭に「21世紀は『知識基盤社会』(knowledge-based society) の時代であると言われている。……世界各国において『知識基盤社会化』を念頭に置いた高等教育改革が大幅に進展しつつある。例えば、EUでは『欧州高等教育圏』創設を目指した『ボローニャ・プロセス』が進行している。また、特にアジア近隣諸国においては、ここ数年の高等教育進学率の急上昇に伴い高等教育改革が急速に進展しつつあり、我が国が高等教育改革について国際的な競争の中でどのような進路を選択するのか、大きな岐路に差し掛かっていると言ってよい」（中央教育審議会　2005）と述べられ、今後の大学教育が世界の動向を見据えて行われなければならないことを示している。

　各国が『知識基盤社会』を求めている状況下で、ソーシャルワーク教育は『ボローニャ・プロセス』とのかかわりにおいてどのように変わっていこうとしているのか。殊に、各国のとる社会政策の違いによって、実践されているソーシャルワークの内容に差異があるという背景が存在しており、ヨーロッパのソーシャルワークがグローバリゼーションやEUの目指すヨーロッパ統合にともなって、どのようなソーシャルワーク理論・実践問題に直面し、ソーシャ

ルワーク教育ではヨーロッパ化をどのように進めていこうとしているのか。これらの動向を探ってみることにする。

## 2．ヨーロッパの高等教育

### (1) ボローニャ宣言とボローニャ・プロセス

　ボローニャ宣言（EU 1999）は、1999年ヨーロッパ29カ国の教育大臣がイタリアのボローニャで会合し、宣言に署名した、ヨーロッパの高等教育改革構想の宣言であって、2010年までに欧州高等教育圏を構築することにしている。そのために、①比較可能な学位システムを導入する。また、ディプロマ・サプリメントと呼ばれる学位の学修内容を示す共通様式を使用することよって統一性を高め、ヨーロッパ市民の雇用とヨーロッパにおける高等教育の国際競争力を高める。②学部と大学院の3段階構造を導入する。3段階構造にして、第1段階は3年以上の学部（ヨーロッパは中等教育が充実しているので教養科目は少なくてよい）とし、ヨーロッパの労働市場での適切な資格にする。第2段階は大学院修士課程とし、学位は修士号、第3段階は博士号とする。③欧州大学間単位互換制度（European Credit Transfer System=ECTS）を確立する。これにより大学間の移動がし易くなる。④学生・教職員の自由な移動の障害を取り除き、流動化を促進する。⑤比較可能な基準と方法を開発し、質の保証で協力する。⑥高等教育にヨーロッパの視点・特色を促進する。以上の6点がボローニャ宣言に盛り込まれた内容であるが、2010年まで2年ごとに教育大臣が会合し、進捗状況の報告と取り組まなければならない課題の解決に向けて努力する。この2010年までの過程を「ボローニャ・プロセス」というが、タイヒラーは、これを「高等教育における国際化政策の基本的なパラダイム・シフト」（Teichler 2003: 44）と表現している。

　ボローニャ・プロセスの最初の会合は2001年にプラハで開催され、①経済競争力をつけるためには生涯学習が欧州高等教育圏の必須の要素であること、②建設的な欧州高等教育圏の創設には大学と学生の関与が重要であること、③欧州高等教育圏がヨーロッパ内外の学生に魅力あるものにすることをプラハ・コミュニケとして発表した。

次の会合は2003年ベルリンで開かれ、ボローニャ宣言を改めて確認するとともに、「質の保証システム構築」が提案された。それによると、各国の質保証システムの中で、①高等教育機関の内部評価及び外部評価の実施、②アクレディテーションを含む質の保証システムを構築すること、そしてヨーロッパ質保証ネットワーク（ENQA）に対して、欧州における質保証のスタンダード、手続き、指針の開発、適切なピア・レビューとアクレディテーション団体に関する情報提供と、2005年を期限とした現状調査報告を要求することにした。2005年にはベルゲンで会合し、欧州高等教育質保証協会報告で提案されたガイドラインを実践し、国内の質枠組みを導入し、博士課程を含めジョイント・デグリーを出すとともに、経験を認定して高等教育に柔軟な道を開くというコミュニケを出した。次回は2007年にロンドンで開催されることになっている。

## (2) ヨーロッパにおける高等教育改革の背景と今後の方向

毎年、研究機関やニュースメディア（Newsweek 2006；Shanghai Jiao Tong University 2006; Webometrics 2006）が世界大学ランキングを発表している。ニューズウィークと上海交通大学の調査では、トップ10は、イギリスのケンブリッジ大学とオックスフォード大学が入っている他はすべてアメリカの大学で占められている。ウエボメトリックスの調査では、すべてアメリカの大学になっており、他のヨーロッパの大学は入っていない。外国からの留学生に関するユネスコ調査（UNESCO 2005）によれば、外国人留学生の半数はアジアからで、3割がヨーロッパからであるが、ヨーロッパ人の留学生は81％がヨーロッパの他国に留学しているのに対し、アジア人は37％がアメリカに、30％がヨーロッパに留学している。最も多くの留学生を受け入れているのはアメリカで留学生全体の25％、次にイギリスで11％、ドイツ10％、フランス9％、オーストラリア8％、日本4％と続いている。

世界がグローバル化していく中で、アメリカという巨大勢力に対抗していくためには、ヨーロッパ域内の国際競争力をつけることが不可欠であり、1993年EU（欧州連合）を成立させ、さらに拡大統合を進めている。EUは、2000年に、今後10年間で「知識基盤型社会」（knowledge-based society）の建設を

めざす、リスボン戦略を決定した（EU 2000）。EU 経済を、2010 年までに知識を基礎とした世界で最高の競争力と活力をそなえたものに改革することを目指したもので、①持続的な経済成長、②完全雇用、③社会的結束の強化、という３つの政策目標を設定し、欧州経済社会モデルの構築を宣言した。具体的政策目標として、完全雇用達成のために教育・職業訓練への投資を増大し、2010年までに平均雇用率を61％から70％へ引き上げることが設定された。青年（18 ～ 24歳）の教育水準を高めることもリスボン戦略の目標として掲げられた。国際競争力をつけるためには、人材の養成と域内の人の交流が必要であり、その基盤になる高等教育がますます重要になる。

　そこで、1985年に当時のEC委員会より閣僚理事会に、①EC全体として人的資源を養成・確保すること、②世界市場でECの競争力を向上させること、③加盟国の大学間の協力関係を強化すること、④EC市民という意識を育てること、⑤域内での協力事業への参加経験を学卒者に与えるという5点を目的にしたエラスムス計画の草案が提出され、1987年に決定され、実施されてきた。EU 成立後、1995年以降は教育分野のより広いプログラムであるソクラテス計画の一部に組み込まれ、現在は年間約100,000人の学生交流と12,000人の教員交流を計画し、予算化している。ソクラテス計画の中には分野別ネットワークがあって、40以上のプロジェクトがあり、その中にソーシャルワークも入っている。

　しかし加盟国の大学制度は、ヨーロッパで最古の大学といわれる1088年創立のボローニャ大学、1211年創立のパリ大学など、ヨーロッパ各国の教育制度と各大学の長い伝統（de Riddle-Symoens 2003）があるうえに、それぞれの歴史と文化によって形成されてきた入学資格（Zaccagnini 1926）、修学期間、修業認定、学位制度は多種多様であって（Nybom & Lundgren 2001）、学位の種類や取得条件の互換性が欠けていた。さらに言語の問題もあり、これらの諸条件は、学生が国境を越えて勉強する流動性を阻害しているだけでなく、世界から留学生を集めるときの大きなハンディキャップになってきた。

　ヨーロッパの高等教育の歴史や構造、社会的背景が国ごとに大きく異なっていたことが、ヨーロッパ全体としての国際競争力を弱める原因であったという認識から、ヨーロッパの高等教育を世界で通用する競争力をつけるた

めに計画されたのがボローニャ・プロセスである。これは着実に進行しており、参加国も当初の29カ国から45カ国になろうとしている。ヨーロッパにおける高等教育機関の命運は、この改革にかかっているといわれる（Newman, Couturier, Scurry 2004）。世界の趨勢からみて、「2010年までにヨーロッパの修学プログラムの大部分がバチェラー、マスターの構造に適合するであろうと予言することはできるかもしれないが、カリキュラムの内容と質の範囲に関して多様性がより実質的に変化し、最終的に構造上の細部はこれまで以上に多様になるかもしれない」（Teichler 2003: 45）とヨーロッパ各国の多様性は簡単に変わらないことが示唆されている。

## 3．ヨーロッパのソーシャルワーク教育

### (1) 多様なソーシャルワーク

　ブラウンズとクレーマー（Brauns & Kramer 1986）は、ヨーロッパで用いられるソーシャルワークという用語は「概念上の不明確さが含まれている」(p.3)とし、アイルランドとイギリスにおいては、『ソーシャルワーク』には『青少年健全育成』（youth and community work）が含まれないが、西ドイツにおいては『青少年健全育成』の活動は普通は『ソーシャルワーク』と『ソーシャルワークペタゴーグ』というゲルマン風のダイナミックな対概念の中に包含されるものとしている……。フランスにおいては、『トラバーユ・ソシアル』と言う用語によってドイツ人が『ソーシャルワーク』と『ソーシャルワークペタゴーグ』というダイナミックな対概念として理解するものよりも広いものを指しており、英語圏において『ソーシャルワーク』と理解されているものよりもたしかに広い」(p.3-4)のである。それは、ヨーロッパではソーシャルワークの範疇に入っている仕事やその内容が多様であること（Lorenz 2006）、その多様性が、政治的、社会的、文化的な背景の違いから各国の歴史の中で、社会的に脆弱な人々の諸問題への対処の仕方が異なっているために、生じている（Campanini & Frost 2004; Adams, Erath, and Shardlow 2000; Kramer & Brauns 1995）。新しいヨーロッパが今抱えている問題には、高齢化問題や都市化に伴う問題のほかに、グローバリゼーションや市場原理に基づく競争の激化から来る格差

の拡大、新しい貧困の問題、従来とは異なる文化、習慣、および背景をもった非ヨーロッパ諸国の人々との統合から生じている問題がある（Campanini & Frost 2004; Bhalla & Lapeyre 1999）。ヨーロッパ諸国の中でソーシャルワーク発祥の地イギリスと、社会福祉制度の進んだ北欧モデルの国スウェーデン、そしてヨーロッパ大陸からフランスを選び、それぞれの国のソーシャルワークについて簡単に述べる。

イギリス

　貧困者への慈善がキリスト教会や富裕者によって行なわれたことは他のヨーロッパ各国と同じである。そのほかに、国家が介入する救貧法が1388年に始まり、1601年のエリザベス救貧法、1834年の改正救貧法など、さまざまに内容を変えながらも、1942年のベバリッジ報告によって救貧法が廃止されて、1948年に国民扶助法ができるまで国の介入が続いた。国民扶助法によって、国の介入が地方自治体による対人ソーシャル・サービスに置き換えられ、イギリスの福祉制度が根本的に変わることになった。

　1968年のシーボーム報告は、ばらばらであった福祉施策の窓口を一本化し、地方自治体にソーシャル・サービス局を設けさせることになった。それは専門別ソーシャルワーク教育からゼネリック・モデルへの転換を提唱したものであった（Campanini & Frost 2004；Adams & Shardlow 2000）。

　70年代は福祉国家としての施策を拡大したが、経済の破綻をもたらしたために、80年代と90年代は公的サービス管理と市場指向に変わった。1997年労働党政権は「第三の道」を掲げ、1998年「ソーシャル・サービス近代化」白書を発表し、その中でソーシャルケアの概念を導入して、サービスの質と保護の改善の必要性を重視した。ソーシャルケアという用語は、地方自治体と独立部門が提供する広範囲のサービスが含まれ、それは在宅介護、デイセンター、特別養護ホーム、高齢者給食サービス、障害者ホームヘルプ、養育家庭サービスなど、多様な形で提供される（DoH 2002）。この白書に基づくソーシャルケアを実践するために、2000年「ケア基準法」を制定した。また、実効ある結果を出すために、従来の機関の組織を変え、あるいは新設した。独立した国民ケア基準委員会を設置し、ケア基準を設定してソーシャルケア・

サービスを規制すること、総合ソーシャルケア協議会を設置してソーシャルケア労働力のために専門職養成基準を高くすること、対人社会ケア研修機構を設置してソーシャルワーク学生の学習機会を質量とも向上すること、先進ソーシャルケア研究所（Social Care Institute for Excellence）を設置してケア利用者が良いサービスを体験できるよう、ケアに関する良い実践を開発し、広めることを目的に活動することにした。これらの機関によって現在も種々の基準を策定中である。

　新しい問題は、国民の高齢化よりも高齢者に対する国民の姿勢の変化や宗教・文化の異なる多様な民族が増加したことに伴う社会問題であり、ソーシャルワーカーが取り組まなければならない課題になっている。

フランス

　フランスのソーシャルワークには、三つの流れ、すなわち「労働階級の道徳改善」、「貧困家庭への施与」、「非行少年の更生」がある。その流れは、19世紀半ばに、産業革命のなかで生まれた社会運動に起源がある。ソーシャルワークは、当初は、労働階級の貧困に対する答えと見なされ、それらの社会運動が後になってフランスの福祉国家の特徴となる「援助」、「教育」、「予防」につながった（Moussu 2004）。

　したがって、フランスのソーシャルワーカーには3種類あって、1965年に保健社会福祉省が出した通達によって定められたソーシャル・サービスを提供する「社会援助者」と、非行少年の更正に始まり、現在は「医療・心理・教育」センター、保護観察、青年施設、未婚の母の施設、児童養護施設、盲聾児施設などの機関施設で働く「専門別教育者」があり、そして前二者よりも幅の広い「社会活動家」(animateur sociale) がいて、その役割にはさまざまな領域での情報提供と教育者として活動がある（Moussu 2004）。ヨーロッパ全体の社会問題のほかに、社会福祉の費用増大が専門職の雇用を手控えさせ、その結果ソーシャルワークの非専門職化に繋がってこないかと懸念されている（Moussu 2004）。

スウェーデン

　スウェーデンは人口密度の低い国であって、そのことから権力分散を特徴

とする社会・政治形態が生れた。したがって、スウェーデンは、他の多くの国々よりも、地方自治が拡充されていた。19世紀中頃は、教区が最も重要な地区単位であり、貧困者、病人、高齢者のケア、児童養護などの活動に関わっていった（Gynnerstedt & Höjer 2004）。しかし、コミューン（市町村）が1802年および1843年の法令により地方自治体としての位置づけを獲得し、1862年地方自治令の制定により社会サービスを所管することになった（Gustafsson 2004）。

スウェーデンでは1956年救貧法が廃止されて、社会福祉法が制定されたことによって、親の介護を子どもの義務とすることを法的に廃止した。1982年に社会サービス法が導入され、1998年、2002年に法改正が行われ、この法律がスウェーデンの社会福祉の大きな枠組みを定めた中心的法律になっている（Gustafsson 2004）。

スウェーデンの社会福祉政策は有名であるが、最近では民間、ボランティア、営利企業の関わりが増加しており、従来とは態様が変わりつつある。また、15歳以上の国民の13パーセントが外国生まれであることからくる、多文化の問題がソーシャルワーク援助技術論の課題になろうとしている（Gynnerstedt & Höjer 2004）。

## (2) 多様なソーシャルワーク教育

### ソーシャルワーク教育体制——ボローニャ・プロセスによる変化

ヨーロッパの教育体制はボローニャ・プロセスに合わせてすでに変革を終えたか、変革の最中にあり、(Reichert & Tauch 2005)、長い伝統を持っていた各国の教育体制を改正し、ソーシャルワーク教育は、ソーシャルワーク専門職の就労資格を得るジェネリック・ソーシャルワークを内容とする3年から4年制の大学レベルと、スペシフィック・ソーシャルワークを内容とする1年から2年の大学院レベルの教育機関で行なわれることになる。3年にするか4年にするかは各国で異なり、同じ国でも教育機関によって異なることがある。ソーシャルワーク教育には、スーパービジョンを伴う実習を1セメスター必修にしている機関が多く、合計3年半になる。

ソーシャルワーク教育機関は、総合大学（university）の学部、学科、コースまたは専門大学（ドイツのFachhochshuleなど）があり、各国が定めたソーシャ

ルワーク（ソーシャル・ペダゴーグ）に必要な単位を修得することで学位を得る。イギリスを除く多くのヨーロッパ諸国では専門職養成の教育は専門大学で行なわれてきた。そしてその名称もソーシャルワークではなくてソーシャル・ペダゴギーと呼ばれることがあるため最近はソーシャル・プロフェッションと広くとらえた用い方をする。

　ボローニャ・プロセスは、ソーシャルワーク教育にも大きな影響があり、ソーシャルワーク学科の授業科目のパターン化と数量化が出来るようになった半面、学部課程を3年にしたために、そのしわ寄せが実習と教養科目のせめぎあいになって現われている（Lorenz 2005）。

イギリス

　イギリスは、ボローニャ・プロセスに従ってソーシャルワーク教育をめぐる法制度を改正し、1975年から1991年までのCQSW（SW資格証明）、1991年からのDipSW（= SW免状）は、2009年までになくなり、新しく修業年限3年または4年のソーシャルワーク学位（"Honours" BA, BSc or BSW）を制定した。実態は4年制を採用している大学が多くなっている。修士課程は一般的に1年であるが、学部が採用している9ヶ月ではなく12ヶ月である。

　学位取得には必修の中核カリキュラムを履修しなければならないが、これは、初めてソーシャルワーカーの業務を公式に定めた国家職業基準に設定された内容に沿ったものであり、また同時に最初の公的なソーシャルワーカーの倫理綱領である新実践綱領に沿ったものでもある。

　ハンフリー（Humphrey 2006）は、この改正をソーシャルワーク教育革命と呼び、ソーシャルワーク教育において伝統的な最小の規制と倫理規定を求める者と、ますます増大する国家規制との間に緊張が高まり、その結果、ソーシャルワーカーとサービス利用者の未来が危機にさらされていると述べている。

フランス

　フランスも、ボローニャ・プロセスに従って、2002年に学制の改革を規定し、2003年から実施し始め、2006年までに全ての高等教育機関が新制度になる（Malan 2004）。

新制度は、3年間の学士課程（Licence）〔大学一般課程修了証書 DEUG（diplome d'etudes universitaires générales）（2年）＋免状 Licence（1年）〕と、2年間の修士課程（Master）〔高等免状 Maîtrise（1年）＋高等教育免状（博士課程への準備課程）DEA（1年）または最低3か月の職業実習を含む1年間の就職希望者向けのコースである高等専門研究免状 DESS（1年）〕に移行され、その後の博士課程（Doctorat）（3年〜）と合わせて、LMD システムと呼ばれる。

スウェーデン

スウェーデンのソーシャルワーク養成・教育は、比較的初期に導入され、20世紀の始めまでに、ソーシャルワーク実践コースが始まった。重要な転機は1964年で、ソーシャルワーク教育・養成が修業期間3年半の高等教育機関で行なわれることになり、1977年には大学に統合され、ゴセンバーグ大学にソーシャルワーク学部が設置された。ボローニャ・プロセスへの移行に関しては2005年に教育制度の改正があり、2007年7月までに施行される。

新制度では、各段階の学位には一般と専門職の2種類の学位があって、第1段階では2年制の卒業証書（Hogskoleexamen）と3年制の学士（Kandidatexamen）の2種類があり、第2段階は1年制の修士課程（Magisterexamen）と2年制の修士課程（Masterexamen）があり、第3段階は2年制のライセンス課程（Licentiatexamen）と4年制の博士課程（Doktorsexamen）がある。スウェーデンには弁護士、ソーシャルワーカー、医師、エンジニア、教師、獣医など50の専門職の資格（Yrkesexamen）があり、取得に必要な単位数は分野により異なる。

## 4．むすび

ヨーロッパにおける社会の急激な変化、各国間をまたぐ人々の移動の増加、社会的経済的要因による地域格差、グローバリゼーションは、ヨーロッパの生活環境の変化や社会問題を引き起こしている。これらの問題に対処するために、EU が誕生し、ボローニャ・プロセスが必要になった。また、ソーシャルワークはヨーロッパ各国で文化的・制度的・学問的な違いによって異なる発達の仕方をしてきたが、一方では普遍性を求め、国際ソーシャルワーク学

校連盟と国際ソーシャルワーカー連盟による「ソーシャルワーク定義」や国際ソーシャルワーク学校連盟による「ソーシャルワーク教育国際基準」の合意を見た。

　ヨーロッパにおけるソーシャルワーク教育の現状は、ヨーロッパ各国がボローニャ・プロセスを進めている途上にあり、教育制度改正を進めつつも各国が発展させてきた各国のソーシャルワークの特徴を残しており、ソーシャルワーク概念にも多様性が見られる。ロレンツ（Lorenz 2005）が指摘するように、その多義性がヨーロッパにおけるソーシャルワークの特徴といえる。

## 文　献

　Adams, A, Erath, P and Shardlow, S（Eds.）2000 *Fundamentals of social work in selected European countries : Historical and political context, present theory, practice, perspectives*. Russell House Publishing

　Adams, A & Shardlow, S 2000 Social work practice in the United Kingdom. In Adams, A, Erath, P and Shardlow, S（Eds.）*Fundamentals of social work in selected European countries : Historical and political context, present theory, practice, perspectives.* pp119-137 Russell House Publishing

　Bhalla, AS & Lapeyre, F 1999 *Poverty and exclusion in a global world, 2$^{nd}$ edition*. Palgrave Macmillan ＝2005年、福原宏幸、中村健吾監訳『グローバル化と社会的排除：貧困と社会問題への新しいアプローチ』昭和堂

　Brauns, H & Kramer, D 1986 *Social work education in Europe: A comprehensive description of social work education 21 European countries*. Frankfurt: West Germany＝1987年、古瀬徹、京極高宣監訳『欧米福祉専門職の開発：ソーシャルワーク教育の国際比較』全国社会福祉協議会

　Campanini, A & Frost, E 2004 *European social work: commonalities and differences*. Roma: Carocci

　中央教育審議会、2005年「我が国の高等教育の将来像」〈答申〉p.1（2006.9.21）http://www.mext.go.jp/b_menu/shingi/chukyo/chukyo0/toushin/05013101.htm

　de Ridder-Symoens, H 2003 *A history of the university in Europe Vol.1 :universities in the middle ages*. Cambridge University Press

　Department of Health（DoH）2002 *Modernizing social care*.（2006/11/4）http://www.dh.gov.uk/PolicyAndGuidance/HealthAndSocialCareTopics

　EU 1999 *The Bologna Declaration of 19 June 1999: Joint declaration of the European*

*Ministers of Education.*（2006/10/25）http://europa.eu/scadplus/leg/en/s19004.htm

EU 2000 *Presidency conclusion: Lisbon European Council*（2006/10/20）
http://www.consilium.europa.eu/ueDocs/cms_Data/docs/pressdata/en/ec/00100-r1.en0.htm

Earth, P., Hämäläinen,J and Sing,H 2001 Comparing social work from a European perspective: towards a cpmparative science of social work. In Adams, A., Erath, P., and Shardlow, S（Eds.）*Key themes in European social work* Chapter one pp1-4 Russell House Publishing

藤井良広、2002年『EUの知識』日本経済新聞社

Giarchi, GG & Lankshear, G. 1998 The eclipse of social work in Europe. *Social Work in Europe.* 15（3）pp11-19

Gustafsson, A 2004 *Lokal självstyrelse sverige.* ＝岡沢憲芙、穴見明訳『スウェーデンの地方自治』自治体国際協会

Humphrey, C 2006 Tomorrow's social workers in the UK. *European Journal of Social Work.* 9（3）pp357?373

Javelin, E & Tully, E 2000 Social protection and social work in France. In Adams, A, Erath, P and Shardlow, S（Eds.）*Fundamentals of social work in selected European countries : Historical and political context, present theory, practice, perspectives.* pp37-48 Russell House Publishing

Kendall, K 2000 *Social work education: its origins in Europe.* Alexandria, VA: Council on Social Work Education

Kantowicz, E 2005 Dilemmas in comparative research of education for social work in Europe. *European Journal of Social Work.* 8（3）297-309

Kramer, D & Brauns, H 1995 Europe. In *International handbook on social work education.* London: Greenwood Preess. Chapter 6 pp103-122

Lorenz, W 2003 European experiences in teaching social work research. *European Journal of Social Work Education.* 22-（1）:7-18

Lorenz, W 2005 *Social work in a European perspectives:developments of social work in Europe* Speech at the FORSA Conference 2005 in Denmark.（2006/11/12）http://.forsa.dk/papers/Social Work in a European perspectives.pdf

Lorenz, W 2006 *Perspectives on European social work from the birth of the nation state to the impact of globalisation.* Opladen, Germany: Verlag Barbara Budrich

Malan, T 2004 Implementing the Bologna Process in France. *European Journal of Education.*39（3）. 289-297

Moussu, G 2004 France. In Campanini, A & Frost, E（Eds.）*European social work:*

*commonalities and differences*. pp78-84 Roma: Carocci

Newman, F, Couturier, L and Scrurry, J 2004 *The future of highereducation: rhetoric, reality, and the risks of the market*. San Francisco: Jossey-Bass

Newsweek 2006 *The complete list: the top 100 global universities*.（2006/10/25）http://www.msnbc.msn.com/id/14321230/site/newsweek/

Nybo, T & Lundgren, U（eds.）2001 *Academics and policy systems*. London: Jessica Kingsley Publishers

Reichert, S & Tauch, C 2005 *Trends IV: European universities implementing Bologna*. European University Association

Shanghai Jiao Tong University 2006 *Academic ranking of world universities 2006*（2006/10/25）http://ed.sjtu.cn/ranking.htm

Teichler, U 2003 Mutual recognition and credit transfer in Europe: experiences and problems. *Journal of Studies in International Education*. 7: 312-341 =2003年、吉川裕美子訳「ヨーロッパにおける学位の相互承認と単位互換：経験と課題」『学位研究』17号

UNESCO 2005 *Tertiary students abroad: learning without borders*.（2006/10/19）http://www.uis.unesco.org/ev_en.php?ID=2867_201&ID2=DO_TOPIC

Zaccagnini, G 1926 *La vita dei e degli scolari nello Studio di Bologna nei secoli XIII e XIV*. Grneve: Olschki=1990年、児玉善仁訳『中世イタリアの大学生活』平凡社

# 第2章　ソーシャルワークとスピリチュアリティ

村上　信

## 1．はじめに

　医療や看護、福祉や介護、宗教社会学や精神世界、教育や生命倫理などのさまざまな学問分野や実践の領域で「スピリチュアリティ（spirituality）」あるいは「スピリチュアル（spiritual）」という言葉が使われはじめている。ソーシャルワークの領域では1980年代後半以降、カンダ（Edward R. Canda）やローエンバーグ（Frank M. Loewenberg）らが、ソーシャルワークとスピリチュアリティに関する議論を活発に展開してきている。カンダらはスピリチュアリティを人間存在にとって本質的なものとして捉えている。そしてクライエントが自らの可能性を最大限に発展させることを支援するソーシャルワーカーはスピリチュアルな視点を使用する必要があるとして、スピリチュアリティに敏感であることを主張する。しかし、わが国におけるスピリチュアリティとソーシャルワークについての研究はその初期にあり、研究成果もまだ乏しい。本章では、医療の領域、とりわけ緩和ケアにおけるスピリチュアルとWHOが健康の新定義にスピリチュアルという新しい要素を加えようとした経過について概観し、その上でカンダの見解に基づいてソーシャルワークとスピリチュアリティについて考察する。

## 2．緩和ケアとスピリチュアリティ

　スピリチュアリティは、従来は伝統的な宗教制度の中で体験され語られてきた。キリスト教はその長い歴史の過程でスピリチュアリティと同義ではな

いがスピリット、霊という言葉を用いてきたし、日本的文脈では禅仏教者で、神秘主義思想家のスウェーデンボルグの紹介者でもある鈴木大拙が「霊性」について論じている（鈴木 1972）。

　スピリチュアリティが重要な課題として論じられている領域はさまざまであるが、医療の世界でかなり以前からこの問題が問われており、欧米ではチャプレン（病院付き牧師）がスピリチュアルケアの専門家と考えられてきた。これまでのところ、わが国では「スピリチュアル」は、末期がんやHIV/AIDS感染症の患者の緩和ケアにおける看取りと関連した実践的課題の一つとして取り組まれてきた。現代的ホスピスの創設者として著名なシシリー・ソンダース（Cecily Saunders）は、がんで苦しむ人々の治療や延命中心の医療に疑問をもち、ケア（care）中心の医療の在り方を提案し、1967年に現代ホスピスのモデルといわれる聖クリストファーホスピスをロンドンに設立している。ソンダースは末期患者の苦痛を、身体的、精神的、社会的、スピリチュアルという四要素からなるトータル・ペインとしてとらえる必要があることを指摘して、ホスピスの理念の中にスピリチュアルケアを位置づけたので、その後のホスピス運動の中ではスピリチュアルケアの重要性が常に認識されてきた。このスピリチュアルな痛みは、当初日本では「宗教的痛み」と訳されたが、その後「霊的痛み」という訳が用いられるようになる。そして現在ではスピリチュアルという言葉がそのまま用いられている。神谷は、その過程はスピリチュアル・ケア自体の担い手が宗教家だけではなく医療者や患者の家族、ボランティアなどに拡大していく過程と平行していると指摘している（神谷 2000）。

　スピリチュアルはさまざまな意味に使われ、訳語も「宗教的」「霊的」「実存的」「根源的」など多様であり、スピリチュアルが指し示す内容をひとつに固定することは困難な状況にある。「スピリチュアリティ」が実際に問われている緩和ケアにおけるスピリチュアルケアの実践者である窪寺は、次のように述べている（窪寺 2004）。

　　「スピリチュアリティとは、人生の危機に直面して『人間らしく』『自分らしく』生きるための『存在の枠組み』『自己同一性』が失われたとき

に、それらのものを自分の外の超越的なものに求めたり、あるいは自分の内面の究極的なものに求める機能のことである」

「スピリチュアルペインとは、人生を支えていた生きる意味や目的が、死や病の接近によって脅かされて経験する、全存在的苦痛である。特に、死の接近によって『わたし』意識がもっとも意識され、感情的、哲学的、宗教的問題が顕著になる。」

スピリチュアリティには、人間存在の意味や人生の目的といった実存的な側面と超越的・究極的と表現される不可知・不可視の存在、たとえば大自然、宇宙、内なる神、神の計画と自分との関係性という側面があると考えられている。医療や看護、緩和ケアの領域で取り上げられてきたスピリチュアルは、絶対的なものや究極的なものとの関係性よりも、病や死の危機に直面して不安や恐怖、孤独感や喪失感、私の人生の意味といった実存的な側面に焦点が当てられることが多いように思われる。

## 3．健康の定義とスピリチュアリティ

スピリチュアリティが広く取り上げられるようになったのは、WHO（世界保健機構）の健康の定義に関する議論が発端となっている。WHOは、1946年にその憲章の中において「健康とは、単に病気がないとか、虚弱でないというだけではなく、身体的、精神的、そして社会的に完全に良好な状態をいう」と定義している。この健康の定義に「スピリチュアル」という視点を加えることを最初に提言したのは、1978年、当時WHO執行委員会理事であったインド代表のビシュ博士であるといわれる。これを契機に検討が重ねられ、1998年の執行理事会において「健康とは単に病気がないとか、虚弱でないというだけではなく、身体的、精神的、スピリチュアル、そして社会的に完全に良好なダイナミックな状態をいう」という改定案を総会の議題とすることが議決された。しかし、1999年の総会では、この改正案は実質的な審議にはいることなく事務局長預かりとなって、先送りとなっている。その主な理由は、議員が医療と宗教の混交に難色を示したこととされる。新定義にスピリ

チュアルを加える意味には、人間の生の全体性に着目していこうとする動きが含まれている。現代の医療が身体性やその一部、生殖細胞や遺伝子といったその構成要素にのみ目を向けて進んでいるという現実とその偏狭さを批判し、補完・代替医療のもつ全人的医療を推進しようとする思いが含まれている。そもそもホスピスケアが取り組まれたこと自体が、現代医療の中で人間の死があまりにも医療化されたことを批判して、死や老いを人間の全体性や関係性の視点から問い直すという意味合いをもっていた。しかし、医療と宗教の混交への危惧が反対意見の中では最も多かったということは、スピリチュアリティが制度宗教ないし宗教性と関連づけて理解されたことを示しているとも考えられる。また、当然のことではあるが、「スピリチュアリティは人間の尊厳の確保や生活の質を考えるために必要な、本質的なものである」という意見に代表されるように、その重要性は認めつつも、スピリチュアリティの多義性を指摘する意見も多かったのである（山口1998；臼井2000；中嶋2001；西平2001）。

　湯浅（2003）は、スピリチュアリティに関する議論が近年、医療問題と関連して取り上げられるようになった理由を3つ指摘している。①伝統医療の復興と関連して、伝統医療の宗教文化的背景にはスピリチュアリティが関係していること、②19世紀からの近代スピリチュアリズムの歴史やフロイトやユングの深層心理学の動向が医療問題とも結びついて広がりを見せてきたこと、③高価な近代医療にかわって伝統医療などの相補・代替医療の価値が見直されてきた背景要因としての医療経済問題の存在である。近代医療は心と体を分離して身体だけを対象にする方法論に基づいているために、民族や宗教、文化の違いを考慮することなく標準化され発展した。ところが、伝統医療の場合は、その医療の背景にある生命観や宇宙観すなわちスピリチュアリティの問題を避けることが出来ない。比較的安価な伝統医療などの相補・代替医療に頼らざるを得ない医療経済問題によって、スピリチュアリティの問題があらためて問われる状況が生み出されたということである。

　ともあれ、スピリチュアリティをあえて取り上げるに値する重要な課題であると国際機関であるWHOがみなしたことは、今後さまざまな学問分野や実践領域に大きな影響を与えると考えられる。つぎにソーシャルワークとス

ピリチュアリティについて考える。

## 4．ソーシャルワークのスピリチュアリティ研究

日本の社会福祉の領域における「スピリチュアル」や「スピリチュアリティ」の研究について検討する前提として、まず、カンダ他（2003）がソーシャルワークとスピリチュアリティに関して、2002年7月までの間に英語で書かれた771の出版物を検索して6つに分類・整理した成果を活用してソーシャルワークとスピリチュアリティの研究の現状を概観する（**表1**）。

「宗教的なスピリチュアル視座と無宗派のスピリチュアル視座」に分類される論文・図書が325タイトル（43%）と最も多い。これには代替宗教や仏教・キリスト教のような伝統宗教、ディープエコロジー、実存主義とヒューマニズム、ガンジーの社会行動主義とスピリチュアリティに関する論文等が含まれる。次に多いのは「ソーシャルワークのさまざまな分野におけるスピリチュアリティ」に関する論文であり、232タイトル（30%）である。これには依存症の回復とスピリチュアリティ、高齢者とスピリチュアリティ、教育とスピリチュアリティ、喪失や死とスピリチュアリティ、メンタルヘルスやミクロのソーシャルワーク実践とスピリチュアリティ、政策や法制およびマクロのソーシャルワークとスピリチュアリティなどに関する論文等が含まれる。「スピリチュアリティに関係する文化的視座と問題」の分類では、アフリカ系アメリカ人やアジア系アメリカ人、ヒスパニックやラテン系アメリカ人、北米先住民族やその他の文化的問題とスピリチュアリティについてソーシャルワークとの関連で論じたものが90タイトル（12%）である。その他には、「スピリチュアリティと宗教に関する一般的概念、関心事およびアプローチ」に関する論文が65タイトル（9%）、「倫理・価値・道徳問題」とスピリチュアリティに関する論文の48タイトル（6%）が取り上げられている。以上の分類とは別に、スピリチュアリティの多様性を取り上げたソーシャルワークの教科書を11タイトル紹介している。ソーシャルワークのミクロ、メゾ、マクロのさまざまな領域でスピリチュアリティの概念を用いた研究が試みられていることが分かる。そしてカンダ他は、1998年から2002年にかけて論文数の増加

**表1 ソーシャルワークとスピリチュアリティの研究分野**

| 大分類 | 小分類 | タイトル数 | |
|---|---|---:|---:|
| Religious and Nonsectarian Spiritual Perspectives<br>（宗教的なスピリチュアル視座と無宗派のスピリチュアル視座） | Alternative Religions | 9 | 325<br>(43%) |
| | Buddhism | 14 | |
| | Christianity | 152 | |
| | Confucianism | 6 | |
| | Deep Ecology and Ecological Philosophy | 4 | |
| | Existentialism and Humanism | 36 | |
| | Gandhian Social Activism | 6 | |
| | Hinduism | 8 | |
| | Islam | 20 | |
| | Judaism | 38 | |
| | Shamanism and Neo-Shamanism | 5 | |
| | Spiritism, Santera, and Curanderismo | 9 | |
| | Taoism | 4 | |
| | Transperonalism | 14 | |
| Cultural Perspectives and Issues Pertaining to Spirituality<br>（スピリチュアリティに関係する文化的視座と問題） | African American | 29 | 90<br>(12%) |
| | Asian and Asian American | 20 | |
| | Hispanic, Latino/ Latina | 7 | |
| | Indigenous/ First Nations | 21 | |
| | Other Cultural Issues | 13 | |
| Spirituality in Various Fields of Social work<br>（ソーシャルワークのさまざまな分野におけるスピリチュアリティ） | Addictions and Recovery | 15 | 232<br>(30%) |
| | Aging | 15 | |
| | Education | 46 | |
| | Health and Physical Disability | 22 | |
| | Loss and Death | 28 | |
| | Mental Health, Psychotherapy, and Micro Practice | 28 | |
| General Concepts, and Approaches about Spirituality and Religion<br>（スピリチュアリティと宗教に関する一般的概念、関心事およびアプローチ） | | | 65<br>(9%) |
| Ethics, Values and Moral Issues<br>（倫理・価値・道徳とスピリチュアリティ） | | | 48<br>(6%) |
| Social Work Textbooks Dedicated to Spiritual Diversity<br>（スピリチュアリティの多様性を取り上げたソーシャルワークの教科書） | | | 11 |

出典）E.R. Canda Mitsuko Nakashima, Virginia L. Burgegss, Robin Russel, Sharon Barfield. (2003).
Spiritual Diversity and Social Work より筆者が集計して作成

が著しいと指摘している。ソーシャルワークとスピリチュアリティへの関心が、近年、増加していることを反映しているということができる。このことは医学系データベースMEDLINEと看護系データベースCINAHLにおいて、「スピリチュアリティ」をキーワードにした英文論文数が1994年以降急激に増加していることを指摘した鶴若・岡安の研究結果とも符合する（鶴若・岡安2001）。

　日本におけるソーシャルワークとスピリチュアリティに関する研究は最近始まり、緩和ケア領域のソーシャルワーカーによる実践的な報告や研究が蓄積されてきている。また、村田（2002）は、「福祉臨床においても、がんなどによって直接、死の恐怖にさらされることのない高齢者や障害者、あるいは健常者と呼ばれている青少年や壮年期の人々ですら、生の無意味、アイデンティティ喪失、生の無価値などのスピリチュアルペインに苦しむことがある」ことを指摘している。「スピリチュアルペインの存在は医療分野に限らず、福祉臨床においても満ちあふれており、われわれが気づいていないだけである」との視点から、傾聴の技術を用いたスピリチュアルケアの学問的体系化をめざしている。さらに、木原（2006）は、虐待を受けた子どもがその深刻な事実を受け入れた上で、里親や養親と新しい親子関係を形成していく過程を支援するときには、心理的な支援という視点だけでは十分ではないことを指摘して、ナラティブ論と絶対者である神との関係性を介在させたスピリチュアルケアの視点を融合させた取り組みを報告している。これらの報告は、死にゆく人々に対する特殊な視点とみられがちであったスピリチュアルの概念を拡大していく可能性を示唆したものとして注目される。しかし、こうした取り組みは、少数の事例に基づく質的研究の段階にとどまっており、実践場面でも今後一層取り組みがなされることが期待される。

　一方、ソーシャルワークや看護学の領域では、臨床的なアセスメントの必要性から多義的なスピリチュアリティの標準化を試みる研究が蓄積されてきている。WHOのQOL評価尺度の作成に関わった田崎らは、実証科学的な見地からスピリチュアリティを計量的にとらえるために厳密にコントロールした国際比較調査を行っている（田崎2001;2006）。しかし、この厳密な調査のためのスピリチュアリティに関する概念構造が日本人のスピリチュアリティ

に即したものかは断定しがたいとされて、逆にスピリチュアリティの多義性を浮き彫りにしたことは興味深い。ソーシャルワークの領域では、藤井(2000; 2005)が、死にゆく人々や病む人々のQOL研究のなかでトータルなQOL評価尺度の開発を進めており、人間存在の領域としてスピリチュアリティの標準化を試みている。看護学の領域では、比嘉(2002; 2006)が、WHO調査を参考に15項目5件法、5項目文章完成法（半構造化面接法）からなるスピリチュアリティ評価尺度を開発している。

しかし、スピリチュアリティをアセスメントし、ケアに生かす取り組みの研究は、まだその初期の段階にあると言うことができる。

## 5．ソーシャルワークの歴史とスピリチュアリティ

ソーシャルワークの源流として、慈善組織協会運動とセツルメント運動の貢献が取り上げられるが、こうした運動は理想主義的な福音主義キリスト教徒たちによって担われた。しかし、1915年全米慈善・感化会議におけるアブラハム・フレックスナーによる「ソーシャルワークは専門職か」の基調講演を契機に、ソーシャルワークは「科学技術化」へと傾斜していく。このような経過の中で、ソーシャルワークとスピリチュアリティの関連は欧米においても日本においても専門的な研究や議論の対象にはならなくなった。ローエンバーグはシャロット・トール（Charlotte Towle）が1945年に『コモン・ヒューマン・ニーズ』の中で、彼女がスピリチュアリティと宗教の重要性について、明瞭で説得力がある記述を与えたことを評価する反面、この議論にわずかなスペースしか割いていないことに絶望している。

こうした動向をウェイク（Ann Weick）とサリーベー（Dennis Saleebey）は以下のように要約している。

> ソーシャルワークは、実践を専門職化しようとして、他の学問分野から理論を丸ごと借用するする衝動に駆り立てられた。その結果、明らかにソーシャルワークの価値観を反映しないアプローチを普及することとなった。同時にクライエントの生活世界に基づいた理論の発達

はほとんど考慮されず、是認もされなかった。(中略)

　経験主義に基づいた方法論、および客観的現実、観察者の中立性、技術の合理性を想定する実証主義哲学が、過去50年間にわたって社会科学と専門職に対して知識の卓越したパラダイムとして提示されてきている。この経験主義への傾斜の当然の結果として、哲学的・理論的な問題に対する関心の顕著な欠如と、ほとんどの実践問題および疑問を方法によって解決可能にするのだという意欲をもたらした。(中略)

　しかし、実践を科学化し、合理化しようとする努力にもかかわらず、ソーシャルワークの臨床実践と学術研究の不一致は悲嘆すべき状況にあった。(中略)

　もしソーシャル・ワークの展望が、現在の技術優先志向の視点の中では適切に明瞭に表現し、実現することができなくて、哲学的・概念的な脈略によって明らかにされるのが確かであるならば、他の知的な提携を探し求めることが重要である。幸運にも、ソーシャルワークに異なる理論的枠組みを構築することを助けてくれるような発達がみられる。ソーシャルワークの中で発達してきているストレングス視点、そして社会構成主義、全体論的な健康・回復力および心身相関によって解明された観点は、よいソーシャルワーク実践の基礎となる本質的なコミットメントをより強力にとらえる方向にソーシャルワーク専門職の哲学的な主張を拡張していく手段を提供している。(Weick & Saleebey, 1998)

　引用の最後の部分の「回復力 (resilience)」はストレングス視点と関連して重要である。ウェイクとサリーベーは、カンザス大学社会福祉大学院を拠点にストレングス視点の体系化に1980年代後半から精力的に取り組んでいる。ストレングス視点はそれまでの医学モデルの限界を乗り越えようとする一連の努力のなかから発展してきているところに特徴がある。病理やリスク、機能不全によりはむしろ、逆境に直面しての「回復力」と、クライエントが対処し、生き抜き、成長する力（適応力＝コンピテンス）とその方法に関心が焦点づけられる。カンダは「ストレングス視点はクライエントを自分の生活について

の専門家として尊敬するのでスピリチュアルに敏感な実践の助けになる」としている。スピリチュアリティは、ストレングス視点や回復力・適応力の燃料であり、エネルギー源である。ホッジ（David R.Hodge）は、ベーカー（Barker）やキャロル（Carroll）の理論に基づいて、「多くのクライエントにとってはスピリチュアリティが『個人の強さ』であり、これを用いて臨床場面で問題を改善することができるという認識が発展してきている」と指摘している。

1980年代後半以降、カンダやローエンバーグらがソーシャルワークとスピリチュアリティについて活発な議論を展開してきているが、スピリチュアリティを人間存在にとって本質的なものとして捉えて、その人のストレングスや回復力の源泉として注目している。ストレングス視点を用いるソーシャルワーク実践ではスピリチュアルな視点を使用する必要があり、スピリチュアリティに敏感であることを主張している。

## 6．スピリチュアリティの定義とソーシャルワーク

スピリチュアリティは、キリスト教世界がその長い歴史の過程で用いてきたスピリットと関わっているが同義ではない。「私は宗教的ではないが、スピリチュアルではある」という発言に代表されるように、スピリチュアリティは「宗教」という言葉からその組織や制度の側面を排除して現代社会からの要請に応えて新たな意味づけがされるようになった用語である、ということができる。カンザス大学のカンダはスピリチュアリティを以下のように定義している。

> スピリチュアリティは、人間が人間であるための普遍的で根本的な局面に関係しており、意味や目的、そして自己や他者や究極的な実在（大自然、宇宙、内なる神、自己を超えた何ものか＝筆者が加筆）とつながりを得る道徳観の認識を探求することに関係している。この意味において、スピリチュアリティは宗教上の形式を通して表現されるかもしれないし、あるいは、宗教形式に依存しないで表現されるかもしれない。宗教はスピリチュアルなことをめざした信念、振る舞いおよび経験が

制度化された形式であり、それはコミュニティーによって共有され、伝統の中で長い時間をかけて伝えられたものである。(Canda & Furman, 1999)

　カンダは、宗教とスピリチュアリティの相違に関して、宗教がスピリチュアリティの表現や経験の手段として組織化され制度化された信条や社会的機能を含んでいるのに対して、スピリチュアリティは人間の基本的な本質及び意味、目的を見つけるプロセスに関係しているとしている。スピリチュアリティは基本的には個人的なものであり、宗教は本質的には社会的なものとみなしている。ある人にとってはスピリチュアリティと宗教は分かちがたく関連しており、また、別の人にとってはこの2つは別個のものである。
　カンダは、スピリチュアリティを人間の全体性あるいはゲシュタルト（精神や意識を単なる要素の総和に解消されない、個々の要素の総和以上のまとまった意味と構造をもち、それが維持されている形態）として概念化している（spirituality as wholeness of the person）。つまり、スピリチュアリティを人間の本質的なもので、減じることができないエッセンスとして捉えている（spirituality as essence）。彼は、また、スピリチュアリティを人間の経験や行為の一つの局面という、狭い意味でも定義する（spirituality as one dimension）。スピリチュアリティが身体的、心理的、社会的という他の局面と同じような一つの局面であるときには、スピリチュアルな次元は自己を超越し、かつ究極的な実在に個人を関係づけようとする。スピリチュアリティの関係性には2つの方向がある。一つの方向は、伝統的な組織化された宗教的信条にそっているかどうかに関係なく、究極的な実在や超越的なものとのつながりに向かうものである。あるいはユングが「内なる神（the God within）」とも呼ぶ真実の自己とのつながりに向かうものである。これは垂直次元の関係性である。もう一つの方向は、自己と他者、社会関係および世界とのつながりに向かうものである。これは水平次元の関係性である。この2つの方向が追求されると最終的には、全体とのつながりに統合されるとする認識である。こうした認識にはケン・ウィルバーの意識の全範囲（フルスペクトラム）モデルと共通する部分が少なくない。1980年代からの全体性を重んじる学問の動向や北米での超個人心理（トランスパー

ソナル）アプローチの台頭が影響していると考えられる。カウリー（Cowley 1993）は、還元主義的で、行動科学的で、直線的・定量的な従来のソーシャルワークのモデルでは、AIDS、ホームレス、オゾン層の穴、生態学的な汚染、暴力、愛情の飢えといった現在の問題に取り組むには不十分であり、スピリチュアルなアプローチが必要であることを指摘している。ソーシャルワークは、ますます複雑な、生物学的－心理的－社会的－スピリチュアル（biopsychosociospiritual）な問題に対処しなければならなくなってきていることと、そのためには、最も総合的で、包括的で、統合的なアプローチがジェネラリスト実践には求められており、スピリチュアルな視点が含まれなければ包括的にならないことを強調している。

## 7．おわりに

　スピリチュアリティとソーシャルワークに関する研究は、必要性があるにもかかわらず、科学性の対極にあるものとして避けられてきた。とはいえ、今日のソーシャルワークの動向においては、社会構成主義やポストモダンの思想の浸透により、受け入れられる素地ができた。木原（2003）は、ソーシャルワークの領域でスピリチュアリティが取り上げられる背景について、全体の構造とともに、ローカリティの尊重、合理的な科学理論や体系に対立する微小な物語・ナラティブの尊重、身体と精神の分離分断と精神の優位を批判する心身一如あるいは人間の生における全体性の尊重など、新しい価値の胎動があると指摘している。

　ターナー（Francis J. Turner）は、「ソーシャルワーク実践がより包括的になり、個人内システムおよび環境システムの多次元的アセスメントに向かっているときでさえ、クライエント・システムの一側面が見失われていることがあまりにも多い。見失われる一側面とはスピリチュアル次元である」と指摘している。そして、その編著『ソーシャルワーク・トリートメント』において、「先住民の理論（Aboriginal Theory）」「瞑想（Meditation and Social Work Treatment）」「超個人ソーシャルワーク（Transpersonal Social Work）」など、スピリチュアルに起源を持つ理論や介入方法を取り上げている。しかし、宗教とスピリチュアリ

ティに関連する論点は、まだ研究者から適切に取り扱われていないと述べている。

近年、医療や福祉の対人援助の臨床現場において、人間を「全体論的」（holistic）に捉え実践していく動きが進展している。これによりスピリチュアリティに敏感な実践が注目されてきている。ソーシャルワーク教育審議会（CSWE:Council on Social Work Education）は、1992年度のカリキュラム方針声明書で、宗教についての内容を含めるように求めている。したがって宗教とスピリチュアリティに敏感なソーシャルワーク実践はもはや特別な興味や選択ではなくなったと言うことができる。

しかし、わが国でソーシャルワークとスピリチュアリティを取り上げるにあたっては、日本特有の課題があると考えられる。それは宗教との関わりである。宗教とスピリチュアリティは、カンダ他の文献でも区別されるが、文献からは両者が密接に関連して使用されていることは明らかである。ところが戦後日本の教育では、戦時中の国家神道教育への反動から、宗教教育はむしろ公教育の場から意識的に排除されてきており、宗教軽視の風潮が一般には強い。日本に仏教が公式に伝来したのは538年のことであり、1400年が経過したが、日本人は無宗教であるという意見さえある。現在の日本の宗教が日本社会に対して、またソーシャルワークに対しても、それほど影響力がないことは自明のこととされているが、宗教が日本人のものの見方に影響を与えていることを無視するのは適切ではない。人間生活における宗教の意味と役割を見過ごしたままで、援助の単なる一つの技術として、スピリチュアリティの一部を切り出して論じることは適切でない。鶴若・岡安（2001）の「欧米のspiritualという概念を、ただ宗教性を排除した形で、わが国に取り入れれば良いという安易な議論は危険であろう」という指摘は首肯できる。スピリチュアリティは極めて多様な概念であり、人々のさまざまな宗教性や生きる意味や生きる価値などに関連した、わが国の文化や伝統、歴史の深層につながった幅広い概念である。それを理解した上でソーシャルワークとスピリチュアリティについて検討するべきではないかと考える。

エコロジカル・ソーシャルワークは、米国で誕生し世界に普及したが、仏教文化を伝統とするアジアにおいて誕生するべきものであった。ここにスピ

リチュアリティとソーシャルワークについて第二の課題がある。空海が即身成仏思想を端的に述べた四句一頌の偈文がある。

　　六大無礙(むげ)にして常に瑜伽なり。
　　四種曼荼羅各々離れず。
　　三密加持すれば速疾に顕わる。
　　重々帝網なるを即身と名づく。

　ここでは宇宙の絶対性を表すシンボルである、地、水、火、風、空、識の六つ、すなわち物質的なものと、精神的なものは本来一つであって、分かちがたいものだという宇宙観が示されている。「重々帝網(たいもう)」とは、『華厳経』などに説かれている世界観である。「帝網」とは帝釈天の宮殿の網ということで、この網は縦横に組み合わされ、それぞれの結び目を、宝珠でとめてある。宮殿の天井を覆う大きな網には、無数の宝珠があって一つ一つの宝珠が、他の無数の宝珠の姿を自分の表面にうつし出し、うつし出したその宝珠が、他の無数の宝珠に中に、映し出されるといった果てしなく広がる相互依存の関係を表現している。六大と四種の曼荼羅と三密とが、別々でありながら相互に関係し合って一つとなり、ここに全宇宙（仏教哲学では「仏」）と人間との一体感が表現されている。こうした世界を空海は即身と呼んでいる。

　カンダのスピリチュアリティ論はアジアの思想からも影響を受けており、ケン・ウィルバーの思想は般若心経の巨大な注解であると言われたりもする。スピリチュアリティとソーシャルワークの関連についての研究は、アジアの思想も活用し推進することが必要であると考えられる。

## 参考文献

　臼井寛ほか、2000年「WHO憲章の健康定義が改正に至らなかった経緯」『日本公衆衛生雑誌』47巻12号。
　神谷綾子、2000年「スピリチュアルケアということ」カール・ベッカー編『生と死のケアを考える』法蔵館：230-246。
　木原活信、2003年『対人援助の福祉エートス』ミネルヴァ書房：7。

木原活信、2006年「被虐待児童への真実告知をめぐるスピリチュアルケアとナラティブ論」『先端社会研究　第4号　特集スピリチュアリティと幸福』関西学院大学出版会：24-48。

窪寺俊之、2004年『スピリチュアルケア学序説』三輪書店：8.43。

鈴木大拙、1972年『日本的霊性』岩波文庫。

田崎美弥子・松田正己・中根允文、2001年「スピリチュアリティに関する質的調査の試みー健康およびQOLの概念のからみの中で」『日本醫事新報』4036：24-32。

田崎美弥子、2006年「健康の定義におけるスピリチュアリティ」『医学の歩み』216(2)：149-151。

鶴若麻里・岡安大仁、2001年「スピリチュアルケアに関する欧米文献の動向」日本生命倫理学会『生命倫理』11(1)：91-96。

トール・小松源助訳、1996年『コモン・ヒューマン・ニーズ』中央法規：22-23。

中嶋宏、2001年『健康と霊性ーWHOの問題提起に答えて』宗教心理出版。

西平直、2001年「WHOとスピリチュアリティー健康にかかわる事柄としてのスピリチュアリティ」『UP』30(7)：24-28。

比嘉勇人、2002年「Spirituality評定尺度の開発とその信頼性・妥当性の検討」『日本看護科学会誌』22(3)：29-38。

比嘉勇人、2006年「スピリチュアリティの評価法」『医学の歩み』216(2)：163-167。

藤井美和・李政元・田崎美弥子・松田正己・中根允文、2005年「日本人のスピリチュアリティの表すもの：WHO QOLのスピリチュアリティ予備調査から」『日本社会精神医学会誌』14(1)：3-17。

藤井美和、2000年「病む人のクオリティーオブライフとスピリチュアリティ」『社会学部紀要』(関西学院大学)。

村田久行、2002年「福祉臨床でのスピリチュアルケア」『月刊福祉』85(12)：92-95。

村田久行、2002-2003年「臨床に生かすスピリチュアルケアの実際1〜7」『ターミナルケア』12(4)-13(4)。

山口昌哉、1998年「『霊性』ととりくみ始めたWHO」『季刊仏教』45：190-198。

湯浅泰雄監修、2003年『スピリチュアリティの現在ー宗教・倫理・心理の観点』人文書院：51-96。

Ann Weick and Dennis Saleebey, (1998) .*Postmodern Perspectives for Social Work*, Roland G.Meinert, John T.ardeck, John W.Murphy (eds.). Postmodernism, Religion and the Future of Social Work, The Haworth Pastoral Press, 21-40.

Cowley, A. W. (1993) .Transpersonal social work: A theory for the 1990s. Social Work, 38 (5), 527-534.

David R.Hodge (2000) .Spirituality:Towards a Theoretical Framework.Social Thought,19

（14），1．

Edward R. Canda, Mitsuko Nakashima, Virginia L. Burgess, Robin Russel, Sharon Barfield. (2003). Spiritual Diversity And Social Work: A Comprehensive Bibliography With Annotations 2nd Edition. CSWE.

Edward R.Canda, & Leola Dyrud Furman,（1999）. *Spiritual Diversity in Social Work Practice: the heart of helping*. THE FREE PRESS, 37.

## 第3章　社会福祉士制度の到達点と課題
―― 養成教育と任用の現状を中心に

横山　豊治

## はじめに

　1987年に社会福祉士及び介護福祉士法が制定されて20年になり、これまでの経過をふまえて、多角的に社会福祉士制度の検討・評価がなされるべき時期を迎えている。

　本章では、国家試験の受験者数、合格者数等の推移を概観した上で、主に社会福祉士の養成教育と任用という2つの点について検討し、その到達点と課題を明らかにしたい。

## 1．国家試験データの検討

　社会福祉士は、1989年に第1回国家試験が行われ、1,033人が受験して180人が合格したが、以後、受験者数と合格者数は増加を続け、2003年の第15回から一回の受験者が3万人を超え、合格者も1万人を超えるようになり、2006年、第18回国家試験では、43,701人が受験して、12,222人が合格し、第1回目と比べて、受験者数はおよそ42倍、合格者数は68倍となった（**表1**）。その結果、2006年9月末現在の社会福祉士登録者数は8万3人余りに達している。（**図1**）。

　参考までに他職種の推移を見てみると、1966年に第1回目の国家試験が行われた理学療法士は、90％以上の合格率で推移しているが、累積合格者数が1万人を超えるまでに24年かかっており、2万人を超えるまでに32年要している。4年制大学での養成が主となっている管理栄養士の場合は、一回の国

表1 社会福祉士受験者数・合格者数の推移

| | 社会福祉士 | | |
|---|---|---|---|
| | 受験者数（人） | 合格者数（人） | 合格率（％） |
| 第1回 | 1,033 | 180 | 17.4 |
| 第2回 | 1,617 | 378 | 23.4 |
| 第3回 | 2,565 | 528 | 20.6 |
| 第4回 | 3,309 | 874 | 26.4 |
| 第5回 | 3,886 | 924 | 23.8 |
| 第6回 | 4,698 | 1,049 | 22.3 |
| 第7回 | 5,887 | 1,560 | 26.5 |
| 第8回 | 7,633 | 2,291 | 30.0 |
| 第9回 | 9,649 | 2,832 | 29.4 |
| 第10回 | 12,535 | 3,460 | 27.6 |
| 第11回 | 16,206 | 4,774 | 29.5 |
| 第12回 | 19,812 | 5,749 | 29.0 |
| 第13回 | 22,962 | 6,074 | 26.5 |
| 第14回 | 28,329 | 8,343 | 29.5 |
| 第15回 | 33,452 | 10,501 | 31.4 |
| 第16回 | 37,657 | 10,733 | 28.5 |
| 第17回 | 41,044 | 12,241 | 29.8 |
| 第18回 | 43,701 | 12,222 | 28.0 |
| 計 | 295,975 | 84,713 | 28.6 |

出典）（財）社会福祉振興・試験センター発表。

家試験受験者数が3万人を超えたのが、2005年の第19回からであった。

　それらに比べると、社会福祉士の受験者と合格者の増加がいかに著しいかが明らかであるが、それとともに、負の側面が著しくなっていることも見落としてはならない。

　その1点目は、受験者数が毎年増加していながら、ここ10年間の合格率が30％前後でほぼ横ばいの推移を続けているために、不合格者数も一貫して増加していることである。

　社会福祉士国家試験の受験資格を付与するカリキュラムによってソーシャルワーカー養成専門教育が行われていながら、受験者の7割が合格できず、

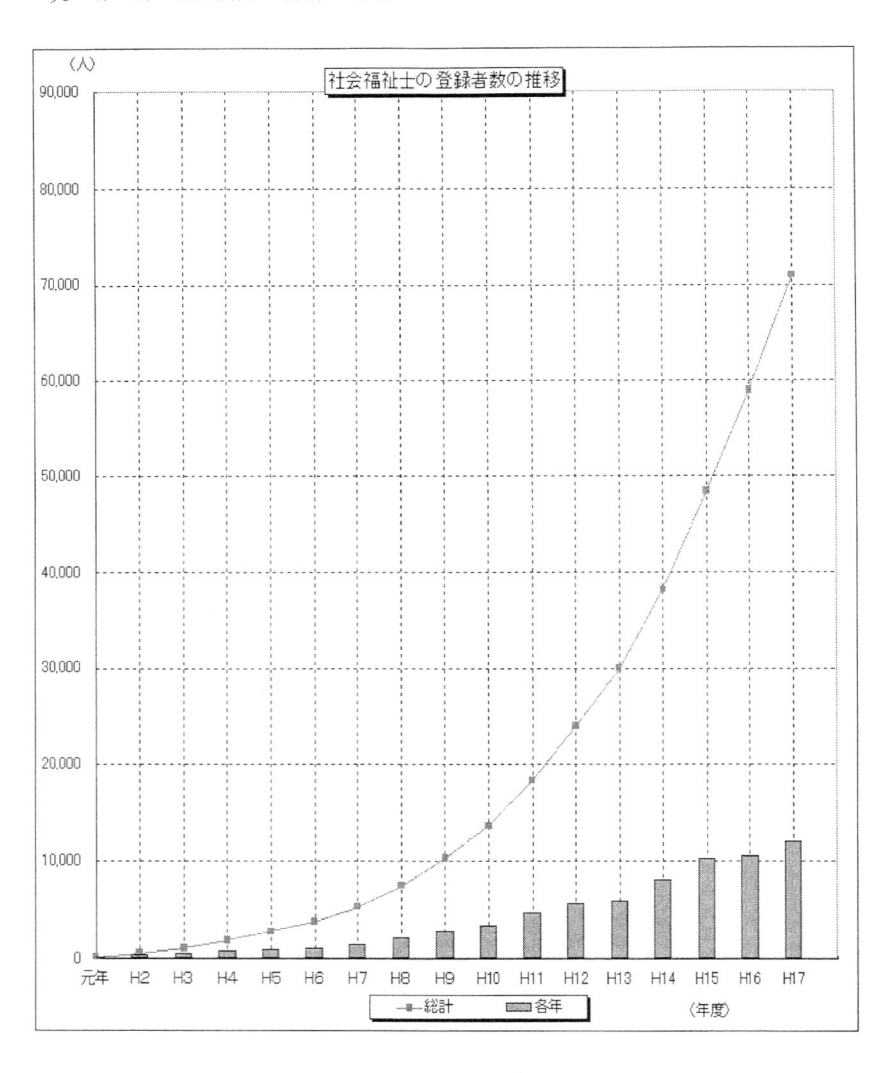

**図1　社会福祉登録者数の推移**

注）人数は、各年度9月末の登録者数。平成18年9月末現在の登録者数は、83,027人である。
出典）(財)社会福祉振興・試験センター発表。

第3章 社会福祉士制度の到達点と課題　37

一回の試験で3万人以上の不合格者を生んでいるという現状を直視すると、果たして現在の福祉系大学・養成校では、社会福祉専門職としての社会福祉士養成教育を成し得ているのかという問題を提起しないわけにはいかない。（この点についての分析は次の2で行う）また、仮に教育の側に問題がないとすれば、国家試験の方針や出題の仕方が妥当なのかを問わなければならない。

　2点目は、国家試験に合格しながら社会福祉士登録をしない未登録者数の増加である。

　各年における合格者の累積数から毎年9月末時点での登録者数を差し引いた数の未登録者数をみると、これも一貫して増え続け、1992年まで2ケタの人数であったのが、翌年から3ケタになり、2003年には4ケタになって2005年9月末現在では1523人となっている。実際には合格者の中で登録手続きをしないまま死亡するというケースもあり得るため、未登録者数の正確な把握は困難だが、毎年増えていることは確実と見られる。難関の国家試験に合格したにも関わらず、法的な有資格者になろうとせず、「社会福祉士」の資格を活用しようとしない（あるいは、その必要がない）者が、少なくとも未登録者の数だけは存在することを意味しているのである。

## 2．社会福祉士の養成教育

　社会福祉士の国家試験受験者が増加の一途をたどってきた背景には、養成校と学生の数の増加がある。

　養成校には、福祉系大学・学部以外の4年制大学卒業者などが主に学ぶ厚生労働省指定の社会福祉士一般養成施設と、国家試験受験資格の取得が可能なカリキュラムを備えた4年制大学・短期大学・専修学校とがあるが（短期大学・専修学校は修業年限に応じて卒後の実務経験が必要）、後者については厚生労働省でもその存在を正確に把握しきれていない。

　既存の学部・学科に国家試験受験資格の取得が可能なカリキュラムを設けるにあたっても、またそのようなカリキュラムを備えた学部・学科を新設するにあたっても、厚生労働省の許認可や指定を要する制度になっていないからである。

そのため、2005年に（財）社会福祉振興・試験センターが受験者向けに発行した『第18回社会福祉士国家試験受験の手引』には、社会福祉士一般養成施設として45校（56課程）が明記されているが、4年制大学には186校の大学名が記されている他に「上記に学校名がない場合」という欄が設けられており、国家試験の実施機関である同センターも事前に把握できていない大学・学校からの受験者があり得ることを想定している。また、そこに記されている186校の大学の中には、当該学科の開設後2年に満たず、第18回国家試験の受験者を輩出し得ないはずの大学の校名も、数件含まれている[1]。

医師・看護師・理学療法士・作業療法士・言語聴覚士・管理栄養士など医療系職種の養成制度にはこのような例はないが、社会福祉士に関しては、国家資格を付与する省庁が養成課程の全体を管掌しきれない状況にあるといえる（言語聴覚士の場合には、制度上は、厚生労働省の指定養成校になっていない大学でも一定の指定科目を履修すれば国家試験受験資格を得られるが、現在までにその適用を受ける大学は存在していない）。

このような制度の下で、社会福祉士養成校の数は全体として著しい増加を続けてきた。全国の社会福祉士養成校で組織する（社）日本社会福祉士養成校協会の会員校にしぼってみても、社団法人発足当時の2001年度に114校であったのが、この5年間で249校（正会員校）へと倍以上に増えており、同協会では非会員校も含めた社会福祉士養成校の総数を約300校（協会組織率約80％）と発表している[2]。

都道府県別では、前述の『第18回社会福祉士国家試験受験の手引』をみる限り、2005年度時点で大学・短期大学・専修学校のどの養成校も1校もないというのは鳥取県だけで、あとの46都道府県にはすべていずれかの養成校が存在している。4年制大学にしぼってみると、1校もないのは富山県、鳥取県の2県だけとなっている。

社会福祉士養成校には、もともと一般養成施設に通信制課程が多いという条件があり、全国どこにいても社会福祉士養成教育が受けられる状況になっているといえよう。

18歳人口の減少により、"大学全入時代"を迎え、学校経営の厳しさが増すなか、こうして社会福祉士養成校の顕著な増加が続いてきた背景には、大学

に関していえば、高齢化の進行が高度な医療・福祉専門職の養成に追い風となって、大学の設置計画・認可が進められてきたことがあげられるが、前述の通り、医療専門職の養成校などと違って、設備面でも専任教員の配置などの面においても厚生労働省の指定要件を満たす必要がないという開設の容易さがある。学部・学科の新規開設の際には、大学設置審議会の審査をクリアする必要がある。しかし、完成年度を過ぎると、一般養成施設はその指定要件を満たしているかどうか、毎年確認を受けるために厚生労働省への届け出を求められているが、大学には教員や実習先等に関する報告は課されていない。

同じ法律に基づく介護福祉士養成については、たとえ4年制大学の中に介護福祉士資格の取得が可能な学科やコースを設ける場合でも、厚生労働省から介護福祉士養成施設としての指定を受けなければならないため、設備・教員・学生定員・実習先のいずれについても一定の要件を満たし続ける必要がある。その中に、例えば「1学級の定員は50人以下」という制限があり、それ以上の学生定員を1学年に設けようとすればクラスを分けなければならず、複数のクラスの学生を同じ教室に集めての「合同授業」も禁止されている（したがって、120名定員の養成施設は3クラスに分け、同じ科目の授業をそれぞれに行う必要がある）が、社会福祉士養成を行う大学はそうした規制を受けないため、大教室で100名・150名単位のマスプロ授業を行うことが制度上、可能となっている。

卒業と同時に国家資格そのものを付与する介護福祉士養成教育には、教育の質を担保するための相応の規制が必要と考えられるため、社会福祉士養成教育と単純に比較することはできないが、社会福祉士制度が出来る以前から主に私立の大学・大学院において社会福祉学教育が行われ、教育条件が不備であったところに資格制度が導入されたという資格法制定時の事情が背景にあって、このように大学に対しては非常に緩やかな養成制度になっているものと考えられる[3]。その点は、専修学校や短期大学での養成から始まった医療技術職養成とは大きく異なる。

この教育課程に着目した場合、同じ社会福祉士を育てる上で、一般養成施設と大学との間には、看過しがたい制度上の差異がある。

主要な点を２つ挙げれば、まず前者には指定科目全部（16科目）の履修が必修とされていながら、後者には選択履修が認められており、12科目の履修でも同じ国家試験の受験資格が与えられるという点である。大学では、社会保障論・公的扶助論・地域福祉論のうち１科目、心理学・社会学・法学のうち１科目をそれぞれ履修すれば良いことになっており、修業年限が１～２年の一般養成施設よりも長い４年制大学の方が、受験資格に必要な必修科目数が少ないという矛盾した状況になっている。４年制大学卒業者を多く受け入れている一般養成施設では、仮に出身大学で教養科目として心理学・社会学・法学などを履修済みであったとしても、入学後に単位認定して履修免除にすることができないのと比べるとその扱いの違いは極めて大きいといわねばならない。

　もう１つは、実習先に関する規制が、一般養成施設と大学とで大きく異なる点である。例えば、実習受け入れ施設の実習指導者は、「社会福祉士の取得後、３年以上相談援助業務に従事した経験のある者」でなければならないなどの条件があるが、これは一般養成施設から実習生を送り出す場合にのみ義務付けられているものであり、大学には法令上の規制がないため、必ずしもそうした条件を満たす指導者がいない施設にも実習生を送り出すことができるようになっている。一般養成施設には、そうした実習指導者の氏名まで、毎年、厚生労働省に報告することが義務付けられており、新規の実習施設を開拓した場合には、当該施設の実習指導者となる職員の学歴・職歴まで含めた調書を提出して承認を受けなければ実習生を送り出せず、その職員に異動や退職があった場合には後任の職員についてあらためて実習指導者として申請し、承認を受けなければならないのである。一般養成施設の場合、大学と異なり、学校教育法の第１条に規定する「学校」以外の専修学校や学校法人以外の社会福祉法人などが設置主体の場合でも、厚生労働省指定を受けて開設することが可能であることから、養成施設内の設備や人的な要件に大学よりも厳格な規制が及ぶことは理解できるとしても、校外の施設現場における実習教育の扱いにこれほどの差異があるというのは、甚だ整合性を欠く状況といえよう。こうした制度上の違いがあるために、受け入れ施設側からみると、一般養成施設からは実習指導者の調書などの提出を求められるのに、大

学からは同じ社会福祉士を目指す学生を受け入れながら、そうした要請をまったく受けないということになり、前述のような条件を満たす指導者がいない施設では、「一般養成施設からの実習生は引き受けられないが、大学からなら引き受けられる」という事態も生じるのである。

## 3．社会福祉士の任用

社会福祉士法施行以来、有資格者が着実に増加していながら、その有資格者を社会福祉事業の担い手として任用する制度が未確立である状態を改革することが長年の課題となってきた。

これまでに、社会福祉士が任用要件のひとつとして認められてきた例は、**表2**の通り、10種類以上となり、厚生労働省ではこれを「社会福祉士の活用状況」を示す資料としているが、これらのなかに、社会福祉士だけに任用を

**表2 社会福祉士が任用要件に含まれている職員等（2005年2月現在）**[4]

| |
|---|
| 1. 児童福祉司の任用要件 |
| 2. 児童相談所の所長の任用要件 |
| 3. 介護支援専門員の受験資格 |
| 4. 指定福祉用具貸与事業の専門相談員の要件 |
| 5. 在宅介護支援センターの職員の要件 |
| 6. 身体障害者更生相談所・知的障害者更生相談所の職員の任用要件 |
| 7. 社会福祉協議会の職員の任用要件 |
| 8. 運営適正化委員会及び選考委員会の委員要件 |
| 9. 社会福祉事業従事者による福祉サービスに関する苦情解決の第三者委員の要件 |
| 10. 地域福祉権利擁護事業の実施に携わる職員の要件 |
| 11. ふれあいのまちづくり事業の実施に携わる地域福祉活動コーディネーターの任用要件 |
| 12. 市町村障害者生活支援事業の実施に携わる職員の任用要件 |
| 13. 市町村地域福祉計画及び都道府県地域福祉支援計画の策定に携わる職員の要件 |
| 参考・社会福祉施設の施設長の任用要件など、社会福祉主事の資格を要件するものとして規定されているものは、すべて社会福祉士に準用できる<br>・社会福祉士養成施設の教員：社会福祉援助技術論、社会福祉援助技術演習、社会福祉援助技術現場実習、社会福祉援助技術現場実習指導を担当する教員の要件の一つとして規定されている。(ただし、資格取得後5年以上の実務経験が必要) |

限定したものはなく、多様化した社会福祉施設・機関のなかに社会福祉士を必置の職種に位置づけるものはひとつもなかった。

　そうしたなか、2005年の介護保険法改正により2006年4月から設置されることになった地域包括支援センターに、保健師、主任ケアマネージャーと並んで社会福祉士の配置が義務付けられ、初めて実質的な必置制が実現することとなった[5]。これは、社会福祉士の任用・活用という点では大きな前進といえる。特に、主任ケアマネージャーと別に、ソーシャルワークの視点や専門性を持つ職員の配置を制度化したところに、社会福祉士が担う役割に対する期待の大きさが伺われる。

　しかし、社会福祉施設・機関は非常に多岐に渡り、社会福祉士国家試験受験資格の上で「実務経験」の場として評価される施設だけでも、2005年度時点で**表３**の通り42種類以上ありながら、それらの施設では社会福祉士の必置規定がまったくない。

　例えば、医師や看護師のいない病院はあり得ないが、社会福祉士のいない福祉事務所や福祉施設はいくらでもあるのが現状であり、特別養護老人ホームのような主要な福祉施設においても医療系の国家資格である看護師が必置になっていながら福祉系の国家資格である社会福祉士・介護福祉士の配置は義務付けられていない――という例がいくらでもある。福祉施設の生活相談員・生活支援員・生活指導員といった職種には、社会福祉士を充てるというような規定が設けられて然るべきであり、20回目の国家試験が終わる頃には有資格者数も10万人を超えることが予想されるため、一定の経過措置を講じつつ、社会福祉士の配置基準制を導入し、福祉サービスの質の向上を図るべきである。

　実際に、福祉施設の相談員職のうち、社会福祉士はどれくらいいるのか――。その一端を、厚生労働省の「介護サービス施設・事業所調査」から読み取ることができる。毎年10月１日現在における全国すべての介護保険事業従事者の状況を調べたデータによれば、「介護老人福祉施設（特別養護老人ホーム）の生活相談員に占める社会福祉士の割合」と「介護老人保健施設の支援相談員に占める社会福祉士の割合」は**表４**の通り、いずれも2000年から2004年までの５年間で、毎年徐々に増加し続けてはいるが、2004年の時点で前者が

第3章　社会福祉士制度の到達点と課題　43

表3　社会福祉士国家試験制度上の実務経験が認められる指定施設[6]

| | 施設設置の根拠法 | 施設種別 | |
|---|---|---|---|
| 1 | 地域保健法 | 保健所 | |
| 2 | 児童福祉法 | 児童相談所<br>児童養護施設<br>知的障害児通園施設<br>肢体不自由児施設<br>情緒障害児短期治療施設<br>児童家庭支援センター | 母子生活支援施設<br>知的障害児施設<br>盲ろうあ児施設<br>重症心身障害児施設<br>児童自立支援施設 |
| 3 | 医療法 | 病院 | 診療所 |
| 4 | 身体障害者福祉法 | 身体障害者更生相談所<br>身体障害者療護施設<br>身体障害者授産施設 | 身体障害者更生施設<br>身体障害者福祉ホーム<br>身体障害者福祉センター |
| 5 | 精神保健福祉法 | 精神保健福祉センター | 精神障害者社会復帰施設 |
| 6 | 生活保護法 | 救護施設 | 更生施設 |
| 7 | 社会福祉法 | 福祉事務所 | |
| 8 | 売春防止法 | 婦人相談所 | 婦人保護施設 |
| 9 | 知的障害者福祉法 | 知的障害者更生相談所<br>知的障害者更生施設<br>知的障害者通勤寮 | 知的障害者デイサービスセンター<br>知的障害者授産施設<br>知的障害者福祉ホーム |
| 10 | 老人福祉法 | 老人デイサービスセンター<br>養護老人ホーム<br>軽費老人ホーム<br>老人介護支援センター | 老人短期入所施設<br>特別養護老人ホーム<br>老人福祉センター |
| 11 | 母子及び寡婦福祉法 | 母子福祉センター | |
| 12 | 介護保険法 | 介護保険施設 | |
| 13 | 上記に準ずる施設として厚生労働大臣が認める施設 | | |

24.1％、後者が34.4％である。特別養護老人ホームの生活相談員は4人のうち3人が、介護老人保健施設の支援相談員は3人のうち2人が、社会福祉士資格を持っていないということになる。それらの職種の現任者は、入職時点で社会福祉士受験資格を有していなくても、実務経験を積むことによって実習免除の適用を受けながら通信制課程や夜間課程の社会福祉士一般養成施設で在職したまま学ぶことができる立場にあったことを考慮すると、国家資格の普及率としては明らかに物足りない水準であり、資格制度施行後17年目の到達点としては、十分とはいえない。

表4　介護保険事業従事者の生活相談員等に占める社会福祉士の数[7]

|  |  | 2000年 | 2001年 | 2002年 | 2003年 | 2004年 |
|---|---|---|---|---|---|---|
| 介護老人福祉施設 | 生活相談員の人数 | 5,565 | 5,821 | 6,203 | 6,425 | 6,734 |
|  | 社会福祉士の人数 | 952 | 1,110 | 1,233 | 1,456 | 1,621 |
|  | 社会福祉士の割合 | 17.1% | 19.1% | 19.9% | 22.7% | 24.1% |
| 介護老人保健施設 | 支援相談員の人数 | 4,852 | 5,282 | 4,337 | 4,617 | 4,871 |
|  | 社会福祉士の人数 | 1,055 | 1,273 | 1,233 | 1,458 | 1,676 |
|  | 社会福祉士の割合 | 21.7% | 24.1% | 28.0% | 31.6% | 34.4% |

実数は「介護サービス施設・事業所調査」(各年10月1日現在)の常勤換算した人数。

　他方、第一線の福祉行政機関である福祉事務所の職員のなかに社会福祉士はどれくらいいるのか——。

　2004年10月1日現在の「福祉事務所現況調査」報告をみると、**表5**の通り、全国1,226か所の福祉事務所のうち、所長で12人 (1.0%)、340人いる課長で32人 (9.4%)、2,532人いる係長で88人 (3.5%)、305人いる査察指導員で8人 (2.6%)、生活保護法担当の現業員11,372人で318人 (2.8%) となっている。所長から現業員までの職員全体でみても3.2%という割合であり、現業員のスーパーバイザーであるべき査察指導員にいたっては、わずか2.6%に留まっているという低い数値をみる限り、社会福祉士制度が福祉行政機関の人事システムのなかに機能しているとは、とてもいえない状況である。

表5　福祉事務所の職員に占める社会福祉士の数 (2004年10月1日)[8]

| 職階 | 人員数 | 社会福祉士 | 資格所持率 |
|---|---|---|---|
| 所長 | 1,226 | 12 | 1.0% |
| 次長 | 34 | 4 | 11.8% |
| 課長 | 340 | 32 | 9.4% |
| 係長 | 2,532 | 88 | 3.5% |
| 査察指導員 | 305 | 8 | 2.6% |
| 現業員 (生保) | 11,372 | 318 | 2.8% |
| 現業員 (二法) | 359 | 4 | 1.1% |
| 現業員 (五法) | 7,185 | 282 | 3.9% |

こうした福祉事務所における社会福祉士資格の普及の問題について考える際には、1950年以来、半世紀以上続いている社会福祉主事任用資格制度のあり方に触れざるを得ない。

社会福祉基礎構造改革の検討が進められていた時期に検討会が設けられ、1999年に発表された「福祉専門職の教育課程等に関する検討会報告書」では、社会福祉士、介護福祉士と並んで社会福祉主事任用資格の教育課程についても検討対象とされたが、この任用資格が福祉事務所現業員、社会福祉施設長、生活指導員等に必要な資格として引き続き重要な役割を担っているという認識が示された。それに対し、山手茂（1999）は、社会福祉主事任用資格と社会福祉士資格との比較をふまえ、福祉サービスの質の向上を図るには、前者から後者へと関係機関・施設での任用・配置を移行させていくべきであると主張した[9]。

山手は、社会福祉士法制定前に21施設だった社会福祉主事養成機関が、制定以後55施設も増加している点を指摘し、「厚生省はなぜ社会福祉士養成と併行して社会福祉主事任用資格所有者養成を拡充しようとしたのか」という疑問を投げかけている[10]。

福祉専門職の国家資格をつくっておきながら、それを第一線の福祉行政機関に位置づけるような施策を講じないで、しかも、福祉施設の職員を想定して社会福祉主事任用資格所有者の養成を拡充していくというのは、確かに時代に逆行しているかのようである。半世紀前に形づくられたわが国の社会福祉制度の基盤を見直し、「サービスの質の向上」をスローガンの1つに抱えていた社会福祉基礎構造改革の取り組みこそが、まさに、この「社会福祉主事任用資格から社会福祉士資格への移行」を推進する好機と見られただけに、そこに改革の手がつけられなかったことが惜しまれる。

特に社会福祉士法では、制定当初から児童福祉司らと並んで、福祉事務所の「指導監督を行う所員」や社会福祉主事などに対して、5年以上の実務経験があれば養成校を卒業しなくても国家試験を受験できるという福祉行政の公務員だけに適用される破格の待遇が続いてきたのであり、それを長期の経過措置と考えれば、社会福祉士資格への移行はもはや躊躇することなく推進されるべきであろう。

## 4．任用制度の確立を求める声

　日本学術会議第18期社会福祉・社会保障研究連絡委員会は、「ソーシャルワークが展開できる社会システムづくりへの提案」と題する報告書を2003年6月に発表し、ソーシャルワークを必要とする社会状況がひろがっていながら、それに対応する社会システムが整っていないとして、国家資格をもったソーシャルワーカーである社会福祉士の任用制度を早急に確立するよう提言している。

　同報告書に示された「社会福祉士養成が増大しているにもかかわらず、養成された人材がソーシャルワーカーとして機能する場が十分でなく、その人材が活用されていない状況にある」という認識は、全国の福祉系大学・短大・専修学校で組織する日本社会福祉教育学校連盟でも同様に高まっており、2005年10月には社団法人化以後初めてとなる学長会議を開催して「社会福祉専門職有資格者の採用促進と待遇改善に関するアピール」を採択している。そのアピール文では、有資格者の任用促進だけでなく、「短期間に急速に拡大してきた社会福祉専門教育の現状は、社会的要請に応えるに十分な水準に達しているとは言いがたい状況」にあるとして、福祉士養成教育の内容、方法、条件、教員組織についての審査をより厳格なものとし、専門教育の充実を図るよう求めながら、現行の国家試験制度についても改善の要望をしている。

　その国家試験制度の見直しについては、同連盟と日本社会福祉士養成校協会が合同で「社会福祉士国家試験制度問題検討委員会」を設け、2004年度から2005年度にかけて『社会福祉士国家試験制度に関する提言（案）』の組織的な検討を重ねてきた。これは、2005年12月に最終版としてまとめられたが、そこでも「社会福祉士制度の発展を期すためには、国に対して社会福祉関連専門職種の任用資格に社会福祉士資格所有者を位置づけることを求めるとともに、自治体に対し、国の指定の有無にかかわらず、社会福祉関連職種に社会福祉士の任用を積極的に行うよう働きかける必要がある」と提言されている[11]。

さらに両団体は、それに続いて新たな合同委員会を正副会長らで組織して検討を重ね、2006年4月に『社会福祉士が活躍できる職域の拡大に向けて』と題する提言書を発表し、ヒューマンサービスの多様な分野に社会福祉士が用いられるべきであることをアピールした[12]。この提言には、問題提起の前提となる現状認識として表6の点があげられており、その中には、前述した山手の問題提起と共通する社会福祉主事制度の問題も含まれている。

社会福祉の研究・教育に関わる団体は、以上のように社会福祉士の任用促進を求める声を挙げ、それを主張するに足るだけの養成教育の充実も自らの課せられた課題であることを内外に示しているが、こうした社会福祉士制度のいわば当事者ともいえる社会福祉士自身の専門職団体、日本社会福祉士会としてはどのようなアクションを起こしているのかについても検討しておく必要がある。

同会の2005年度事業計画では、「事業推進の基本方針」のなかで、「社会福祉士の社会的信頼と認知を高め、社会的任用を獲得する」とし、それに対応する「運営方針」のなかで、「行政及び関係団体と連携し、ソーシャルワークが展開できる社会システムづくりを発展させる」としていた。前述した、日本学術会議の報告書の提案をそのまま受けた形にはなっているが、この事業計画の「活動」という項目には、20の委員会ごとに各担当の事業が明記されているものの「ソーシャルワークが展開できる社会システムづくり」という目的達成のために同会として主体的かつ具体的にどのように行政及び関係団体と連携していくのかという計画は示されていなかった[13]。

ただ、この運営方針に対応する部分には、「社会福祉士の専門的技能の展開を目指し、実践に係る先駆的調査研究を行うことと制度政策への提言機能を

表6　学校連盟・社養協の問題提起[14]

| |
|---|
| ①社会福祉士の業務内容やその有用性が広く理解されていない。 |
| ②社会福祉士養成校における教育の中で、卒業するまでに相談支援方法や実践能力を十分身につけることができず、しかも社会福祉士養成校間での教育内容に格差があり、養成教育全体が社会のニーズに十分応えきれていない。 |
| ③これまでの相談支援の業務は主として社会福祉主事によって担われてきたが、社会福祉士制度の発足後も社会福祉主事制度が維持され、社会福祉士の雇用の機会が狭められてきた。 |

表7 日本社会福祉士会「社会福祉士の活用にむけた提案」の概要[15]

①社会福祉士の力量向上に向けた取り組み
・実習教育の充実（教育・養成機関の実習教員の力量向上や、実習指導の適任者のいる実習施設での積極的な実習受け入れに向けた施策上の配慮）
・社会福祉士の力量向上に向けた提案（社会福祉士の事例集積と活動評価、キャリアパスにもとづく生涯研修体系の検討と「認定社会福祉士」の検討ほか）

②社会福祉主事から社会福祉士への移行
・「3科目主事」の見直し
・社会福祉主事の任用業務を社会福祉士有資格者へ段階的に移行
・自治体での社会福祉士採用の制度的推進
・福祉施設、医療機関への社会福祉士任用の制度的推進

③学校福祉・司法福祉・多重債務者救済・ホームレス低所得者支援等の分野への社会福祉士任用の拡大

目的に『ソーシャルワーク実践研究所（仮称）』の設置をすすめる」という項目があり、「ソーシャルワーク実践研究所構想委員会」では、「ソーシャルワーク実践に関する調査研究の範疇」と「ソーシャルアクションのあり方」に関することを所掌する旨、記されていたため、その進展が注目されたが、同研究所の設置は結局見送られ、実現に至らなかったことが2006年6月に開催された総会で報告された。

その後、同会では、総会前の5月に会長名で『社会福祉士の活用にむけた提案』を厚生労働省社会・援護局福祉基盤課長あてに提出していたことを、同年7月の会報で会員あてに報告した[16]。それによると、同提案書には**表7**に示す点が盛り込まれている。

こうして見ると、社会福祉教育団体の積極的な運動を後追いする感も否めないが、社会福祉士の職域拡大を追求する運動は、社会福祉士の専門職団体が自分たちの資格制度に関わる問題として先導的な役割を担い、今後も関係団体と連携しつつ、主体的に取り組み続けていくべきではないかと思われる。

## 5．社会福祉士制度の見直しに向けて

社会福祉士制度をめぐる近年の動きとしては、2005年度から国が社会福祉法人全国社会福祉協議会中央福祉学院に実施を委託する形で「社会福祉士養

成のための実習指導者特別研修事業」をスタートさせ、実習生を受け入れて指導にあたる施設職員の質的向上に取り組み始めたことや、2006年度から設置される地域包括支援センターに加えて、長年懸案となっていた病院・診療所・介護老人保健施設での現場実習も社会福祉士養成の実習として認められるようになったこと、診療報酬制度の中に初めて「社会福祉士」が明記されたことなどが挙げられる。

　特に現場実習の指定施設追加については、社会福祉士及び介護福祉士法施行規則の改正を伴うことから、厚生労働省が2006年2月15日から3月1日にかけてホームページ上で改正案に対する意見募集（いわゆるパブリックコメントの募集）を行ったが、募集期間がわずか半月間と短く、広報が不十分だったせいか、寄せられた意見はわずか9件（個人）に留まった[17]。ほぼ同時期に、同様のテーマを含む緊急アンケートへの回答をやはりホームページを利用して公募した福祉新聞社に対しては、3週間ほどで500件余りの回答が寄せられたのと比較するとあまりに反応が乏しく、官庁の意見募集の方法にも検討を要する点があるように思われる[18]。

　実は、この現場実習の指定施設に医療機関を加えることは、社会福祉士養成教育にとっては非常に重要な改正であり、医療分野に実習生を送り出すには「医療福祉論」といった専門の分野論を、老人福祉論、障害者福祉論、児童福祉論と同様に指定科目に加え、十分な教育を制度的に担保すべきであるとする意見も、この意見募集に対して寄せられたが、それに対する同省の回答は、実習前の事前学習や「医学一般」の一部として医療福祉に関することも教授可能であるとして、指定科目化は不要というものであり、各養成校の個別の判断で「『医療福祉論』等を開講することは差し支えない」と述べるに留まった。さらに、同省のこの回答の中には、医療ソーシャルワーカー業務指針に定める「受診・受療援助」を、社会福祉士が担う「病院等における相談援助業務」の範囲には引き続き含めないことが明言され、「医療機関での実習も、実習指導者である一定の要件を満たす社会福祉士等の指導の下、行われることとしており、医療ソーシャルワーカーの指導の下、医療ソーシャルワーカーの養成のために行われるものではない」という見解も示された[19]。

　実習指定施設の追加によって、社会福祉士養成教育の幅は拡がったことに

なるものの、それがまだ「医療ソーシャルワーカーの養成教育」とは言い切れない部分を残した形となっているのである[20]。

　また、日本社会福祉士養成校協会と日本社会福祉教育学校連盟では、前述の『社会福祉士国家試験制度に関する提言』を取りまとめるにあたって、その案に対するパブリックコメントの募集を2005年6月から8月にかけて実施したが、寄せられた意見は団体4件、個人19件であったという[21]。日本社会福祉士養成校協会の会員校だけでも約250あり、各校に数人から多いところでは10人以上の社会福祉学担当の専任教員が社会福祉教育に携わっていることをふまえると、両団体が総会やシンポジウム、会報などを通じて積極的にＰＲに努めながら、集められた意見の数としては、明らかに物足りない。

　そして本来、実習指定施設の種類を広げるということは、実習教育の内容に関わる問題であり、社会福祉士養成教育課程の問題であるにも関わらず、日本社会福祉士養成校協会として、上記のような病院実習をめぐる問題について協会内でどれだけ議論を重ね、主体的な取り組みをしてきたかといえば、決して十分であったとはいえない。『社会福祉士国家試験制度に関する提言』のなかで、新たな国家試験科目の追加案として、「この度、医療機関を社会福祉士の実習施設として認める方向で検討されていることに鑑み、医療分野におけるソーシャルワークに関する新たな科目についても検討されるべきである」と提案しているが、例えば「医療ソーシャルワークに関する科目の指定科目化を同時に進めるべきである」という明確な方針を組織的に決議して厚生労働省に申し入れたわけではない[22]。

　結果的に、「医療福祉論」は指定科目どころか、各校の判断で"開講しても差し支えない科目"に位置づけられてしまったが、講義科目の授業と現場実習との順序性を考えれば、指定科目への専門科目の追加を先に施行させ、専門教育の機会を確保した上で実習指定施設の追加を施行させるというくらいの制度改正を最初から要望するのが、教育の質を守る団体の社会的な責務ではなかっただろうか。

　厚生労働省では、社会福祉士の積極的な任用・活用に向けての課題を整理する目的で社会・援護局長主催の「社会福祉士制度に関する意見交換会」を2006年1月から3月にかけて数回行い、関係団体などからの意見を聴取する

という、これまでにない取り組みを行い、資格法制定時とは大きく変わりつつある社会福祉情勢をふまえて本格的な資格制度の見直しを進めており、2006年のうちに社会福祉士及び介護福祉士法の改正に向けた議論を社会保障審議会福祉部会でまとめ、2007年通常国会に改正法案を提出する予定であると報じられている[23)24)25)]。

　社会福祉士の養成教育に直接関わる部分では、科目構成の見直しや現場実習時間の増加が検討対象となっており、特に現場実習の見直しに関しては養成校だけでなく、実習受け入れ施設側の共通理解が不可欠である。現場配属実習時間の要件を現行の180時間から360時間へと倍増させることも含めた日本社会福祉士養成校協会のカリキュラム見直し案が、厚生労働省に提示されたが、時間数だけの論議に留まらず、ソーシャルワークを実践的に学べるような実習として拡充していけるのかどうかという質的な検討が、この機会に社会福祉士会と養成校組織との協力によって十分なされることが望まれる。

## おわりに

　国家資格の専門職である社会福祉士が、利用者・国民のニーズに応えられるように質量両面の充実を図っていくには、法制度の見直しや、国レベルの施策の推進が必要となるが、地方分権や地域福祉が重視されている社会情勢をふまえると、中央省庁対全国組織の交渉に全てを任せるということではなく、都道府県や市町村レベルにおける各地域の実情をふまえた専門職団体・養成機関の活動や連携が益々重要になるといえる。

　そして、地域の中で社会福祉士として実践に携わっている者や、その養成教育に携わっている者自身が、この資格制度のあり方に関心を持ち、福祉社会の形成にしっかりと機能し、貢献できる専門職となるような改善に向けて積極的に発言し、自主的に実践や教育の場を改革するとともに、効果的にソーシャルアクションを展開していくことが、益々重要になるといえよう。

**注**
　1)『第18回社会福祉士国家試験の手引』によれば、社会福祉士の受験資格取得可能

な「大学等」の区分には、一般の通学課程の学部を持つ大学が186校あるが、その中には2004年度に福祉系の学科が新規開設された大学も数校含まれている。(この他に5つの大学院、8つの通信制学部、1つの通信制大学院が、「大学等」の区分に含まれている)

2) 2006年2月8日　厚生労働省社会・援護局　第2回社会福祉士制度に関する意見交換会に(社)日本社会福祉士養成校協会から提出された資料より。

3) 2006年9月現在、社会保障審議会福祉部会において、介護福祉士の資格取得方法について養成校卒業生に対しても国家試験合格を要件とする改正案が検討されている。

4) 2006年2月8日　厚生労働省社会・援護局　第2回社会福祉士制度に関する意見交換会に社会・援護局から示された『社会福祉士関係参考資料』より。

5) 社会福祉士が配置できない場合は、それに代えて「福祉事務所の現業員等の業務経験が5年以上又は介護支援専門員の業務経験が3年以上有り、かつ高齢者の保健福祉に関する相談援助業務に3年以上従事した経験を持つ者」を当分の間経過措置として配置しても良いこととされている。

6) 会福祉士及び介護福祉士法施行規則(昭和62年厚生省令第49号)の改正により、表3の指定施設に2006年4月1日から「介護保険法に基づく地域包括支援センター」が追加されることになった。

7) 4)及、厚生労働省大臣官房統計情報部2005年11月30日作成「平成16年介護サービス施設・事業所調査結果の概況」を基に筆者作成。

8) 厚生労働省社会・援護局「福祉事務所現況調査」(2004年10月)より

9) 山手茂「『サービスの質の向上』と『人材の養成・確保』」『ソーシャルワーク研究』Vol.25 No.2、1999年：32〜39。

10) 山手茂、前掲書：36

11) (社)日本社会福祉教育学校連盟・(社)日本社会福祉士養成校協会　社会福祉士国家試験制度問題検討委員会『社会福祉士国家試験制度に関する提言』(2005年12月11日)より。

12) 日本社会福祉教育学校連盟・日本社会福祉士養成校協会合同委員会『社会福祉士が活躍できる職域の拡大に向けて(案)』2006年4月4日。

13) 「(社)日本社会福祉士会第10回通常総会議案集」.(社)日本社会福祉士会(2005年6月3日)より。

14) 前掲：4

15) 前掲の内容を筆者が要約し、要点を列挙。

16) 「社会福祉士の活用にむけた提案」『日本社会福祉士会ニュース』No.109：11-13、

2006年7月1日。
17) 厚生労働省社会・援護局福祉基盤課「『社会福祉士及び介護福祉士法施行規則(昭和62年厚生省第49号)』の一部改正(案)に対して寄せられたご意見について」(2006年3月10日)より。
18) 11)より。
19) 17)より。
20) 現行の社会福祉士養成教育制度が、医療ソーシャルワーカー養成の観点から見た場合にどのように不十分であるかについては、拙稿「医療ソーシャルワーカー養成の視点からみた社会福祉士養成教育制度の課題」『医療と福祉』Vol.39 No.2 (2006年3月20日)を参照。
21) 福祉新聞社では、「社会福祉士・介護福祉士・精神保健福祉士の国家試験・資格制度について」の意見募集を、2006年2月20日から3月15日までホームページ上で行い、502人から回答を得た。『福祉新聞』2006年4月10日号より。
22) 11)より。
23) 2006年1月26日(社)日本社会福祉士会主催「独立型社会福祉士全国研究集会」における厚生労働省、中村秀一社会・援護局長の発言より。
24) 厚生労働省では、これまで直接、指導権限が及ばなかった大学での社会福祉士養成教育の充実強化を図るために、文部科学省との共管による指定校制の導入も視野に入れた検討を行う方針を示している。『福祉新聞』2006年5月1日号より。
25)「社会福祉士介護福祉士法改正向け議論開始　〜社保審部会　年内に結論〜」『福祉新聞』2006年9月25日号より。

**参考文献**

日本理学療法士協会編、2001年『理学療法白書2000』(社)日本理学療法士協会。
社会福祉士・介護福祉士・社会福祉主事制度研究会編、2002年『社会福祉士・介護福祉士・社会福祉主事関係法令通知集』第一法規。
一番ヶ瀬康子・大友信勝・日本社会事業学校連盟編、1998年『戦後社会福祉教育の五十年』ミネルヴァ書房。
『2005年度全国社会福祉教育セミナー』セミナー実行委員会、2005年、文京学院大学。
山手茂、2003年『社会福祉専門職と社会サービス』相川書房。
『社会福祉・社会保障研究連絡委員会 勧告・対外報告・報告書集』日本学術会議社会福祉・社会保障研究連絡委員会、2005年。

# 第4章　相談援助職養成教育に障害当事者を模擬相談者として活用した効果

星野恵美子

## はじめに——本研究の背景と意図

　社会福祉士は、多様な福祉の現場で、ソーシャルワーカー＝相談援助職として活躍している。社会福祉士の養成に携わる立場からは、学生の資質を向上させるために多くの課題に取り組んでいる。社会福祉援助技術現場実習では、施設内で障害者への介護・ケア等の直接支援場面の実習はできるが、社会福祉士として重要な相談場面やその他のソーシャルワーク場面で、実際に相談者や関係者とやりとりを実習することは、利用者の個人情報保護の観点もあり極めて少ない現状である。

　また、学内で対人援助技術演習や実習事前学習で学生同士のロールプレイをしても、臨場感が乏しく学生同士馴れ合いになりやすく、学習が深まりにくい。

　このため、相談職としての資質向上を図るために、相談場面を想定した模擬相談者（Simulated Client 以下 SC）活用の手法によるプログラムが必要である。
　そこで、本学3年次後期「社会福祉基礎ゼミⅡ」演習の時間を活用して、実践的プログラムを実施した。

　「身体障害者の在宅自立生活のための支援」を演習テーマとし、Problem Based Learning（以下 PBL）の問題解決型アプローチを体得させることを目的に学生1人1人を相談援助者役にした。模擬相談者の手法を障害者に対する社会福祉士養成の教育手法として取り入れて、対象者役には障害当事者の方に SC となる協力を依頼し、ロールプレイを行い、実践的な演習とするよう図った。

## 1．本教育プログラムの意義・目的

(1) 適切なコミュニケーション対応方法を実践的に学ぶ
(2) 生きた実践的な知識を獲得する
　　社会福祉の現場では教科書を中心とした知識を、問題解決のための方法・技術として応用し対象者のニーズに合わせて統合的に活用する力が求められる
(3) 問題解決への姿勢・対応方法を体得する
　　障害者の日常生活における困難さに着目しつつ、その支援・解決方法及び支援の構え（態度・情報収集）の育成を図る
（①ニーズ把握－課題の明確化、②問題の分析・整理　③解決法の検討と提示）


## 2．プログラム内容

「社会福祉専門ゼミⅠ」演習（90分間）の時間を活用し、問題解決型アプローチ（PBL）とSCを活用して、社会福祉士としての相談スキルの向上を図る。
　①テーマ設定→②PBL検討→③SC相談場面演習→④講義→⑤支援計画作成

### (1) 演習の設定テーマ・相談主訴

> 40代の脳性麻痺の男性。独身。
> 身体障害者手帳は脳原性運動機能障害で1級である。
> 最重度の身体障害を持つ。
> 手足の不自由があり、自分だけでは何も生活面の目的を達成する行動ができない。
> 食事、排泄、入浴、洗面、就寝、着替えができない。
> 移動は電動車いすを使用する（ヘッドセットの端子でタッチして操作する）
> 現在、N市の身体障害者療護施設に入所中。施設内での生活にあきたらなさを感じて、地域における在宅生活を希望している。
> ただし、家庭の高齢の両親は病気がちで、入退院を繰り返し、両親の支援は受けられない。趣味は、コンサートに行くこと、映画を見に行くこと、将棋等

①ＳＣとして、障害当事者（脳原性運動機能障害で１級身体障害者手帳所持）に参画してもらうが、実際には在宅で自立生活をしている障害者が、施設入所中でこれから施設を出て在宅生活をしたいという状況のシュミレーションを設定し相談するという場面である。学生は障害者と普段対話をする体験が少ないため、貴重な体験場面となる。
②身体障害者の自立生活支援について、地域で在宅生活を希望する相談事例を検討する。
③入所型の生活施設から出て、在宅の単身生活を獲得することは重度の身体障害者にとって大きな課題である。また、学生としてもその具体的支援の方法を理解することは有益であるため、今回の事例のテーマに設定した。

(2) 教育プログラムの枠組み
・形態　１週に１回　90分　社会福祉学科３年生　21人での演習授業
・４～５人ずつのグループを編成し、課題の検討や必要な調査を行う

(3) グループ研究の課題の検討と進行
1) １回目　10月27日(木) 課題提示
①重度の身体障害を持つ場合の在宅生活の課題と項目についてグループごとに検討する。それを解決するための資源や方法を調べ、発表する。
②次の各要素に沿って課題の整理と支援方策の検討を行う
㋐経済支援、㋑居住の場の確保支援、㋒家事・生活の確保支援、㋓食事、排泄、更衣等 ADL 介助のための支援　㋔移動支援　㋕ヘルパーの単価の計算
2) ２回目～６回目 (11月10日～11月29日Ⅰ、Ⅱ限)
①グループごとに、各メンバーが調べたことを持ち寄り、発表しあう
②不足な部分や疑問・課題を検討する
③研究方法と SC 演習のプログラムと活動計画を教え、自覚して進めるよう促す
④質問項目を作成し、文言を整理する

⑤学生同士でロールプレイを行う
⑥相談場面設定の会場を準備する
3) 7・8回目 (11月29日Ⅲ、Ⅳ限)
　SCを迎えてセッション実施する
　①実際の相談場面として、市町村の障害担当ケースワーカーの役割を学生が担う。上記支援の項目ごとにほぼ2人一組で相談に乗る。
　②質問－状況把握→相手の意向把握→課題の整理→解決策の提示
　　8回目4限 (教員への公開授業参観形式を実施)
4) 9回目 (12月1日) の4限　90分　SCで講師の障害当事者から話を聴く
「在宅での自立生活の実際と思うこと」
5) 10回目　支援計画の作成 (各個人)

(4) 在宅で生活するために支援・相談する項目 (各グループ班分け)

**表1　在宅生活のための支援項目**

| | 項　目 | 内　容 (支援の社会資源等) |
|---|---|---|
| 1 | 経済支援策 | 障害年金、失業給付、傷病手当金の見直し、確認 (家族。市町村、社会保険事務所等) |
| 2 | 居住の場の確保 | 自宅・アパート　市町村の公営住宅、障害者用住宅等　生活の基盤、市町村等地域の支援の基盤 |
| 3 | 家事・生活の確保、支援・各種生活補助用具の活用 | 三度の食事作り、買い物、掃除、洗濯等の日常生活支援 (ヘルパー、ボランティア) |
| 4 | 1日の生活の流れに沿って日常生活動作 (ＡＤＬ) と必要な支援を考える | 起床→トイレ→朝食→洗面→着替え→電動車椅子へ移動→活動→昼食→トイレ、休養→買い物→夕食→入浴→就寝等 (ホームヘルパー、ボランティア、入浴サービス、デイサービス活用) |
| 5 | 移動支援 | ボランティア、ガイドヘルパー等社会資源の活用 |
| 6 | 経済的算定 | ヘルパーの必要時間数と費用の算定 |

(5) 教育の準備として障害者ＳＣとの協議 (協議回数　2時間＊9回実施)
　①授業意図
　②演習の持ち方・組立
　③ＳＣの役割

④学生とSCとの想定質問問答・会話例の作成
⑤各領域ごとのSCから学生への質問内容とSCの応えるポイントの確認
⑥学生への提示情報の検討
⑦最終調整

## 3．評価の実施（効果の測定）

### (1) 評価項目
①授業の効果についての評価－学生の演習評価アンケートの実施
②資質の向上についての評価（授業の前後で評価）

### (2) 自立支援のための必要な基礎知識のテスト実施
　　PBL事例演習の開始前（1回目）と演習終了後（2回目）と同じ質問内容で実施した。

### (3) 学生の演習評価アンケートの実施
　質問項目の大要
ア　相談場面の自己評価
イ　社会福祉士の専門性
ウ　演習への感想
エ　問題解決へのグループ検討
オ　カテゴリー間での相関

表2　4段階評価

| 点数 | 内容・項目 |
| --- | --- |
| 4点 | 非常にできた、思う |
| 3点 | 割にできた、そう思う |
| 2点 | 少しできた、思う |
| 1点 | まったくできない、思わない |

## 表3 相談演習の感想・意見

| | ア 相談場面の自己評価 |
|---|---|
| 1 | 相手の言うことを適切に捉えられましたか？ |
| 2 | お互い同士のやりとりができましたか？ |
| 3 | 適切に伝えることができましたか？ |
| 4 | 優先順位をつけて諸要素を整理して話し合いができましたか |
| 5 | 話し合いをして良かったなと言う前向きな気持になりましたか？ |
| 6 | 障害者や相手の特性に配慮したやりとりができましたか？ |
| 7 | 障害を越えて人間同士のやりとりができる |
| 8 | 暖かい関心を寄せ、共感的に話を聴くことができましたか？ |
| | イ 社会福祉士の専門性 |
| 9 | 制限や指導的助言時には、その根拠と大切さを説明できる |
| 10 | 必要な専門分野の知識を持っていますか？ |
| 11 | 関連する近接領域の社会資源に視野を広げられていますか？ |
| 12 | 相手のニーズを適切に把握できる相談援助技術を持っていますか？ |
| | ウ 演習への感想 |
| 13 | 充実して取り組みましたか？ |
| 14 | 楽しかったですか？ |
| 15 | チームでの協力はできましたか？ |
| 16 | 相談援助職は大変だと思いましたか？ |
| 17 | 相談援助職になりたいと思いましたか？ |
| 18 | もっと勉強が必要と思いましたか |
| 19 | 今回の経験が今後に生きると思いますか？ |
| 20 | 緊張しましたか？ |
| 21 | あなた自身が障害者と相談場面で話合う経験が今までありましたか？ |
| 22 | 本物の障害の当事者をお迎えしての演習はどうでしたか？（自由記述） |
| | エ 問題解決へのグループ検討 |
| 23 | 障害者の自立支援というテーマに興味を持ちましたか？ |
| 24 | 事前のグループでの学習は、役に立ちましたか？ |
| 25 | 検索して調べることがスムーズにできるようになりましたか？ |
| 26 | チームでの協力と役割分担はできましたか？ |
| 27 | 問題解決テーマをグループで掘り下げて検討することができましたか？ |
| 28 | グループごとの発表は、うまくまとめて発表ができましたか？ |

## 4. 演習評価アンケート結果

「ア 相談場面の自己評価」は図1に示す。実施して良かったというポジティブな前向きな気持であった、共感的な話の聴き方について良くできたという学生が多い。逆に優先順位をつけた課題の整理や、適切な伝え方についてはむずかしいと自己評価をしていた。

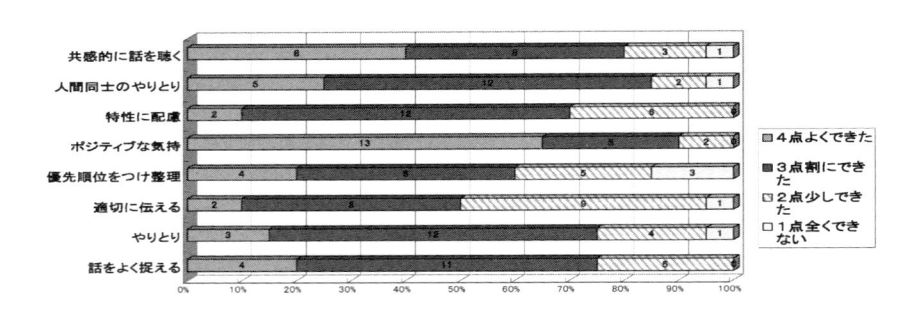

**図1　相談場面の自己評価**

「イ 社会福祉士の専門性」についての自己評価は、図2に示す。社会福祉の専門分野の基礎知識が足りない（1点と2点を合わせて100%）、ニーズを適切に把握することが不十分（100%）との認識を持ち、社会福祉士としての能力についてはまだまだ達成途上であることが共通に認識されていた。

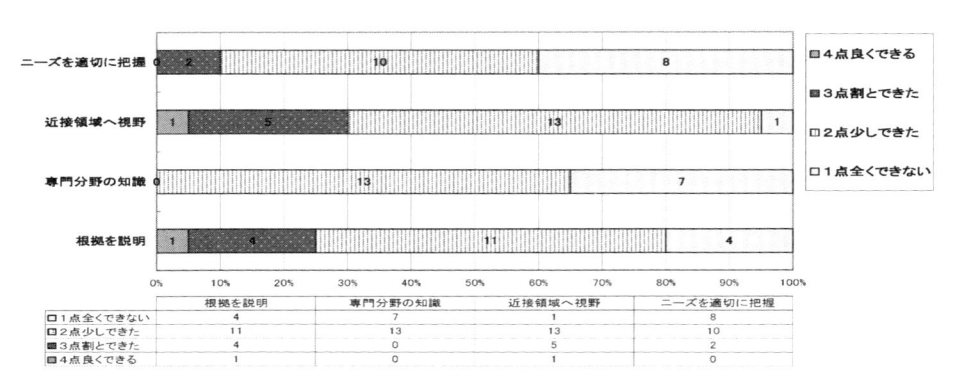

|  | 根拠を説明 | 専門分野の知識 | 近接領域へ視野 | ニーズを適切に把握 |
|---|---|---|---|---|
| □1点全くできない | 4 | 7 | 1 | 8 |
| ■2点少しとできた | 11 | 13 | 13 | 10 |
| ■3点割とできた | 4 | 0 | 5 | 2 |
| □4点良くできる | 1 | 0 | 1 | 0 |

**図2　社会福祉士の専門性**

「ウ 演習への感想」は図3に示す。多くの学生が障害者との面接はほとんど経験が無く（75%）、大変緊張して取り組んだ。(90%) 相談援助職の大変さを認識し（100%）、より一層の勉強の必要性を痛感していた。(100%)　演習へは、楽しく充実した取組だとの印象を持った（95%）。また、相談援助職になりたいと考えている比率は60％である。

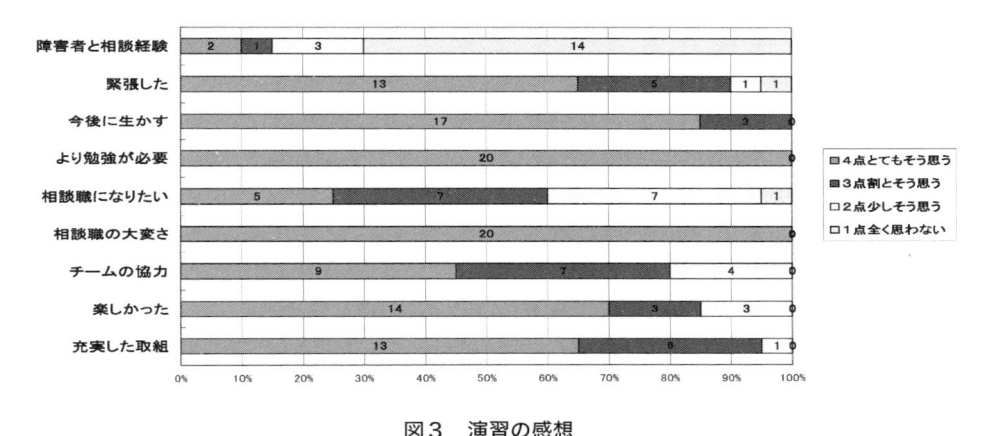

**図3　演習の感想**

「エ 問題解決へのグループ検討」についての評価は図4に示す。障害者の自立支援というテーマに興味を持ち（100%）、グループで問題解決のテーマの検討や事前学習は役立つと評価し（85%）ていた。グループでの発表や、情報の検索（50%）には課題を感じていた。

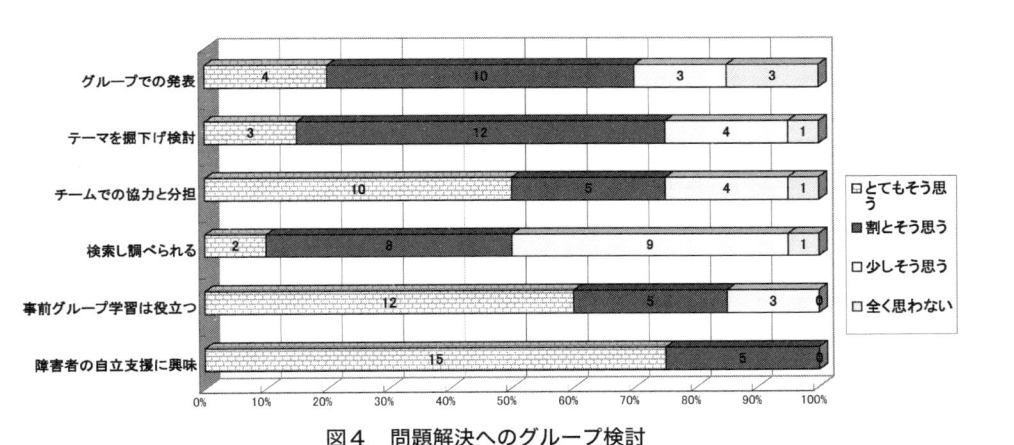

**図4　問題解決へのグループ検討**

「オ カテゴリー間での相関」については、次のカテゴリー間で高い相関傾向が認められた。①「相手の言う事を適切に捉えた」と「お互い同士のやりとりができた」では$\gamma=0.81$　また、②「障害者の自立支援テーマに興味を持った」と「演習が楽しく感じた」とで$\gamma=0.90$であった。コミュニケーションの質が高く、理解しあえることの実感を評価していると思われる。また、今日的なテーマに興味を持ち、取り組んだ場合は演習を楽しく感じていると思われる。

③「チームでの協力と役割分担はできた」との相関においては、「充実して取り組んだ」$\gamma=0.80$、「事前のグループでの学習は、役立った」$\gamma=0.74$、「相談援助職になりたい」$\gamma=0.73$、「必要な専門分野の知識を持っている」$\gamma=0.72$であり、チームでの協力や相互の意思疎通が達成感に影響していると思われた。

また、チームでの協力や積極的な関わりが、相談援助職への意欲や学習の動機付けと非常に関係が深い傾向が伺えた。

## 5．自立支援のための必要な基礎知識のテスト結果 (24問実施)

事例演習の開始前(1回目)と演習終了後(2回目)とで同一のテストを実施し、その点数を比較して、演習における知識習得について比較検討した。

対象は当該福祉基礎ゼミ履修の3年生19名とした。

点数比較は演習前20.63が演習後33.47と増加した。-3.21±3.77でT検定を行うと統計量Tは3.72で$P=0.0016$と有意な差を認めた。知識の統合的使用に

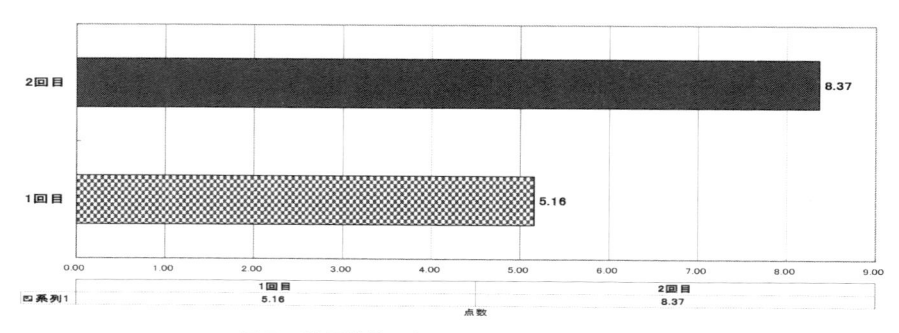

**図5　演習前後の知識の点数比較**

おいて効果的であると思われた。


## 6．結論

(1) プログラムを実施して、障害当事者をSCに依頼したお陰で学生たちは、大変な緊張感と集中力を持って演習に臨んだ。また、かつて障害者との話し合いの経験のない学生が多い現状であった。臨場感と現実の相談場面に近い設定の演習場面は、学生にとって、相談業務を現実的に体験し実際的な理解を深めるために、相談援助の具体的イメージをつかみやすくなった。

授業取組への強い動機付けとなり、学生の主体的な授業参加の推進に役立った。

(2) 講義や専門書で学ぶ知識を、実践に役立つ生きた知識として、統合化することにこの演習形式は効果的であった。

(3) 社会福祉士＝相談援助職の大変さと重要さを体験的に認識しかつ、学生自身の知識不足を自覚した学生が多かった。相談援助職として、支援するには非常に広範な知識が、問題解決のために活用できるようにならなければならないわけだが、それを学生が痛切に感じ切実に各自で知識の足りなさを自覚することができた。

(4) 授業評価として、次の事項を検討した。
　1) 学生の意欲を引き出す。動機付けを行う。
　2) 自ら学ぶ・調べる姿勢を身につける。
　3) チームで討議・協力する
　4) コミュニケーション能力を高める
　5) 実践的な知識を獲得する
　6) 問題解決能力を身に付ける

PBLとSCを活用した演習形式は、上記1）〜3）は授業態度の課題であり、効果的であった。また、4）〜6）は相談援助職としてのスキルの獲得上の課題であり、重要性の認識は十分できたが内容についてはもっと検討する必要性を感じた。

(5) 今後の課題としては、準備に時間をかけ学生自身の調査・研究時間を確保すること、及びこの演習に欠かせない適切かつ協力的なSCの開拓・養成が重要である。

(6) 社会福祉学科のみではなく、医療技術学部各学科においても対人援助職種であり、コミュニケーション能力の向上が望まれる。また、障害者福祉における多様な医療等関係職種との連携を考えると、当大学内の医療技術学部等との教育的連携が必要と思われる。

謝　辞

SCを障害当事者を相談を要するクライエントに見立てたが、演習の成果はこの当事者の障害者自立支援アドバイザーである小野沢博氏の努力・資質と暖かくユーモアのある人柄のおかげである。趣旨と教育目的に賛同して頂き、演習効果を上げることができたことに心から感謝申し上げます。

**参考文献**

Andrea Baumann, Mable Hunsberger; Activities Using Standardized Patients in MD and Nursing Education, 2005.8 Intaernational Forum.
星野恵美子、2004年「身体障害者の地域生活移行を考える」新潟県福祉職員協議会会誌『手毬』11号：96-105。
山手茂、2003年『社会福祉専門職と社会サービス』相川書房。
南彩子・武田加代子著、2004年『ソーシャルワーク専門職性自己評価』相川書房。
米林喜男、2004年「保健・医療・福祉専門職の現状と課題」『新潟医療福祉学会誌』Vol.4 No.2。
横山豊治、2004年「社会福祉専門職の養成と生涯学習―リカレント教育を中心に」『新

潟医療福祉学会誌』Vol.4 No.2。

柴山悦子、2003年「ソーシャルワーカー養成の一方法－模擬相談者との面接を体験させる方法を使って」『新潟医療福祉学会誌』Vol.3 No.2。

鎌原雅彦・宮下一博編著、2003年『心理学マニュアル 質問紙法』北大路書房。

66　第Ⅰ部　社会福祉の専門性と教育

# 第5章　社会福祉士養成教育の現状と課題
── 社会福祉士養成大学間の格差の検討を中心に

山手　茂
内保美穂

## 序──本章の目的

　筆者たちは、異なる立場から社会福祉士養成教育に関わってきた。山手は、社会福祉士制度がスタートした1988年から13年間東洋大学社会学部において社会福祉士養成教育を担当しながら社会福祉士国家試験委員や日本社会事業学校連盟理事・委員などを歴任し、2001年から新設された新潟医療福祉大学社会福祉学部において4年間学部長として社会福祉士養成教育を軌道にのせる役割を担ってきた[1]。内保は、1997年から4年間東洋大学社会学部社会福祉学科で学び、卒業直後から新潟医療福祉大学助手として教務関係業務特に実習関係業務とともに学生の相談・指導を行うかたわら、東北福祉大学大学院総合福祉学研究科社会福祉学専攻通信課程において研究し、「4年制大学におけるソーシャルワーカー養成教育の現状と課題」をテーマとする修士論文を2006年春に書き上げ、修士の学位を得た[2]。

　上記の教育研究歴から、筆者たちは社会福祉士養成教育の現状に多くの問題点があり、多くの改革すべき課題があると考えているが、本章においては「社会福祉士養成大学間の格差」を中心に社会福祉士養成大学教育の現状と課題を検討する。近年、日本社会福祉教育学校連盟と日本社会福祉士養成校協会が合同委員会として「社会福祉士国家試験制度問題検討委員会」を組織し、パブリック・コメントを求めながら「社会福祉士国家試験制度に関する提言」をまとめているが、社会福祉士国家試験合格率の大学間格差の実態を検討すると、問題は単に「制度」の側にだけあるのではなく、各大学内部の研究・教育、その担い手である教員の側にもあると考えられる。このような

考えに基づいて、本章においては、最近のわが国の大学の状況をふまえて、社会福祉士養成大学間の格差を分析し、高い合格率をあげている大学の条件を検討して、今後の大学改革の課題を提案したい。

## 1．21世紀日本における大学の状況

　20世紀の終わりから21世紀の初めにかけて、日本の社会は産業・経済・人口・生活・文化などあらゆる面において構造的変化が進展し、失業・雇用問題、階層間格差問題、少子高齢化問題、生活不安定化問題、教育問題などさまざまな社会問題・生活問題が深刻さを増している。このような状況のなかで、大学教育にかかわる問題も多様化し深刻化している。

　少子化にともなって18歳人口は年々減少し、他方では情報化、科学技術の高度化、職業能力の専門化・高度化が進んでいるため、専門学校や短期大学では進学者が減少し定員割れ校が増加している。そのため、専門学校や短期大学のなかには、生き残るために大学に改組する例が増加している。また、既成の大学のなかにも、規模を拡大して経営の安定を図るために、学部・学科を増設する例が増加している。このような状況が進展している結果、大学進学希望者の数を大学入学定員の数が上回る「大学全入時代」が到来しているといわれている。

　しかし、問題はマクロな量的均衡の如何だけではない。大学進学希望者は、「大学ならばどこに入学してもよい」と考えているのではなく、「自分が希望する大学・学部・学科に入りたい」と選択して受験し、入学するのである。大学の入学定員が少ない時代には、希望する大学に合格するまで、1年間か2年間は進学塾に入って受験勉強（浪人）する者が多かった。また、複数の大学・学部・学科に受験して、合格したなかから入学先を選択する者も多かった。そのため、大学が増加し入学定員が増加した20世紀末にもすでに私立大学には定員割れが生じていたのである。図1を見ると、21世紀に入って私立大学の約4割、222校が定員割れになっている。大学・学部・学科の増設と入学定員の増加傾向は依然として続いており、少子化傾向が続いていることを考えあわせると、大学間の「生存競争」は今後いっそう激化すると推察される。

大学間の「生存競争」に勝ち抜くためにとられている方針は、「社会的ニーズが高い分野の研究・教育を行い、卒業生の就職率を高める」という方針である。特に、経済不況が続き企業の求人が少数精鋭主義になって教養教育や経済経営分野の教育を受けた卒業生の就職率が低下した時期から、少子高齢社会のニーズに対応する保健・医療・福祉専門職を養成する大学・学部・学科の増設傾向が著しくなっている。少子・高齢化とともに生活の不安定化が進み、児童・高齢者・障害者・慢性疾患患者などの生活問題や人権侵害・虐待問題をはじめ国民の「健康で文化的な生活」の破壊が社会問題化し、保健・医療・福祉サービスの拡充が国および自治体の政策課題として重視され、保健・医療・福祉専門職の質的向上と量的増加が不可欠の教育課題になってきたからである。

このような社会的要請にこたえるために、保健・医療・福祉専門職養成大学・学部・学科が増加しているのは、21世紀の大学のあり方として当然のことであるといえよう。しかし、高度の専門職を養成する大学は、研究と教育とを統一して行う高等教育機関であるから、大学院教育または高度の専門的・

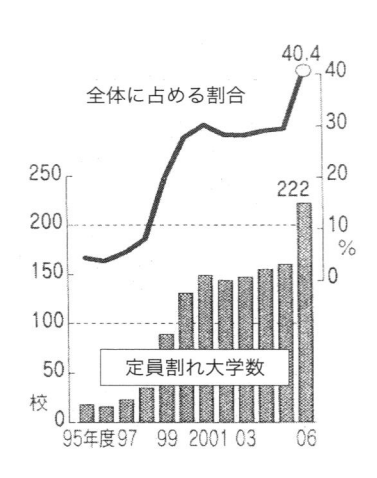

図1　定員割れしている4年制私大の数と全体に占める割合

注）日本経済新聞　2006（平成18）年7月25日

管理的業務経験によって高い研究能力・実務能力を身につけ、かつ専門職教育能力を有する優秀な教員を確保しなければならない。しかるに、現実においては、医師以外の保健・医療・福祉専門職の養成は従来大学・大学院において行われてこなかったために、急増している新しい保健・医療・福祉専門職養成大学・学部・学科は、量・質ともに必要な教員を確保することが困難な状況にある。

　文部科学省の大学設置・学校法人審議会は、新設大学・学部等が計画通りに運営されているかどうかを調査した結果を、2006年3月に初めて本格的に公表している。調査対象582件のうち、42件に留意事項を付し、株式会社立2大学と苫小牧駒沢大学・石川県立看護大学の計4大学は「法令・基準に抵触している、またはその疑いがある」として、強く改善を促している[3]。

## 2．社会福祉士養成大学の増加と養成大学間格差の拡大

　日本においては、明治維新後、近代化にともなって国立の帝国大学や慶応大学・早稲田大学など私立大学が増加し、最も高度な医療専門職である医師養成教育は、帝国大学を中心とする医学研究に基づき、全国各地の医療ニーズに対応して増加した専門学校も加わって、漸次拡充され、第2次大戦後は国公私立大学において行われている。これに比べると社会福祉専門職＝ソーシャルワーカー養成教育ははるかに遅れて、大正期に日本女子大学校や東洋大学などの私立大学・専門学校で始められたが、昭和戦前期には軍国主義化が進んだため後退・消滅した。戦後、学制改革によって設けられた短期大学・4年制大学のなかに、日本社会事業短期大学・大阪社会事業短期大学や日本女子大学など社会福祉教育を行う私立校や公立校が徐々に増加した。1955年、日本社会事業学校連盟が結成されたが、当初の加盟校は14校であった。当時、戦後の社会・経済の復興が進み、「もはや戦後ではない」といわれ、経済成長・都市化・核家族化が急激に進むのに対応して、「皆保険」「皆年金」「福祉6法」など社会保障・社会福祉法制を整備して「福祉国家」建設を推進する動きが始まっていた。日本社会事業学校連盟は、1956年、第8回国際社会事業教育会議総会において加盟を承認され、1957年、文部省に対して大学設置基準の社会福

祉学関係基準を改善するよう要望するなどのソーシャルアクションを展開した。このような状況のなかで、日本社会事業短期大学の日本社会事業大学への改組、新規社会福祉学科の設置などによって、4年制社会福祉系大学が増加し、日本社会事業学校連盟加盟校も増加した。また、これと並行して、日本社会福祉学会の会員も増加したが、当時の社会福祉学界においては、マルクス主義的社会科学の影響が強く、孝橋正一理論を中心とする政策批判論やそれを修正した社会保障・社会福祉運動論が支配的であったため、1971年、中央社会福祉審議会職員問題専門分科会が発表した「社会福祉士法制定試案」に反対する社会福祉学研究・教育者や社会福祉関係団体が多く、法制定が阻止された。

　1973年、第一次石油ショックによって世界経済も日本経済も高成長から低成長に転換し、しかも少子化・高齢化や生活不安定化が進み社会保障・社会福祉へのニーズが増大したため、先進諸国は福祉国家政策の再検討を迫られた。また、ソ連をはじめ社会主義諸国が崩壊し、中国など共産党政権の国家も市場経済を導入するなど「改革・開放政策」に転じたため、マルクス主義的社会科学は急速に影響力を失った。

　このような状況を背景に、1987年に制定された「社会福祉士及び介護福祉士法」に対応して社会福祉士・介護福祉士の養成校が急激に増加している。なお、前項に述べた日本の高等教育の状況変化も背景にあることはいうまでもない。

　社会福祉士養成大学は、社会福祉士養成指定科目および国家試験科目を中心にして専門教育カリキュラムを整え、現場実習指導体制を整備して、「社会福祉士養成」という教育目的を掲げて受験生を募集し、入学した学生の教育を行っている。しかし、医師・看護師・理学療法士・作業療法士など医療専門職に比べて、社会福祉士の国家試験合格率は極めて低い状態が続いた。そのため、社会福祉士養成校の教員のなかには、「社会福祉士国家試験問題が難しすぎる」「不適切な問題が多い」など国家試験に対する批判や、「大学は職業教育を目的とすべきではない」「大学を国家試験準備校にしてはならない」など伝統的なアカデミズム教育やリベラルアーツ教育を守ろうとする意見などが高まり、日本社会事業学校連盟が毎年開催してきた「社会福祉教育セミナー」などの場で活発な論争が行われてきた。一時、厚生省の担当者は、

社会福祉士養成校の学校間格差を明らかにするため、医師国家試験などと同様に、各養成校の合格率を公表するべきであるという見解を日本社会事業学校連盟に対して提示し、同意を求めた。学校連盟の役員の一部は、「受験者数、合格者数、合格率の3点データを養成校別に公表する」という案を提案したが、学校連盟としての合意は得られなかった。

当時、山手は、社会福祉士国家試験委員会副委員長と学校連盟社会福祉専門職検討委員会委員長を兼ねており、学校連盟が編集企画していた『戦後社会福祉教育の50年』のなかの「日本社会事業学校連盟加盟校の社会福祉士養成教育」の章の執筆を依頼されていたので、社会福祉振興・試験センターから1997年第9回国家試験の大学別受験者数・合格者数のデータを提供してもらい、図2を作成した。この図を見れば、社会福祉士養成大学の間に著しい格差が存在することが明らかである。

このような格差が生じた要因の分析が必要であるが、データを扱う条件として大学名を公表しないと約束していたので具体的分析を行うことができなかった。しかし、一般論として、①社会福祉士養成をプロフェッション教育として行うという教育理念を確立すること、②プロフェッション教育理念に基づく教育成果を自己点検・評価するための重要な指標として国家試験合格率を採用すること、という2項目をあげ、各加盟大学・教員に検討を求めた[4]。

図3は、2005年1月に実施された第17回社会福祉士国家試験の大学別養成課程入学定員数に対する合格者の比率を示している。図2は1997年の受験者数に対する合格者数、図3は2005年の入学定員数に対する合格者数であるが、この二つの図を比べると最近8年間の社会福祉士養成大学間の格差の変化が明らかである。大学の数は54校から170校に急増している（ただし、図3には定員300人以上の大規模校は省略している）。図2は受験者に対する合格率であり、図3は入学定員に対する合格率であるから、厳密な比較はできないが、図3では合格率20％未満の大学も、合格率60％以上の大学も、ともに増加しており、社会福祉士養成大学間の格差は拡大しているといえるであろう。

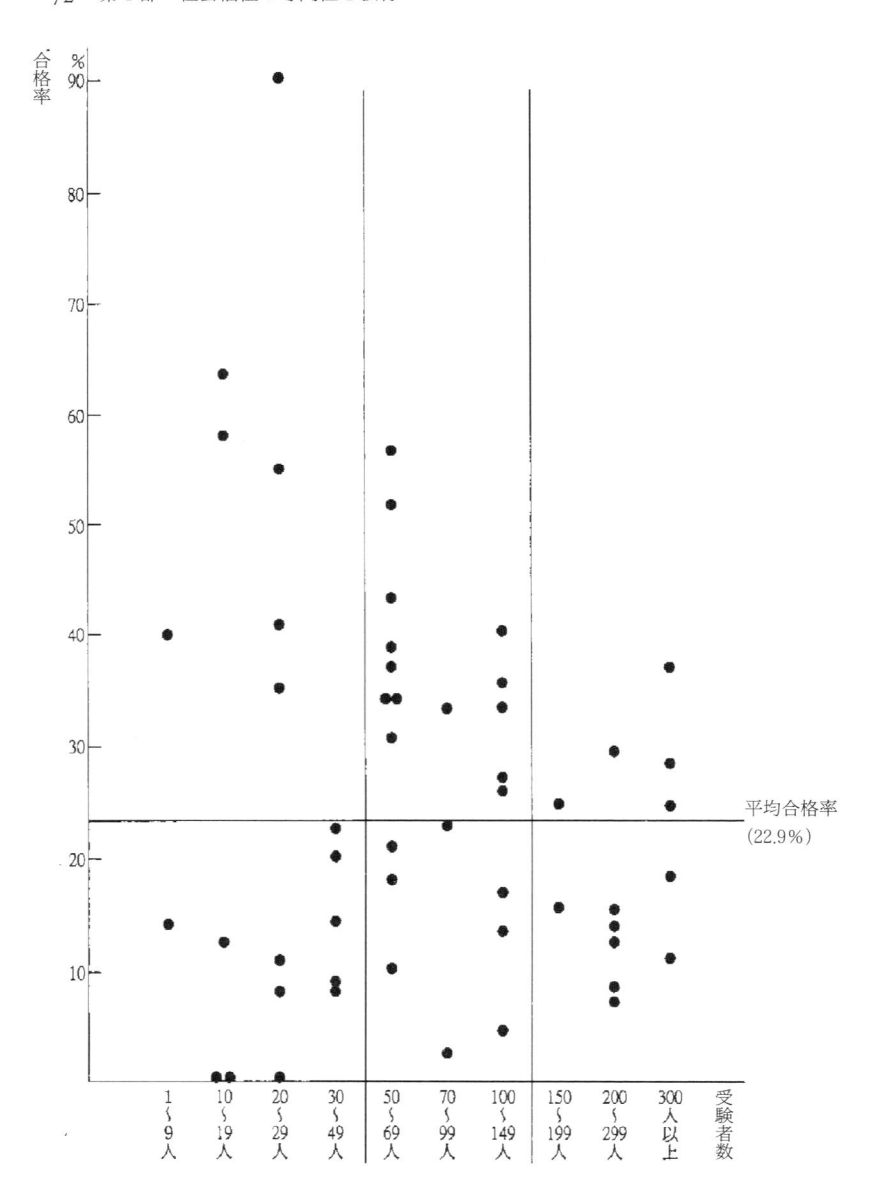

図2 社会福祉士養成大学の受験者数別合格率（第9回）

注）受験者が受験資格を取得した大学。日本社会事業学校連盟非加盟校を含んでいる。
出典）（財）社会福祉振興・試験センター

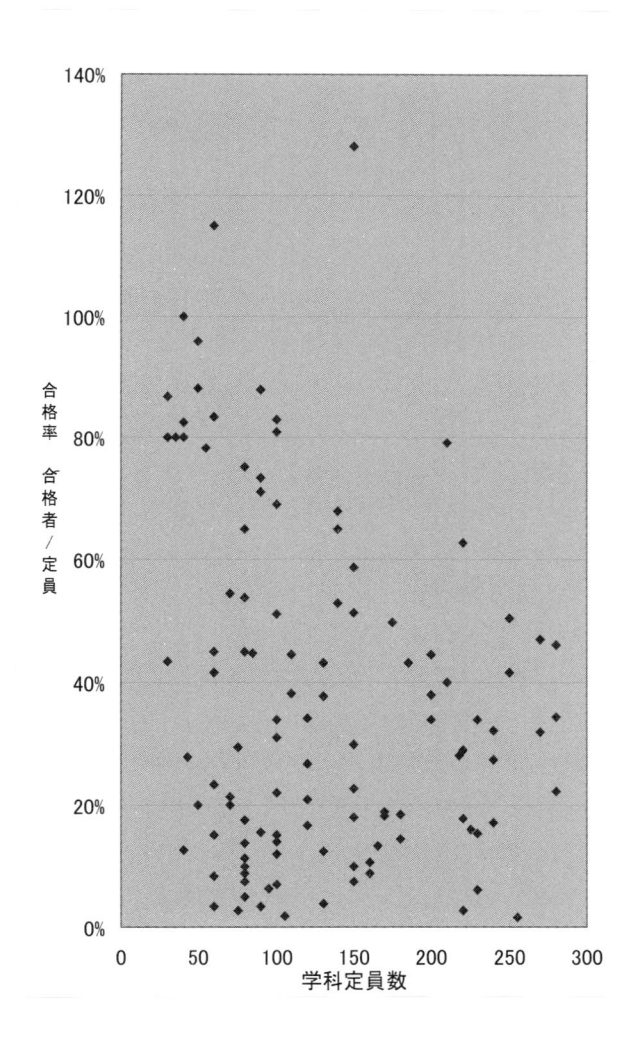

第5章 社会福祉士養成教育の現状と課題　73

**図3　全国社会福祉士養成大学の対入学定員合格率（第17回）**

注）合格率が100％を超えるのは、①定員よりも多く受け入れた大学、②前年度の卒業生が受験している大学があるためである

出典）2005年度全国社会福祉教育セミナー事務局『2005年度全国社会福祉教育セミナー』(pp.10~20)および(財)社会福祉振興・試験センター

## 3．社会福祉士試験高合格率大学の条件

　第17回社会福祉士国家試験の合格率が高い大学を検討すると、(1)ソーシャルワーカー養成教育の伝統があり教育・研究条件が整備されている、(2)国公立で教育・研究条件が整備され少人数教育が行われている、(3)私立の新設大学のうち保健・医療職とともに社会福祉士の養成を行っている、という３条件を見出すことができる。以上の条件別に検討するが、なかには複数の条件を持っている大学もあるから、大学を簡単に分類することはできない。なお、日本福祉大学や東北福祉大学など長い歴史を有する大規模大学は複雑な構造を有するので、ここでは検討の対象にはしない。

### (1) ソーシャルワーカー養成伝統校

　戦後、早い時期からソーシャルワーカー養成校として優れた研究・教育成果を上げてきた伝統校であり、高い合格率を上げている大学は、日本社会事業大学（入学定員150人、合格者192人、合格率128％、以下同じ順に数を示す）、ルーテル学院大学（60人、69人、115％）、上智大学（50人、44人、88％）、同志社大学（90人、64人、71％）などである。これらの大学には優れた研究・教育者が集まり、学部学生・大学院生に対して充実した指導を行うとともに、社会福祉の実践・政策・研究などにも指導的役割を果たしている教員が多い。

### (2) 国公立大学

　日本では今日に至るまで国立大学には社会福祉学部・学科は設けられていないが、最近ようやく社会福祉士養成課程が設けられ始めている。特に大分大学（35人、28人、80％）が充実している。公立大学は、大阪府立大学（55人、43人、78％）が戦後いち早く設立された大阪社会事業短期大学の改組によって設けられたのをはじめとして、福井県立大学（30人、24人、80％）、高知女子大学（30人、26人、87％）、青森県立保健大学（40人、32人、80％）、埼玉県立大学（40人、40人、100％）、岡山県立大学（40人、33人、83％）、福岡県立大学（50人、48人、96％）、愛知県立大学（50人、83人、83％）、岩手県立大学（90人、66人、73％）など、比較的新しい、少人数教育を行う大学が増加している。国公立大学は、行政機

関によって設立されているので、少人数教育が可能であり、研究・教育条件が整備されており優秀な教員を確保しやすく、学費も低額で家計に余裕がないけれども向学心が強い優秀な受験生を集めやすい。

### (3) 私立「医療福祉大学」「保健福祉大学」

　保健・医療・福祉の総合化、保健・医療・福祉サービス専門職のチームワークやネットワークなどが重要な課題になり、医師以外の保健・医療・福祉職の養成・確保がマンパワー政策の課題になったため、公立大学でも私立大学でも、看護師・理学療法士・作業療法士・言語聴覚士・管理栄養士など保健・医療職とともに社会福祉士を養成する「医療福祉大学・学部」「保健福祉大学・学部」が増加しているが、これらの大学では社会福祉士合格率は比較的高い。私立では、北海道医療大学（90人、79人、88％）、広島国際大学（100人、81人、81％）、川崎医療福祉大学（210人、166人、79％）、新潟医療福祉大学（100人、69人、69％）、国際医療福祉大学（140人、95人、68％）などが比較的高い合格率をあげている。その要因としては、全学がプロフェッション教育の理念を共有し、新しい保健・医療・福祉の担い手となるために国家試験に合格する実力を養おうとして、教員間・学生間および教員－学生間の相互協力を醸成する学風を作っていることがあげられよう。

## 結語──社会福祉士養成教育の課題

　前項において検討したように、社会福祉士養成大学の間には大きな大学間格差があり、その要因を分析すれば、それぞれの大学の歴史、設立主体、経営条件、研究・教育条件など多くの客観的要因があげられる。さらに、大学の内部を見ると、一方のグループではソーシャルワーク研究の成果を活かして高い専門性を持ったソーシャルワーカーを育成するよう工夫を重ねて社会福祉教育を行い、もう一方のグループでは「社会福祉士受験資格を与えさえすればよい」と考えているとしか思えないような専任教員を中心に多くの非常勤講師に依存した形だけの教育を行っている。このような現状をみると、少子化が進む現代において社会が要請するソーシャルワーカーを各大学が責

任をもって育成するよう図るためには、たとえ社会福祉士養成の門戸を狭めることになっても、大学関係組織が社会福祉士養成大学の認可・運営に厳しい条件を設けることが必要であると考えられる。現状のままでは、大学の淘汰が一層進み、困難な状況におかれる学生・教員が増加することになろう。

また、それぞれの大学の歴史や内部的条件を細かく検討すると、大学の内部の教職員の協力関係や教員と学生との関係、さらに学生同士の関係などの主体的要因が重要であることがうかがえた。各大学はこれら主体的要因を自主的に改善・改革しなければならない。それには、それぞれの大学が主体的に継続的・組織的な自己点検・評価を行い、それに基づいて教育・研究活動を効果的に改善・改革することが不可欠である。教員の研究業績や学会・専門職団体活動、社会活動などとともに、教育活動の成果としての社会福祉士国家試験合格率、卒業生の就職状況、卒業後のソーシャルワーカーあるいはボランティアとしての活動など、広く点検・評価項目を設ける必要がある。

社会福祉学科における社会福祉士養成教育の目的は、社会福祉士国家試験に学生を合格させることだけでなく、取得した社会福祉士の資格を活かして社会のなかのさまざまな分野で専門的な社会福祉活動を行う実践力を養うことである。この目的を達成するには、教員自身も研究活動、教育活動、社会活動を積極的に行って、学生に「人生の先輩」あるいは「ソーシャルワーカーの先輩」として自らの生きかたを示す必要があろう。

**注**

1) 山手茂、2003年『社会福祉専門職と社会サービス』相川書房。
2) 宇田美穂、2006年『４年制大学におけるソーシャルワーカー養成教育の現状と課題－卒業生のケーススタディに基づく検討－』東北福祉大学大学院総合福祉学研究科社会福祉学専攻2005年度修士学位論文。
3)) 児玉隆夫「規制緩和で進む大学の新設・改組　質保証の重要性増す　認可後に調査、結果公表　学生保護ルール整備急務」『日本経済新聞』2006年４月３日。
4) 山手茂、1998年「日本社会事業学校連盟加盟校の社会福祉士養成教育」一番ヶ瀬康子・大友信勝・日本社会事業学校連盟編『戦後社会福祉教育の50年』ミネルヴァ書房。

# 第Ⅱ部　支援・援助の展開と再検討

# 第6章　「生活支援」概念の形成過程

丸田　秋男

## 1．問題の所在

　日本の社会福祉政策において、「支援」という用語が具体的な施策に用いられたのは、1989（平成元）年である。当時の厚生省が子育てに関する不安及び児童の問題で悩みを抱える家庭の増加や、いじめや思春期における児童自身の悩みの増加等に対応するために創設した「家庭支援相談等事業」（平成元年5月29日付け児発第401号厚生省児童家庭局長通知）である。
　その後、社会福祉政策全般にわたって、「支援」や「生活支援」という用語が幅広く用いられているが、その概念の形成過程は明確化されているとはいえない。
　本章では、第一に、政策形成過程のなかで「生活支援」に関連した概念がどのように形成されてきたか、第二には、「生活支援」概念を構成する要素は何か、最後に、残されている課題は何か、を明らかにする。

## 2．主な研究者の論点

　日本の社会福祉政策において、「支援」や「生活支援」という用語がどのように取り扱われてきているかについては、研究者の論点がそれぞれの立場で異なっている。
　まず、社会福祉政策に関する代表的な理論研究者である古川孝順は、政策上の「支援」の概念の起点を1997（平成9）年以降の社会福祉基礎構造改革の議論に位置づけており、1998（平成10）年6月の中央社会福祉審議会社会福祉

構造改革分科会「社会福祉の基礎構造改革（中間まとめ）」が示した社会福祉の理念に拠っている[1]。つまり、「支援」の概念を「自立生活支援」として捉えていて、「自立生活」、「支援」、「自己実現」、「社会参加」、「社会的統合」、「福祉ニーズ」、「自立生活の維持」、「自立生活力の育成」、「自立生活の援護」、「社会資源の開発」等のキーワードを用いている[2]。

また、大橋謙策は、「地域自立生活支援」をキーワードとして、1997（平成9）年以降の社会福祉基礎構造改革における「自立支援」の理念は、1990（平成2）年の社会福祉関係八法改正時に既にその萌芽があり、政策的には1990（平成2）年に厚生省社会局保護課の所管の下で組織された生活支援地域福祉事業研究会の報告書「生活支援地域福祉事業（仮称）の基本的考え方」（同年8月）が起点になると指摘している[3]。

一方、高橋重宏は政策的なキーワードとして「家庭支援」を取り上げ、政策的に児童福祉が児童家庭福祉に転換し、「家庭支援」に向けた施策が具体的に検討されていくことになる契機は、1981（昭和56）年の中央児童福祉審議会「今後のわが国の児童家庭福祉の方向について（意見具申）」等にあると指摘している[4]。

## 3.「生活支援」の用語の意義

### (1) 福田邦三の「生活支援の科学」

日本の保健福祉分野において、初めて「生活支援」という用語を用いたのは福田邦三である。福田は、1967（昭和42）年に「支援科学」という学問体系を提唱した。まず、学問を、①心理および価値の本質を探求する営みを「純粋科学」、②人生が求める具体的目的を実現するための技術を探求する営みを「技術科学」に分類し、技術科学のうちで、特に人々の個人的な困難や悩みを直接の接触によって解消しようとして、その技術を探求する学問を「生活支援の科学」、略して「支援科学」と一括することを提唱している[5]。ここでいう「生活支援」とは、健康や福祉を生活概念として捉え、人々（主体者）の生活の中に生起する様々な困難や悩みなどの生活課題を、援助者（医師、保健師、ソーシャルワーカー等）の直接の接触を通して解決しようとする実践

的手段を指していると言える。

　このような考え方は、古川の社会福祉を生活支援システムの一つとして説明する見解[6]、高齢者福祉や障害者福祉のケアマネジメントにおける生活ニーズの捉え方や地域における生活の個別支援の考え方[7]と共通するものであり、あらためて福田の提唱した「生活支援」概念の今日的意義を認識する必要があると考える。

### (2) 谷中輝雄の「生活支援論」

　谷中輝雄は、1970（昭和45）年からの社団法人「やどかりの里」における精神障害者の地域生活支援の実践活動を基に、「生活支援」の基本的な考え方を提唱した。

　谷中の「生活支援論」の概念的枠組みは、①生活支援の意味、②生活の支え（生活を支えるということ）、③生活支援体制によって構成されており、具体的な生活支援活動のための実践モデルについても示している。

　**表1**は、谷中の生活支援論を整理したものであるが、谷中の基本的な考え方は「自立」概念の形成はもとより、「生活支援」概念の形成の原理として用いていく必要があると考える。

## 4．「生活」と「支援」の捉え方

　日本の社会福祉政策における「生活支援」概念の形成過程を見ていく前に、「生活」と「支援」という用語の捉え方を整理しておきたい。

### (1)「生活」(life、living) の捉え方

　生活の捉え方としては、社会学や経済学における生活構造論からの捉え方、QOL (Quality of Life) 理念における「生活」の構成要素からの捉え方等があるが、本書では世界保健機関（WHO）の「国際生活機能分類（ICF：International Classification of Functioning, Disability and Healh）」による捉え方[8]を取り上げる。

　ICFは、人間のあらゆる健康状態に関係した生活機能状態からその人をとりまく社会制度や社会資源までを系統的に分類したもので、「生活機能

**表1　谷中輝雄の「生活支援」概念の要素**

| 要素 | 具体的内容 |
|---|---|
| 生活支援の意味 | ○彼らを患者あるいは病者としてでなく、ごく普通の人として、「生活者」として捉える。<br>○彼らを責任能力のある人として、当たり前につき合う(対等な関係)。<br>○当たり前の生活を可能にしていく過程に重点をおく。<br>○その人らしい生活を可能にしていく(その人の独自の生き方を認め、受け入れ、共に生活していく)。 |
| 生活の支え | ○自分の居場所、行き場所がある(安心の場づくり)。<br>○その人への配慮を加えつつ、仲間としての結びつきが成立する(仲間づくり)。<br>○仲間での助け合い、支え合うグループヘルプの力が働く(仲間での支え合い)。<br>○彼らの身近な生活の場での支え手がいる(支え手)。 |
| 生活支援体制 | ○地域の中に支援体制を戦略的に生み出す(組織的な支援体制)。<br>○ごく自然に、さりげなく地域の中に住みつく(住み方)。<br>○住む場所と働く場が区別されている―職住分離の原則―(働くということ)。<br>○人と制度と機関を結び合わせる(ネットワークづくり)。 |
| 生活支援活動 | ○主体は、生活者である。<br>○責任性は、本人の自己決定による。<br>○本人の主体性の促しに焦点を当ててかかわる。<br>○(症状や障害は)生活のしづらさとして捉える。<br>○(援助者は)共に歩む・支え手として関係する。<br>○(活動の目的は)環境・生活を整えることに重点をおく。<br>○(活動の方法は)相互援助・補完的に取り組む。 |

注) 谷中輝雄『生活支援―精神障害者生活支援の理念と方法―』やどかり出版、1996、145～159頁及び178頁から筆者が作成。

(functioning)」とは心身機能・構造、活動と参加の包括用語であるとしている。図1は、ICFの生活機能(functioning)の構成要素と領域を示したものであるが、障害のある人だけでなく全ての人の社会生活に適用できる普遍性をもつことが理解できよう。

### (2)「支援」(support)の捉え方

「支援」の一般的な用語の意味や用い方としては、類義語である「援助」と共通する意味は、「困難な状況にある人を助けること」であり、類語としての使い分けは、支援は「間接的なやり方あるいは実際行動で助けること」をいい、援助は「助けるために物やお金を与えること」とされている[9]。また、「support」

第6章 「生活支援」概念の形成過程　83

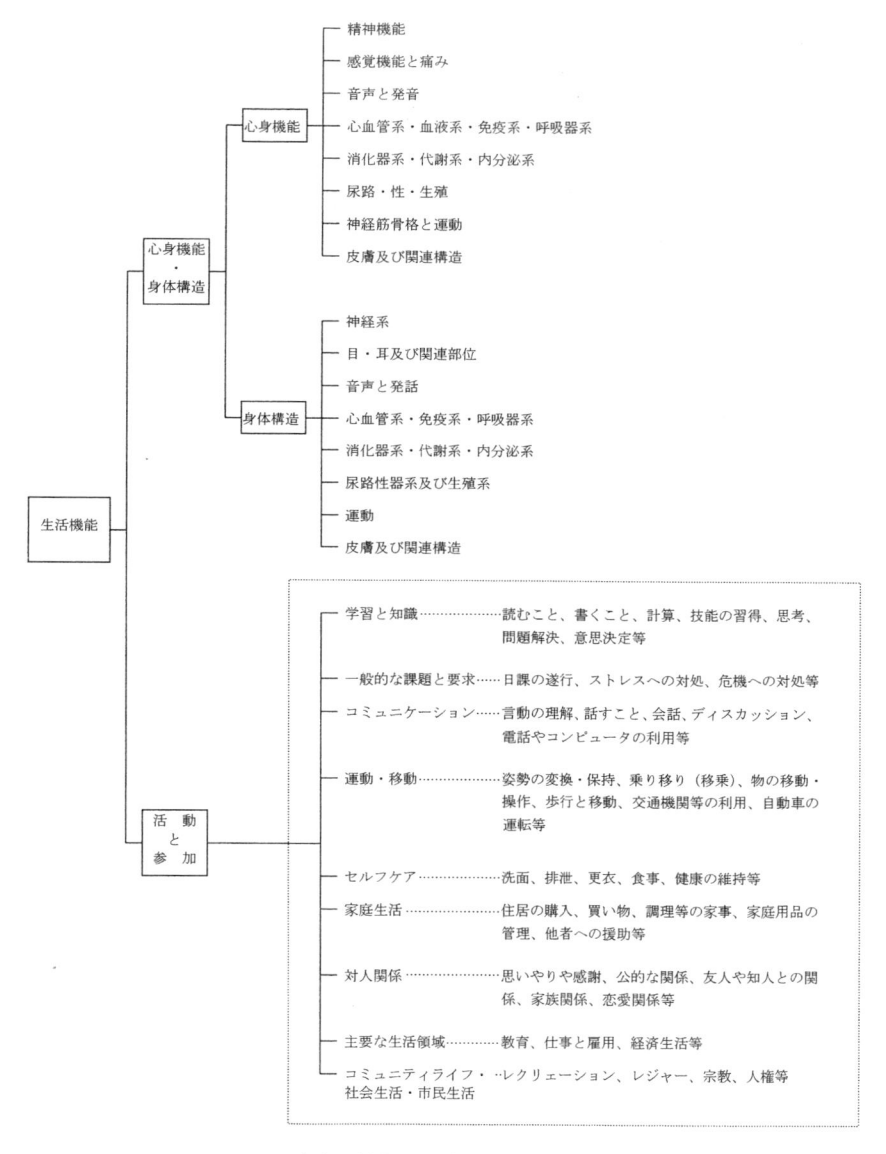

```
                ┌─ 精神機能
                ├─ 感覚機能と痛み
                ├─ 音声と発音
         ┌ 心身機能 ┼─ 心血管系・血液系・免疫系・呼吸器系
         │      ├─ 消化器系・代謝系・内分泌系
         │      ├─ 尿路・性・生殖
         │      ├─ 神経筋骨格と運動
  心身機能  │      └─ 皮膚及び関連構造
  ・     ┤
  身体構造  │      ┌─ 神経系
         │      ├─ 目・耳及び関連部位
         │      ├─ 音声と発話
         └ 身体構造 ┼─ 心血管系・免疫系・呼吸器系
                ├─ 消化器系・代謝系・内分泌系
                ├─ 尿路性器系及び生殖系
                ├─ 運動
                └─ 皮膚及び関連構造
生活機能
         ┌─ 学習と知識……………読むこと、書くこと、計算、技能の習得、思考、
         │                問題解決、意思決定等
         ├─ 一般的な課題と要求……日課の遂行、ストレスへの対処、危機への対処等
         ├─ コミュニケーション……言動の理解、話すこと、会話、ディスカッション、
         │                電話やコンピュータの利用等
         ├─ 運動・移動……………姿勢の変換・保持、乗り移り（移乗）、物の移動・
  活動と    │                操作、歩行と移動、交通機関等の利用、自動車の
  参加    ┤                運転等
         ├─ セルフケア……………洗面、排泄、更衣、食事、健康の維持等
         ├─ 家庭生活……………住居の購入、買い物、調理等の家事、家庭用品の
         │                管理、他者への援助等
         ├─ 対人関係……………思いやりや感謝、公的な関係、友人や知人との関
         │                係、家族関係、恋愛関係等
         ├─ 主要な生活領域………教育、仕事と雇用、経済生活等
         └─ コミュニティライフ・…レクリエーション、レジャー、宗教、人権等
            社会生活・市民生活
```

**図1　国際生活機能分類（ＩＣＦ）による生活機能**

注）障害者福祉研究会『ＩＣＦ国際生活機能分類―国際障害分類―』中央法規出版、2002に基づいて筆者が作成。なお、「活動と参加」については、わかりやすくするために第1レベル・第2レベルの分類及び詳細分類にこだわらずに例示した。

は、元来は「下から運び上げる」の意味での「支持する」あるいは「支える」であるのに対し、「help」は「助けを与える」という意味では最も一般的な言葉で、類義語としては「aid」や「assist」がある。

これら一般的な用語の意味や用い方を知った上で、本書では、「支援」を研究テーマとする学際的研究グループの「支援基礎理論研究会」の定義を取り上げる。

支援基礎理論研究会は[10]、「支援とは、他者の意図を持った行為に対する働きかけであり、その意図を理解し、その行為の質の改善・維持あるいは行為の達成をめざすものである」と定義し、構成要素としては、①他者への働きかけ、②他者の意図の理解、③行為の質の維持・改善、④エンパワーメントを上げている。

ただし、この定義は、「支援者」から「他者（被支援者）」への働きかけを前提としており、生活の主体者である人々の人権や生活ニーズ等との関係については必ずしも明確にしていないことから、筆者は**表2**のように再整理することを主張する。

**表2　支援の構成要素**

①生活の主体者の人権の擁護
②生活の主体者の意図（生活ニーズ）の理解
③生活の主体者の行為に対する働きかけ（ケア）
④生活の主体者への働きかけ（ケア）の質の維持・改善
⑤生活の主体者のエンパワーメント

## 5．政策概念としての「支援」と「生活支援」

### (1)「支援」概念の発展過程

「支援」概念の発展過程については、日本の社会福祉政策において「支援」という考え方が初めて用いられた1984（昭和59）年を起点に、社会福祉法成立までの約20年間を5段階に分けることができる。

【1985（昭和60）年以前の段階】

日本の社会福祉政策において「支援」という考え方が初めて用いられたのは、1984（昭和59）年9月の中央児童福祉審議会「家庭における児童養育の在り方とこれを支える地域の役割（意見具申）」であると思われる。この意見具申では、それまでの行政による「援助と指導」という考え方から転換し、家庭・地域・学校・行政の協働による家庭養育の「支援」という考え方を示した。

この背景には、1973（昭和48）年の第一次オイルショック以降における財政危機の深刻化に伴い行財政改革が推進される中で、1982（昭和57）年7月の第二次臨時行政調査会第一次答申において福祉制度の見直しが要請されたことが大きく作用しているものと思われる。

【1985（昭和60）年から1988（昭和63）年頃まで】

生活の主体者である国民の自立自助を基本に置き、国がそれを支援するという政策的な考え方の基礎が形成され、社会保障制度の基本的考え方に「自助・互助・公助」の役割分担の原則が取り入れられた時期である。

1988（昭和63）年10月の「長寿・福祉社会を実現するための施策の基本的考え方と目標について」（いわゆる「福祉ビジョン」）は、「自立自助の精神と社会連帯の考え方に立ち、国民の基礎的ニーズについては公的施策をもって対応し、国民福祉の基盤の充実を図るとともに、多様かつ高度なニーズについては個人及び民間の活力を図ることとし、必要に応じてそれらに対する支援を行う」などとの基本的考え方を示した[11]。

【1988（昭和63）年頃から1993（平成5）年頃まで】

社会福祉施策の事業名に「支援」という用語が登場した時期であり、1989（平成元）年の「家庭支援相談等事業」をはじめとして、「家庭養育支援事業」（平成2年）や「乳幼児健全発達支援相談指導事業」（平成3年）、「子育て支援短期利

用モデル事業」（平成5年）等の家庭支援施策が積極的に推進された。

これらの家庭支援施策の推進の背景には、「福祉ビジョン」をはじめ「これからの家庭と子育てに関する懇談会報告書」（平成2年1月）、平成2年6月の「福祉八法の改正」等があるが、政策上の「支援」の概念は依然として個人や家庭の自立自助に対する公的施策の役割という意味に止まっていたと言える。

なお、この間の1990（平成2）年は、前年の特殊合計特殊出生率が1966（昭和41）年の丙午年の1.58を下回り、いわゆる「1.57ショック」と呼ばれ、少子化社会の到来が広く認識されはじめた年でもあった。

【1994（平成6）年頃から1997（平成9）年頃まで】

「支援」概念が変化を見せはじめるのは、1993（平成5）年以降である。子育てに対する「社会的支援」という概念が用いられ、子育てにかかる負担は、第一義的には子どもを持つ親（家庭）が負うにしても、国や地方公共団体が中心的な役割を果たしながら、家庭や企業、地域に必要な支援策を用意する必要があるとの考え方が明確に示された[12]。

また、1994（平成6）年12月の「エンゼルプラン」では、「家庭における子育てを支えるために国や地方自治体が中心となり、地域、企業、学校などあらゆる社会の構成メンバーが協力しながら、子育て支援社会（システム）を構築すること」とし、生活の主体者である「子どもとその家庭」に対する政策的な「支援」の意味を明確にした。

その一方で、高齢者施策や障害者施策の分野においては、「高齢者介護・自立支援システム研究会報告書」（平成6年12月）」や「障害者保健福祉施策推進本部中間報告」（平成7年7月）の提言等を通して政策的に「自立支援」概念が確立されていくこととなる。

【1997（平成9）年頃から2000（平成12）年まで】

まず、1997（平成9）年6月の児童福祉法改正で、児童家庭福祉施策における児童の「自立支援」の理念が確立した。その後、社会福祉の共通基礎基盤を抜本的に見直す検討作業が1997（平成9）年8月から進められ、1998（平成10）年6月に中央社会福祉審議会社会福祉構造改革分科会で「社会福祉基礎構造改革について（中間まとめ）」が取りまとめられ、2000（平成12）年6月に施行された社会福祉法において「個人の自立生活支援」の理念が法定化された

時期である。

　この背景には、社会保障制度審議会・医療審議会・中央社会福祉審議会・老人保健福祉審議会・中央児童福祉審議会・医療保険審議会・中央社会保険医療協議会・年金審議会の会長を構成員とする社会保障関係審議会会長会議が1996（平成8）年11月に取りまとめた「社会保障構造改革の方向（中間まとめ）」において、今後の社会保障構造改革の方向として、「個人の自立を支援する利用者本位の仕組みづくり」が求められた経緯があること見過ごしてはならない。

### (2)「生活支援」概念の問題点

　社会福祉政策における「支援」概念は、その発展過程を分析することができるが、「生活支援」概念については分析的に明確化することは困難である。

　社会福祉政策において初めて「生活支援」という用語が用いられたのは、1990（平成2）年に当時の厚生省社会局保護課所管の下で組織された「生活支援地域福祉事業研究会」であり、大橋は、同研究会の報告書「生活支援地域福祉事業（仮称）の基本的考え方」（平成2年8月）に基づいて事業化された「ふれあいのまちづくり事業」が、今日の「自立生活支援」の理念の起点であると指摘している[13]。

　この事業では、ニーズを有する住民・世帯等を「生活支援対象者」として捉え、生活支援対象者の自立援助方策（改正通知では「自立支援方策」と表現が改められた）の策定等を「生活支援方法」と規定した。つまり、「生活支援」概念は、生活の中に困難や課題を抱えている人々に対する自立支援方策から日常生活上の援助までを包含しているものと理解でき、政策概念としての「生活支援」の理念や定義が明確化されることを期待させた。しかし、その一方で、高齢者施策や障害者施策を中心に「自立支援」概念が個別施策等の中で確立されていくこととなり、2000（平成12）年6月に施行された社会福祉法では、「自立生活支援」の概念が福祉サービスの基本的理念として規定されることとなった。

　この規定は、あくまでも個々人が自らの生活を自らの責任で営むことを基本とし、自分の力だけでは自立した生活が困難な場合に家族、地域、国、地

方公共団体等社会全体で支えるという「自助、共助、公助」の考え方が前提になっており、人々の生活支援ニーズあるいは生活課題に対する総合的なかつ有機的なサービス提供を個別的に支援するという「生活支援」の考え方が反映しているとはいえない。

### (3)「生活支援」概念の実態

表3は、「生活支援」概念は明確でないという問題意識の下に、社会福祉政策における主な生活支援施策について、事業ごとに、用語の取扱、目的、対象者、具体的内容等を整理したものである。

【社会福祉一般施策】

前述したように、大橋が今日の「自立生活支援」の理念の起点であると指摘する「ふれあいのまちづくり事業」では、ニーズを有する住民、世帯等を「生活支援者」と捉え、生活支援者の自立支援方策の策定等を「生活支援方法」と規定している。また、「地域福祉権利擁護事業」では、生活支援の具体的内容は福祉サービスの利用援助や日常的な金銭管理等であるとし、「生活支援」は、生活の中に困難や課題を抱えている人々に対する自立支援方策の策定から日常生活上の援助までを広く捉えているものと理解できる。

【母子及び寡婦福祉関連施策】

「母子家庭等自立支援対策大綱」（平成14年3月）や「母子家庭及び寡婦の生活の安定と向上のための措置に関する基本的な方針」（平成15年3月19日・厚生労働省告示第102号）に見ることができるように、「自立の支援」のための具体的施策として「生活支援」を位置づける考え方が明確にされている。

例えば、「ひとり親家庭生活支援事業」では、生活支援の具体的内容をしつけや育児等に関する講習、健康管理に関する助言・指導等としており、個人が自己責任の下に生活するという意味での「自立」を社会の原則とする考え方が基盤になっている。

【障害者福祉関連施策】

障害者福祉法関連施策における「生活支援」は、障害のある人の「自立と社会参加の促進」や「自立生活の助長」あるいは「地域生活の支援」のための日

## 表3　主な生活支援施策

| 事業名 | 用語 | 目的 | 対象者 | 生活支援等の具体的内容 | 根拠等 |
|---|---|---|---|---|---|
| 福祉サービス利用援助事業（地域福祉権利擁護事業） | 生活支援員 | 判断能力が不十分な者が地域において自立した生活が営めるよう、利用者との契約に基づく福祉サービスの利用援助等 | ・認知症高齢者、知的障害者、精神障害者等であって、日常生活を営むのに必要なサービスを利用するための情報の入手、理解、判断、意思表示を本人のみでは適切に行うことが困難なもの<br>・事業の契約の内容について判断し得る能力を有していると認められる者 | ○福祉サービスの利用に関する援助<br>○福祉サービスの利用に関する苦情解決制度の利用援助<br>○住宅改造、居住家屋の賃借、日常生活上の消費契約及び住民票の届出等の行政手続きに関する援助<br>○日常的金銭管理（上記に伴う預金の払い戻し、解約・預け入れ手続き等） | セーフティネット支援対策等の事業の実施について<br>（平17.3.31社援発0331021号）<br>※上記通知の施行により、以下の通知は廃止。<br>「地域福祉推進事業の実施について」（平13.8.10社援発第1391号） |
| ふれあいまちづくり事業 | 生活支援 | 住民相互の助け合いや交流の輪の拡大と、共に支え合う地域社会づくり | 生活支援対象者（ニーズを有する住民、世帯等） | ○生活支援対象者に対する支援内容、自立支援方策の検討<br>○生活支援対象者を支援するためのボランティア等の確保<br>○生活支援対象者を総合的に支援するための地域生活支援ネットワークの形成 | セーフティネット支援対策等の事業の実施について<br>（平17.3.31社援発0331021号）<br>※上記通知の施行により、事業は廃止。 |
| 児童自立生活援助事業 | 援助及び生活指導 | 社会的自立の促進 | 里親委託措置、児童養護施設入所措置を解除された（自立援助ホーム）において日常生活上の援助及び生活指導を必要とする児童 | ○就労への取り組み姿勢及び職場の対人関係についての援助・指導<br>○健康管理、金銭の管理、余暇の活用、食事等日常生活についての援助・指導<br>○職場の開拓と安定した職業に就かせるための援助・指導<br>○児童の家庭の状況に応じた家庭環境の調整等 | 児童自立生活援助事業の実施について<br>（平10.4.22児発第344号） |
| 母子家庭等日常生活支援事業 | 生活援助 | 母子家庭、父子家庭及び寡婦の生活の安定 | 母子家庭、父子家庭及び寡婦で、技能習得や就職活動又は疾病等の事由により一時的に生活援助が必要となる家庭 | ○家事<br>○介護<br>○その他の日常生活の便宜 | 母子家庭等日常生活支援事業の実施について<br>（平15.6.18雇児発第0618003号） |
| ひとり親家庭生活支援事業 | 生活支援 | 地域での生活の総合的な支援 | 母子家庭及び父子家庭 | ○しつけ・育児又は健康管理に関する講習<br>○精神面、身体面の健康管理に必要な助言・指導及び家族関係の調整<br>○夜間や休日における電話相談<br>○大学生等（ホームフレンド）の派遣<br>○相互の交流と情報交換等 | ひとり親家庭生活支援事業の実施について<br>（平15.6.18雇児発第0618005号） |
| 知的障害者地域生活援助 | 援助 | 自立を目指した地域における日常生活の営み | 満15歳以上の知的障害者であって、共同生活住居への入居を必要とするもの | ○食事の提供<br>○相談その他の日常生活上の援助 | 知的障害者福祉法に基づく指定居宅支援事業等の人員、設備及び運営に関する基準<br>（平14.6.13厚生労働省令第80号） |
| 知的障害者生活支援事業 | 生活支援 | 知的障害者の地域生活の安定と福祉の向上 | 就労している知的障害者であってアパート等で生活しているもの | ○本人の生活上の相談、職業生活に関する相談、職場からの本人に関する相談<br>○金銭、衣食住、余暇指導、健康等の日常生活上の配慮<br>○近隣との人間関係及び親等との調整などの日常的支援活動<br>○緊急時の対応等 | 知的障害者生活支援事業の実施について<br>（平3.9.19児発第791号）<br>※上記通知は、「地域生活支援事業の実施について」（平18.8.1障発第0801002号）の施行により廃止。 |
| 市町村障害者生活支援事業 | 生活支援 | 障害者の自立と社会参加の促進 | 地域において生活支援を必要とする身体障害者及びその家族 | ○居宅等の利用援助<br>○社会資源を活用するための支援<br>○社会生活力を高めるための支援<br>○ピアカウンセリング<br>○専門機関の紹介 | 地域における相談支援の実施について<br>（平15.11.6障発第110600号） |
| 障害者自立支援・社会参加総合推進事業 | 生活支援 | 障害者の自立支援と社会参加の総合的かつ効果的な推進 | 身体障害者及び知的障害者 | ○福祉相談　○健康相談<br>○職業相談　○教育相談<br>○結婚相談　○育児相談<br>○その他日常生活上の相談<br>（注）身体障害者相談員及び知的障害者相談員の日常的援助活動の分野として例示されている内容 | 障害者自立支援・社会参加総合推進事業の実施について<br>（平16.12.24障発第1224004号）<br>※上記通知は、「地域生活支援事業の実施について」（平18.8.1障発第0801002号）の施行により廃止。 |
| | 地域生活支援 | | 身体障害者、知的障害者及び精神障害者 | ○歩行訓練　○身辺・家事管理<br>○福祉機器の活用方法　○社会資源の活用方法<br>○コミュニケーションに関すること（手話、点字、ワープロ、パソコン等）<br>○家庭生活に関すること（生活設計、家族関係、育児等）<br>○社会生活・職業生活に関すること<br>○その他社会生活上必要なこと<br>（注）市町村事業として実施する講習会の内容として例示されている内容 | |
| 障害者就業・生活支援センター（生活支援員） | 生活支援 | 障害者の職業生活における自立 | 職業生活における自立を図るために就業及びこれに伴う日常生活又は社会生活上の支援を必要とする障害者 | ○職業生活を継続する上で必要となる生活習慣の形成<br>○日常生活の自己管理のための助言<br>○健康管理や金銭管理等に関する指導・助言<br>○保健医療機関、福祉、生活支援サービスの利用の支援等 | 障害者就業・生活支援センターの指定と運営等について<br>（平14.5.7職高発第0507004号・障発第0507003号） |
| 精神障害者地域生活援助事業 | 生活援助 | 精神障害者の自立生活の助長 | 日常生活上の援助を受けないで生活することが可能でない適当でない精神障害者 | ○食事の世話<br>○服薬指導<br>○金銭出納に関する助言等日常生活に必要な援助 | 精神障害者居宅生活支援事業の実施について<br>（平14.3.27障発第03027005号） |
| 生活支援ハウス | 生活支援 | 高齢者が安心して健康で明るい生活を送れるような支援 | 原則として60歳以上のひとり暮らしの者、夫婦のみの世帯で、家族による援助を受けることが困難な者 | ○住居の提供<br>○相談・助言<br>○緊急時対応<br>○保健福祉サービスの利用手続きの援助<br>○利用者と地域住民との交流事業等 | 高齢者生活福祉センター運営事業の実施について<br>（平12.9.27老発第655号）<br>（注）平成17年度から一般財源化された。 |
| シルバーハウジング・プロジェクト | ライフサポート | 高齢者の居住の安定 | 高齢者（60歳以上）の単身世帯、高齢者のみの世帯又は高齢者夫婦世帯 | ○生活指導・相談<br>○安否の確認<br>○一時的な家事援助　○緊急時の対応 | シルバーハウジング・プロジェクトの実施について<br>（平13.3.28老発第114号・国住備発第51号） |

常生活面の世話あるいは援助という意味が強く、「自立支援」の下位概念として用いられている。

　例えば、「市町村障害者生活支援事業」でいう生活支援の具体的内容は、居宅支援等の利用援助などを、「知的障害者生活支援事業」では、金銭、衣食住、余暇指導等の日常生活上の配慮などを指している。その一方で、「知的障害者地域生活援助」や「精神障害者地域生活援助事業」では、食事の世話や日常生活における援助等を「援助」あるいは「生活援助」と表記し、生活支援とは区別した用語を用いている。

【高齢者福祉関連施策】

　高齢者福祉関連施策における「生活支援」は、障害者福祉関連施策と同様である。2000（平成12）年4月1日に施行された介護保険法第1条（目的）には、「自立支援」の理念が「要介護状態になった者が、その有する能力に応じ自立した日常生活を営むこと」と規定され、「自立支援」が上位概念となっている。

　この考え方は、2000（平成12）年度に事業創設された「介護予防・生活支援事業」（平成13年5月25日付け老発第213号厚生労働省老健局長通知）に明確に反映されており、この事業でいう「生活支援」とは、「自立した生活への支援」という意味であり、その支援の具体的内容は援護が必要な高齢者やひとり暮らし高齢者等に対する配食サービスや外出支援サービス等の提供を指している（**表4**）。

表4　高齢者等の生活支援事業の内容

| 事　業　名 | 事　業　内　容 | 備　考 |
|---|---|---|
| ①配食サービス | 調理困難な高齢者に対する食事の提供と安否確認 | 1.「配食サービス事業」は、平成13年度から介護予防等事業のメニュー事業である『食』の自立支援事業」として実施している。<br>2.また、心身機能に着目した転倒予防については、「介護予防事業」で、生きがい活動については、「高齢者の生きがいと健康づくり推進事業」で実施している。 |
| ②外出支援サービス | 移送用車両等による医療機関等への送迎 | |
| ③寝具等洗濯乾燥消毒サービス | 寝具類等の衛生管理のための水洗いと乾燥消毒 | |
| ④軽度生活援助 | ひとり暮らし高齢者等に対する軽易な日常生活の援助 | |
| ⑤住宅改修支援 | 高齢者向け居室等の改修に関する相談・助言 | |
| ⑥訪問理美容サービス | 理髪店や美容院に出向くことが困難な高齢者に対する訪問理美容サービスの提供 | |
| ⑦高齢者共同生活（グループリビング）支援 | 共同で生活している形態（グループリビング）に対する支援プログラムの作成・調整等 | |

注）通知を基に筆者が作成。

## 9．残された課題

　厚生労働省の英訳によると、「自立支援」は「supporting their self-sufficient living」、「生活支援」は「living support」と表記されるが、用語の定義や概念の構成要素の違いをどのように区別して用いているのだろうか。

　日本の社会福祉政策における「支援」概念の発展過程を分析すると、政策的な意図が窺われる。その起点は1982 (昭和57) 年7月の第二次臨時行政調査会第一次答申において福祉制度の見直しが要請された時点にあるのでないか。

　1984 (昭和59) 年版の厚生白書は、「自立自助を前提としつつ、社会連帯の精神で支え合っていくことが求められる」、「社会保障制度においては、個人や家庭の対応を積極的に支援していく」などとし、1986 (昭和61) 年版では、「健全な社会とは、個人の自立・自助が基本であり、それを支える家庭、地域社会があって、さらに公的部門が個人の自立・自助や家族、地域社会の互助機能を支援する三重構造の社会を指す」と述べている。

　第二次臨時行政調査会第一次答申から四半世紀後の今日、「社会保障の在り方に関する懇談会」（平成16年7月27日・内閣官房長官決裁）は、「今後の社会保障のあり方（案）」（平成18年5月）において、あらためて、全ての国民が社会的、経済的、精神的な自立を図る観点から、自ら働いて自らの生活を支えるという「自助」を基本とする考え方を示した。懇談会の政策的的意図をどのように認識するのか。

　本書で述べてきたように、現在の社会福祉政策では、「生活支援」は高齢者福祉をはじめ障害者福祉、母子福祉等の分野では、食事の世話や余暇指導など日常生活上の援助を指す場合が多く、社会福祉法の理念の下に、「自立生活支援」概念が上位概念に位置づけられ、「生活支援」概念は日常生活や地域生活に密着した直接サービスという性格を与えられている。

　これに対して、筆者は、「生活支援」概念は、人々が生活の中で抱える様々な困難や課題を解決するために、生活の保障や安定、地域における個人の自立生活支援、家庭機能の支援等を図ることを目的とした広義の政策概念として捉える必要があると主張している立場にある。

政策課題としての「生活支援」概念の形成に向けて、キーワードである「生活」、「生活主体」、「支援」、「自立生活」、「生活支援」、「自立生活支援」等の概念の構成要素と概念を明確化し、それを説明する実態を解明する検証作業を踏まえた幅広い議論が必要であろう。

**注**

1) 「個人が人としての尊厳をもって、家庭や地域の中で、障害の有無や年齢にかかわらず、その人らしい安心のある生活が送れるよう自立を支援する」との理念をいう。
2) 古川孝順『社会福祉学』誠信書房、2002、54頁。
3) 大橋謙策「戦後社会福祉におけるマンパワー対策と社会福祉教育の課題」三浦文夫・高橋紘士・田端光美・古川孝順編『講座　戦後社会福祉の総括と21世紀への展望Ⅲ　政策と制度』ドメス出版、2002、237頁及び253-260頁。なお、大橋によれば、生活支援地域福祉事業研究会の報告書で指摘された考え方は、1991(平成3)年からの「ふれあいのまちづくり事業」として政策化された。
4) 高橋重宏「児童家庭福祉の課題と展望」一番ヶ瀬康子・高島進・高田真治・京極高宣編『講座　戦後社会福祉の総括と21世紀への展望Ⅰ　総括と展望』ドメス出版、1999、179頁。
5) 福田邦三「近代精神と支援科学」『早大高等学院雑誌』1967、78頁。
6) 古川孝順『社会福祉学』誠信書房、2002、92頁・192頁。
7) 厚生労働省社会・援護局障害保健福祉部『障害者ケアガイドライン』2003.3。
8) 障害者福祉研究会『ICF国際生活機能分類－国際障害分類改定版』中央法規出版、2002。
9) 小学館辞典編集部『類語例解辞典』小学館、2003。
10) 支援基礎理論研究会『支援学－管理社会をこえて』東方出版、2000、37-39頁。
11) いわゆる「福祉ビジョン」は、ノーマライゼーションの考え方に基づいて、高齢者や心身の障害を持つ者が可能な限り家庭や地域の中で生活できるよう支援するという施策の方向性を示している。
12) 厚生省『厚生白書(平成11年版)』ぎょうせい、1994、60頁及び64頁。
13) 前掲書3)、237頁及び253-260頁。

# 第7章　介護実践における自立支援の再検討

岡田　史

## 1．はじめに

　介護は自立支援であると言われて久しい。介護実践における自立支援は、常に大きなテーマとして介護職に対して問いかけられてきた。人間が自分らしく生きること、自分らしさを大切にすること、自分なりのこだわりを貫けることなど自立支援の主目標は、常に人間の生き方であり、人生である。筆者自身は職業として1970年代後半から30年近くの間、介護実践の場に身をおいてきた。時代や制度の変化が利用者の生活にどのように影響したかを、介護実践の中で体験してきた。ここでは、筆者自身および同僚介護職員の介護実践の歴史を事例研究の対象としてとりあげ、自立支援についての意識の原点とその発展について検討したい。

## 2．1970年代後半高齢者介護の仕事を始めた頃

　筆者は1975年に社会福祉学部を卒業して、障害者施設等に勤務した後、高齢者介護の仕事を始めたが、当時に忘れられないエピソードがある。特別養護老人ホームの介護職員として働き始めた1979年（昭和54年）のことである。そこは、新潟県内において最初にできた特別養護老人ホームであったが、すでに10年以上が経過しており、施設利用者の高齢化・障害重度化は進んでいた。その中でも、担当していた利用者の中に、Yさんという、経管栄養で四肢や体幹に強い拘縮があり、だれかが手を貸さない限りは自分で動くことができない状態で、常時臥床していた利用者がいた。年齢は70歳代の後半で、

脳出血の後遺症のためそのような状態となっていた。目を開けてはいても、うつろに空を見るだけであった。担当職員という立場から、何とか自分をYさんに認知していただきたいと、折につけ話しかけ、体位交換しコミュニケーションに努力していたが、Yさんは目をあけてはいても何の反応も示す様子は見られなかった。定期的なオムツの交換、経管での食事、週に2回の入浴、硬直し声を発しないYさんは、時間の経過の中で、筆者にとっては身体的介助だけを提供する対象者となっていった。

　ある日、施設長から介護職員に提案があった。「何か、このホームで足りないことやあったらいいこと、やってみたいことはないでしょうか？　入居者（利用者）の立場に立って考えてみませんか？」というのである。皆、少ない職員数（当時介護職員は寮母と呼ばれており、介護職員配置は100名に22名であった）のため何とか日々の業務を終わらせているという状況だったので、これ以上何をやれと言うのかと最初は抵抗感のようなものを感じていたが、一人ひとり自分が担当している利用者の表情を思い浮かべながら、何か足りないものを考えた。当時の特別養護老人ホームは足りないものばかりであった。時間、空間、人手、数え上げればきりがない悪条件の中で、何か実行できるものはないかと皆で考え、探した。ある職員は、「お酒が飲みたい人には行事の時だけではなく、夕食時に出したらどうだろうか」等、利用者の立場に立った提案をだした。

　筆者は、Yさんについて「身体面では拘縮が進んでほとんど動かない体を、リラックスしてもらいたい」「空を見るだけにしか見えない瞳に、心が動くような光を届けたい」という提案をした。自分の身体の中に精神を閉じ込め、そして自発的な運動ができないため、拘縮している身体をリラックスさせるには、ただ、身体を動かせばよいというものではないことは、日ごろの介護の中で感じていた。オムツの交換や体位交換時には、時折苦痛の表情が見られていた。Yさんのこのような状況に、何を考えだせばよいのだろうか、何をすればよいのだろうかと取り組みを始めた。今から考えれば硬直状態のYさんを何とか車イスに乗せることはできたのかも知れないが、当時の介護力では、一枚の板のようになっているYさんの体を車イスに乗せることができなかった。Yさんが唯一自分の意思で動くことができていると考えられるの

が、目である。Yさんの目は、閉じたり開いたりできる。狭い居室の中で空を見ているYさんの心に、何かを届けたいと考えた。

　当時は現在とは違って介護に関する書物は少なく、高齢者の介護や認知症については、有吉佐和子の『恍惚の人』が多く人々の意識を支配していた。ボーヴォワールの『老い』やその他の老後問題の書物は、老いをどのように考えるか、老いて死ぬとはどのようなことなのかなどを、問いかけてはいたが、目の前のYさんにどのように働きかければ良いのかを見つけることはできなかった。

　その時Yさんについて立てた計画は、「経管栄養が終わった後、昔の民謡や歌謡曲をうたい、手を握ってリズムを取ること」「視覚に訴えるような試みを行うこと（夜、新潟の自然を写す映写会を行うこと）」であった。歌については、期待した反応を得ることができなかった。視覚については、夜勤時に同じ夜勤者の協力の下、Yさんの起きているところを見計らって、施設長から借用した8ミリ映写機を居室に持ち込み、Yさんの視野に入りそうなところをスクリーンにして、新潟の自然の景色や動物を映し出してみた。瓢湖の白鳥が群れをなして飛び上がる場面で、Yさんの目に動きを感じた。それは一瞬であったが、驚きのような生き生きとした表情であった。今までシャッターのように閉ざしていた、Yさんの心に何かが届いたように感じられた。しかし、表情の変化を見ることができたのはその一瞬だけで、その後、同じようなことを試みても、もとのAさんに戻り、何も応えてはくれなかった。実際、何の効果があったのかと問われても、明確には答えられないが、その一瞬の表情の変化は、確実に夜勤者二人の感覚を変化させた。常に空を見ていると感じていたYさんの目に表情を感じ取り、それ以後は介護の時に話しかける言葉が、今までのような機械的なものではなく、Yさんの表情を感じながら行うようになっていた。Yさんは、介護されるだけの人ではなく、生きている人、感じている人となっていた。感覚が生きているという手ごたえは、人の心におそれを抱かせる。自分自身の介護の姿勢が時間の経過と共に手馴れたものとなり、自分から何かを言うことができない人に対しては、暗黙のうちに了解を取ったような気持ちで介護を行なっていたこれまでを恥じた。他人の介護がなければ、生きていくことができない身体の中に、一個の自立し

た魂の存在を、その一瞬の目の動きの中で感じたのである。

　このような感覚について、客観的・論理的説明を求めていたとき、時実利彦著『人間であること』に出会った。新潟大学の脳研究所が市民を対象に「脳の不思議」という講座を開催したので、介護する日々の中で人間を理解する糸口を探し受講した時のテキストである。人間に精神を与え、人間として行動させている脳の仕組みから、人間の心について迫った書物であった。その中には、人間が孤独に陥ったときに迎える心の状況や意識の変化や、スキンシップがどのような意味を持つのか、瞳によるコミュニケーション、まなざしの大切さ、などが脳の働きと共に記述されていた。人間の集団欲の充足が心や行動の安定に影響することが、北極に164日間一人でいた女性の手記や、様々な孤独実験から、論じられていた。集団を論じるときは、人間集団の構成単位として家庭の大切さが言われるが、その役割を、脳の視点から理解することができた。

　家庭は、まず第1に、脳幹、脊髄系が分担する「生きている」という命の保障が得られる場所、第2に大脳辺縁系が分担する「たくましく」生きてゆくための本能の欲求が、安易に安全にかなえられる場所、第3は、新皮質系が分担する「うまく」「よく」生きていくための適応行動と創造行為が営まれる場所、第4に大脳辺縁系と新皮質系においてつのる欲求不満を解消する憩いの場所であると論じられていた。家庭をそのような視点で見たことがなかった筆者は、およそ「家庭」「家庭的」と言われている事象に対して、このような視点があることに新鮮さを覚え、周りの家庭や家庭的なことについて、問い直してみた。

　当時も今も介護サービスの理念は家庭的という言葉をもって表現されていることが多い。では、これまでのYさんの生活は、これらの欲求を満たす場所として、機能していただろうかと考えると、必要最低限の生きることと、消極的な本能の欲求へは対応できていたが、第2第3第4の欲求の充足には、程遠いものであった。より高い欲求の充足を目指すには、Yさんとの関係に介護を提供するだけではない視点が必要であった。これらの欲求は、コミュニケーション抜きでは充足できない欲求である。Yさんの状況は介護職員が語りかけはするものの、双方向で行われていたものとは言い難いものであっ

た。全神経を集中させYさんからのメッセージを受けとめる心の準備の必要性を学んだ。筆者自身は夜の映写会の一件とその後の学びから、Yさんの瞳の中にこちらに語りかけたいものを感じ、内面に存在する自律した自己へ働きかける介護の大切さを自覚するようになっていた。

　Yさんの事例は、筆者にとって今もケアプランを考えるときの大きなヒントとなっている。「利用者の立場に立って考えているか」「現実的であるか（実現可能か）」「皆の協力は得られるか」「それによってどのような良い変化が見られるか」と問いかけて、可能性を探求する指針となっている。

## 3．1980年後半介護福祉士誕生の頃

　1987年（昭和62年）「社会福祉士及び介護福祉士法」が成立した。介護福祉士はその法文に「この法律において『介護福祉士』とは、第四十二条第一項の登録を受け、介護福祉士の名称を用いて、専門的知識及び技術をもって、身体上又は精神上の障害があることにより日常生活を営むのに支障がある者につき入浴、排せつ、食事その他の介護を行い、並びにその者及びその介護者に対して介護に関する指導を行うこと（以下「介護等」という）を業とする者をいう」とされていた。運転免許のように、これからこの仕事を続けるのに必要になる資格と受けとめたが、当時の上司からは、在宅者の訪問介護に必要な資格なのであって、施設で勤務するには必要のない資格なのではないかという意見を聞かされた。まだまだ、介護の専門性についての理解がない時代であった。

　その頃出合った書物に、カルドマ木村哲子著『老いのスケッチ・アメリカ老人の光と影』がある。単身渡米し、小さな老人ホームの経営者となり、そこでの日常生活を記録したものであった。その中での表現は、一人ひとりの暮らしがイキイキと描かれており、老人ホームの生活というよりは、高齢者のグループ生活の記録であると感じられた。利用者一人ひとりの感情を受けとめての豊かな心の交流のある生活は、多人数の利用者を対象として介護を続けてきたものにとっては新鮮であった。施設のあり方として、外部との自然な交流ができることや、利用者自身が自分らしく生活できること、当時の

日本の老人ホームにはまだまだ実現できなかったことである。これからの施設介護サービスのあり方を示唆するものであった。

　介護福祉士の国家試験を受験する前後は、今までのような集団的な介護から、個別、選択、自立支援、の考え方が強調されるようになっていた。また、介護福祉士制度が出来て間もなく出版された介護福祉士養成講座テキスト全14巻（中央法規出版）は、それまでの福祉関係の書物とは異なった体系となっていた。社会福祉の一般的な知識として、社会福祉概論、老人福祉論、障害者福祉論、実務を支える科目として、リハビリテーション論、社会福祉援助技術、レクリエーション指導法、老人・障害者の心理、生活を科学的に理解し支える科目として、家政学概論、栄養・調理、医学的な知識として医学一般、精神保健と、生活を様々な角度からとらえる工夫がされていた。リハビリテーションについての科目は、これまで疑問に感じてきたことや試行錯誤してきたことを検証するものであった。障害者福祉論においては、ノーマライゼーションが大きなテーマとなっており、これは、高齢者の問題としても共通すると考えた。そして、介護概論、介護技術、形態別介護技術には、専門職としての道筋と技術が示されていた。

　若い頃、大学においては社会福祉を専攻して卒業したが、実際の利用者と介護を通して人間関係を持ち、何とかこの方々に元気になってもらいたい、心を通わせたいという実践経験を持ってからの学習は、学生時代の学習とは大きな違いがあり、テキストの中の理論に深い意味を感じるのであった。そして、職場の仲間との学習は、受験勉強ではあったが、常に利用者の事例にあわせて考えることも多く、思いがけない学習の機会が得られたことに、皆の興奮は隠せなかった。

　その頃、忘れられないエピソードの一つに、養護老人ホームにおける行事の一コマがある。養護老人ホームは、特別養護老人ホームと違って経済的な理由で利用ができることから、比較的元気な高齢者の利用者が多かった。だが、筆者が担当となったのは、要介護者の多い静養室と、その状態に準じる人たちの居住棟であった。さして特別養護老人ホームと変わらない業務の中で、単調な生活に何か楽しい変化をつけることができないものかと、折りにつけ行事を行い、試行錯誤する毎日であった。その行事の一つに、運動会や

文化祭があった。秋の文化祭のとき、各棟対抗「味噌汁合戦」を行うことになった。中庭を会場に、各居住棟がそれぞれ自慢の「味噌汁」を作り競うというものである。勤務する養護老人ホームは100名の利用者が4つの棟に分かれて居住していた。自立者の多い棟であれば、利用者の参加が見込まれたが、筆者の担当は前記の通りであるので、利用者の力は期待できない、職員が頑張らないと合戦には参加できないと考えていた。少なくとも数十人のお味噌汁を作るのである。材料を居住棟の炊事場において、まず会場作りを職員だけで行った。その作業が思ったより時間がかかり、これから、頑張って味噌汁を作らなければ、と意気込んで炊事場に戻ってみると、信じられないような光景に出あった。常には、「足が痛くて歩けない」「動くと心臓がドキドキしてめまいがする」とほとんどベッドで過ごしていたAさんとBさんが、割烹着を着て、他の人達に指示しながら味噌汁の具を刻み、さながら、どこかの料理屋さんの厨房に入ったような活況のある状況となっていた。寮母たちが、なかなか戻ってこないので、「自分たちがやらなければ間に合わない」と普段は寝たきりの身体を起こして、割烹着を出し、できそうな人に声かけながら始めたというのである。昔とった杵柄は鮮やかに大根の針千本を刻み、また、彼女たちの指示の下に、普段はぼんやりと過ごしているだけの男性の利用者が葱の皮を剥いていた。皆がそれぞれに自分のできる役割を担って、その活動に参加していた。

　この事実は、介護職員にとって貴重な学びの機会となった。普段は、利用者の自立支援という名の下に、自分のことを自分でしましょうとたやすく言ってはいるが、本当の自立支援とは何なのだろうか？　人間の心は、切実なこと、楽しいこと、止むに止まれぬこと、がなければ動かないのではないだろうか？　心が動かない行動は、空疎である。参加や参画が人間の心を動かすのだ、ということを実感することができた体験であった。

## 4．専門職団体設立の頃

　平成元年に誕生した介護福祉士は、1993年（平成5年）になり、ようやく専門職団体を設立した。新潟県介護福祉士会設立や日本介護福祉士会設立に当

初より参画したが、筆者自身は、専門職団体設立の大きな目的は、生涯教育学習システムの確立にあると考えていた。介護の業務は、日々の暮らしの中で、心と体が弱くなっていく利用者の生活過程に寄り添う、デリケートなものである。人間の尊厳についての高い意識や倫理、そして適切に支援する知識や技術が求められている。それらの確立のためには、まず、介護福祉士養成教育と生涯を通して学ぶ生涯研修の仕組みが必要だと考えたのである。

　介護職の教育の先駆的な取り組みを調べてみると、ドイツにおいては1960年代からアルテンプフレガー（Altenpfleger 老人介護士）という資格がその養成教育と共に始まっていた。新潟県介護福祉士会設立当時、ドイツでは、1995年に介護保険（Pflege-Versicherung）がスタートすることが決まっており、日本においても高齢者介護・自立支援システム研究会報告書「新たな高齢者介護システムの構築を目指して」（平成6年12月座長大森彌東京大学教授）が発表され、公的介護保険の議論がすでに始まっており、介護が大きく変わる事が予見された。介護福祉士のあり方も、いっそう高い専門性と他の専門職との協働が求められてきていた。施設や在宅での生活支援を担ってきた介護福祉士は、新たな時代においては、自立支援を理念とした生活支援の専門職となることを目標としていた。ドイツ介護保険が始まる前年の1994年、ドイツ・ノルトラインヴェスファーレン州（Nordrhein-Westfalen）にあるパーダーボーン市（Paderborn）のヨハネスティフト老人介護士専門学校を訪ね、教育のあり方を調査した。そこでは、授業に参加するだけではなく、学生の実習先を共に回ることも体験できた。お世話してくださったステンプフレ先生の授業は、事例検討が中心で特に利用者や介護者の心理や環境に焦点を当てたものであった。また、教育についての経済的な負担はほとんど無く、職業教育としての環境が整っていた。チビルディーンスト制度が兵役拒否の若者を福祉の場で受け入れていた。日本とは異なったドイツ独特の教育制度があった。

　実習先の施設では、日本よりずば抜けてサービスが素晴らしいと感じることはなかったが、在宅での実習でAWO（Albeiterwohlfahrt　労働者福祉団体の略）のアルテンプフレガー（女性の場合は別の呼称があるがここではこの名前で統一する）と共に、アルツハイマーのお母さんと、身体障害を持つ息子さん二人暮らしのお宅を訪ねた時は、本当に驚いた。ドイツの介護を見たと感じた。

認知症の高齢者と下肢の発達不全のため、上体以外はほとんど自分で動かすことができない息子さんとの二人暮らしの家庭だった。お母さんは、90歳近い高齢で、私たちが訪問しても表情が変わらず、言葉も聴かれなかった。ほとんどコミュニケーションが取れないほどに認知症が進んでいた。まず、お母さんのモーニングケアを行い、全面介助で車椅子に乗せて朝食の介助を始めたが、スプーンを口まで運びそれを飲み込むまで相当の時間を要した。食事という認識がなかなかできない様子であった。息子さんのほうは義歯洗浄からオムツの交換、清拭を行った。頭髪はドライシャンプーで整髪する。手鏡を持ってあげようとしたら、いらないと断られた。不要な介護にありがたそうに付き合う習慣がないことを感じた。体には数箇所の褥創の手術痕だと言う大きな縫合痕が見られ、自発的な体位交換が困難であることが伺われた。車椅子への移乗は天井からぶら下がっている吊り輪のような道具に利用者がしっかりと捕まり体を浮かして、アルテンプフレガーが体を車椅子に引き寄せるように移乗させていた。二人はアルテンプフレガーから介助を受けテレビの前に並び、これから夕方妹が訪問するまでこのままで過ごすという。厳しい環境であったが、息子さんは、時には電動車椅子で外に出かけることもあると明るく話していた。

　アルテンプフレガーはこれら一連の介護を行い、次の訪問先に移動することになっていたが、その態度は共感的に接するプロと言うことができるほど、一つ一つ心をこめて、言葉で聞きながら行っていた。認知症の母親にはゆっくりと呼吸を合わせて接していた。このような介護を支えていたアルテンプフレガーやソーシャルワーカーから翌年始まる介護保険について「介護保険は時間にお金を払おうとしているけれど、介護の質を評価しようとはしていない」と不安と不満を表す言葉が聞かれた。自立とお金という相容れないものが、理念と実際という形で歩き始めていた。

## 5．自立をめざした介護を求めて

　介護は身体介護だけではない、認知症の介護や精神的な介護をぬきにして介護は語れない。『2015年の高齢者介護』の報告書にも、「そうした思いに応え

るためには、自分の人生を自分で決め、また、周囲からも個人として尊重される社会、すなわち、尊厳を保持して生活を送ることができる社会を構築していくことが必要である。また、高齢者介護においても、日常生活における身体的な自立の支援だけではなく、精神的な自立を維持し、高齢者自身が尊厳を保つことができるようなサービスが提供される必要がある。」と明記されている。この文章は、これからの介護のあり方を示したものである。身体介護について、筆者は今まで身体の介護が充足されたときに、利用者の尊厳やQOLが保持・向上されると考えてきた。尊厳やQOLへの配慮抜きでの身体介護は、真の身体介護ではない。利用者が介護を受けながらあたかも自分でやっているかのような気持ちで自立できることが、真の自立を目指した介護だと考えてきた。また、人の手に委ねていることがあっても、幸福感を感じるような介護が、真の身体介護であると考えてきた。

　様々な試行錯誤の中で、キネステティクという看護介護理論の創始者であるフランク・ハッチ博士（Dr.Frank Hatch）とレニー・マイエッタ博士（Dr.Lenny Maietta）に出会った。彼らはアメリカ出身であるが、主にドイツ語圏において介護技術の指導を行っている。人間の持つさまざまな感覚を理論化し、行動サイバネティクスやフィードバックコントロールを介護の技術に用いた実際の介護は、利用者自身が介護に参加していると感じられるものであった。日本において普及を目指すには、実践検証を行うことが必要であるが、実際にキネステティク的な対応により利用者の活動が広がり、常に安定した表情が見られるようになったという現場の報告がある。2006年（平成18年）日本介護福祉士会関東甲信越ブロック大会において、キネステティク理論を介護にとり入れることにより、利用者の日中の生活の自立性が向上し、表情もよくなったという事例発表を筆者の共同研究グループの一員が行っている。心身共に自立を支える介護は、今後の介護における大きな課題である。

## 6．中越地震における介護ボランティア体験

　2004年（平成16年）10月23日新潟県中越地方で大きな地震が発生した。緊急状態を脱した頃から、介護ボランティアの要請があり、新潟県介護福祉士会

を通じて希望される避難所へボランティアとして入った。「今までは在宅で何とか介護を利用することなく生活してきた人々で、緊急避難の時期が終われば、自宅に帰り自分で生活を続けることができる人々であるので、専門的な介護をお願いします」という要請であった。「これまで持ってきた自立心や自尊心を失うことのない介護」と、言葉で言ってはいても、実際にこのような緊急時にどのように介護を提供することができるのか、身の引き締まるような思いがした。避難所で長期の生活を余儀なくされた場合、広い空間の中での多人数での生活は、歩くにしてもつかまる所はなく、足元には障害となる寝具や道具が歩行を妨げ、周囲への気遣いもあり、結果として用事の無いときはあまり動かないようにしようと布団に横になって過ごすことが多くなってしまいがちである。また、このような生活では、身体だけではなく精神も共に機能低下が進むことになる。そのような状態で、主体的な生活リズムは望むべくもない。地震発生までは主体的に自らの生活をきりまわしてきた人たちが、この避難所生活を乗り越え、もとの生活に戻ることができるよう支援するのが、介護ボランティアの大きなテーマであった。「なるべく自分でできることは自分でしてもらいましょう」と、言葉で言うことは簡単であるが、この災害で心に大きな傷が残りこれから生活を再建していかねばならない人達である。ただ「自分でできることは自分で」ということでは済まない介護の大きな責務があると考えられた。まず、共感的なかかわりの中で生活の継続性をしっかりと共有することを、介護ボランティアの統一した姿勢とした。具体的な活動の一例を挙げると、さりげない見守りをしつつ、共に歩いたことである。一杯のお茶を汲むときですら動けるチャンスと捉え、お茶を汲むために共に歩いた。ボランティアが勝手にお茶をどうぞと運ぶようなことは慎んだ。一緒に歩いた高齢者は「一人では歩ききれない所を一緒だと歩くことができた」と話してくれた。「共に歩く」という言葉は、抽象的な姿勢も表現するが、実際に歩くという具体的な意味も持っている。見守りがあれば歩くことができ、歩くことを忘れなければ、元の生活に戻る希望を持ち続けることができる。生活の自立と継続性を支える第一歩である。

　中越地震では、全国からかけつけた介護福祉士が中越に入り、介護ボランティア活動に従事した。皆、他の専門職との連携の中で自立支援を模索した。

共に歩くことはその一例であるが、体験の中から多くの学びを得た。

## おわりに

　自立についての気付きや取り組みについて、筆者やその仲間を事例研究の対象としてふり返ってきた。これらは、決して個人的な記録ではない。職務の中で、介護を担ってきた介護職員と共に培ってきた介護福祉活動であり、団体としての取り組みである。その中で自立支援のあり方やその実践について、試行錯誤を繰り返してきた。介護福祉士にとっての自立支援は、常に介護実践においては大きな課題であり、目標であり、目的であった。日本介護福祉士会の全国大会やブロック研究会のテーマを、平成6年より『介護福祉士と自立支援』に統一し、常々自らの介護サービスを自立支援が目的であると表明している。介護福祉士が行なう自立を目指した介護実践方法は、具体的で実際の援助の場面で試されるものである。ただ単に「こうあるべきだ」という言葉だけの理念ではなく、行動によって実証しなければならない方法・技術である。

　認知症となり、人間としての尊厳を維持するために他人の支援が必要となったときの生活の自立は、そのそばにいる人に委ねられているといっても過言ではない。自立とはなんだろうか、自分の考えで行動できるときは特に意識しないが、自立が妨げられるような障害にあったとき、自立の重要さを認識する。そして、自立して何不自由ない生活をしているときであっても、自分自身の自立は他者によって支えられてきたことに気付くのである。ターミナル期においても、その悲しみや悲嘆に寄り添い、命ある限り自分らしく生きることを支える介護が、自立支援の介護であり、その思想を活かす介護理論と技術こそが、介護福祉士の専門性であるということができる。

**参考文献**
　時実利彦、1970年『人間であること』岩波新書。
　カルドマ哲子、1986年『老いのスケッチ・アメリカ老人の光と影』誠信書房。
　高齢者介護・自立支援システム研究会報告書『新たな高齢者介護システムの構築を

目指して』(座長・大森彌東京大学教授) 1994年。
高齢者介護研究会報告書『2015年の高齢者介護－高齢者の介護を支えるケアの確立について―』(座長・堀田力さわやか福祉財団理事長) 2003年。

# 第8章　精神障害者地域生活支援センターにおける生活支援活動の推移と課題
―― この10年間の先行研究を振り返ってみえてくるもの

佐藤真由美

## 1．はじめに

　精神障害者地域生活支援センターは、1996（平成8）年度予算において「精神障害者地域生活支援事業」として創設され、1999（平成11）年に精神保健福祉法の改正により、法定施設に指定される経緯を経て、今年で10年目を迎える。精神障害者の生活支援の中核的な拠点として、重要な役割を担ってきた施設である。これまで地域で暮らす精神障害者の生活支援の要となってきたが、2006（平成18）年障害者自立支援法の施行に伴うサービス体系の再編成により、同年10月から相談支援事業および地域活動支援センターへとその形を変えた。改めてこの10年間の地域生活支援センターの推移と今後の課題について、これまでの先行研究を検討する。

## 2．研究の目的および方法

　目的：精神障害者地域生活支援センター（以下、地域生活支援センター）が設けられて10年が経っているが、本研究の目的はこの10年間の生活支援センターについての研究結果とそこで指摘された課題をまとめ、平成18（2006）年10月から障害者自立支援法の適用によって事業移行された相談支援事業と地域活動支援センターのあり方を今後研究をしていく布石とすることにある。

　方法：1996（平成8）年から2006（平成18）年3月までに発表された地域生活支援センターに関する研究論文・報告を整理し、検討する。先行の研究論文は、国会図書館の検索システム、精神保健福祉分野の書籍の参考文献、また

それらの各論文の参考文献から抽出した（未公刊の修士論文・博士論文は今回は取り上げない）。この方法で手に入れることが出来た論文・報告は、生活支援を行う社会資源のひとつとして地域生活支援センターについて一部分を割いて言及しているだけの研究を除外すると、52本であった。

## 3．研究の意義

地域生活支援センターが誕生して10年、生活支援センターに関しての研究は実践報告は多いが、地域生活支援センター全体の活動やその内容について検討を行っている研究は多くはない。またそれらの先行研究をまとめ、考察している論文は、福島(2005)の研究において一部触れられている以外には見当たらない。そのため、本研究によって、これまでの研究を整理し、その推移と課題を明らかにし、考察したい。

## 4．精神障害者地域生活支援センターの概要

精神障害者地域生活支援センターの概要については**表1**にまとめたとおりである。また、地域生活支援センターの施設数の推移を**図1**にまとめた。

## 5．地域生活支援センターに関する先行研究

収集したこれまでの研究をその研究内容によって、以下の5つの区分に整理した。
　(1) 地域生活支援センターの成り立ちや位置付けについての研究　4本
　(2) 地域生活支援センターの実践報告、活動報告　38本
　(3) 地域生活支援センターに関する量的研究　　6本
　(4) 地域生活支援センターに関する質的研究　　3本
　(5) 援助者としての支援内容に関する研究　　　1本
本論文では、紙面の関係から、今回は地域生活支援センターに関する量的研究だけを取り上げて、論じたい。

表1　精神障害者地域生活支援センターの概要

（法規定、運営に関する要綱、障害者プランより筆者まとめ）

| 法的根拠 | 精神保健及び精神障害者福祉に関する法律　第50条の2 | | |
|---|---|---|---|
| 目　的 | 精神障害者に関する問題全般についての相談、指導、助言、精神障害者福祉サービスの利用の助言、関係施設との連絡調整を行い、精神障害者の社会復帰と自立と社会参加の促進を図ること | | |
| 施設配置 | 概ね人口30万人当たり概ね各2カ所（すなわち概ね15万人に1カ所） | | |
| 設　備 | 相談室、静養室、談話室、食堂、調理場、地域交流活動室兼訓練室、便所、洗面所、事務室。 | | |
| 職員配置基準 | 施設長　1、精神保健福祉士　1以上<br>精神障害者社会復帰指導員　3以上<br>（精神障害者社会復帰指導員のうち2人は非常勤とすることができる） | | |
| 事業内容<br>(1996) 精神障害者地域生活支援事業実施要綱<br>(2000年廃止) | (1) 日常生活の支援 | | |
| | (2) 相談援助業務 | | |
| | (3) 地域交流等（ア、場の提供、イ、生活情報の提供） | | |
| | (4) 自主的活動の育成 | | |
| | (5) ボランティアの育成 | | |
| | (6) その他地域の実情に応じた創意工夫に基づく事業を行う | | |
| 事業内容(2000)<br>(精神障害者社会復帰施設の設置及び運営に関する基準) 1) | (1)利用者の意志尊重 | | |
| | (2)援助計画を利用者と共に立てること。再アセスメントの必要性 | | |
| | (3)漫然かつ画一的にならない、個別ニーズに応じた援助であること。それに対して、利用者又は家族の理解を十分に得ること | | |
| | (4)レクリエーション活動の必要性 | | |
| | (5)利用者及びその家族との連携、交流の必要性 | | |
| 施設数　目標 | 障害者プラン―ノーマライゼーション7カ年計画（平成7年）　平成14年度目標 | | 650カ所 |
| | 重点施策実施5カ年計画(新障害者プラン)（平成14年）　平成19年度目標 | | 467カ所 |
| 施設運営費 2) | 月額1.777.410円　×対象月額<br>（但し、常勤職員が2人の施設は、月額1.324.660円　×対象月額） | 補助率は国　1/2　県　1/2 | |

1)他の精神障害者社会復帰施設と共通の条文となっている。
2)「保健衛生施設等施設・設備整備費国庫補助金交付要綱(最終改正　平成14年11月20日)」より

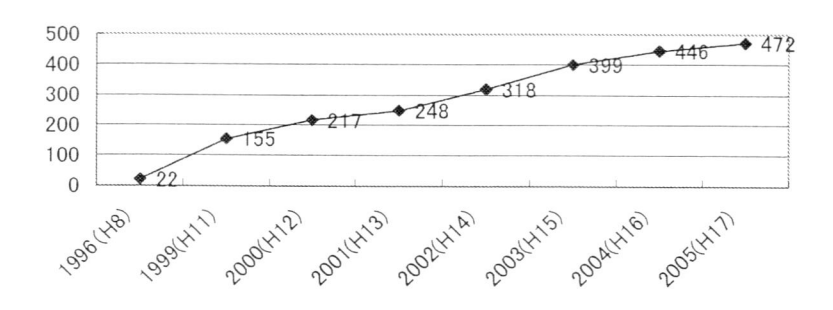

| 年 | 施設数 |
|---|---|
| 1996(H8) | 22 |
| 1999(H11) | 155 |
| 2000(H12) | 217 |
| 2001(H13) | 248 |
| 2002(H14) | 318 |
| 2003(H15) | 399 |
| 2004(H16) | 446 |
| 2005(H17) | 472 |

図1　地域生活支援センターの施設数の年次推移

（厚生労働省の統計調査結果より筆者作成）

## (1) 地域生活支援センターに関する量的研究の概要

　調査は、特定の地域を対象として地域内にある地域生活支援センターを対象にした調査と、全国の地域生活支援センターを対象とした調査に分けられる。地域を対象とした調査研究は各都道府県の行政が行った調査以外に、上野(2001)による東京都内17箇所のセンターを対象にした調査と、立森・三宅(2001)が地域生活支援センターの業務測定方法の開発のために4ヶ所の地域生活支援センターで聞き取り調査を行った調査がある。

　全国の地域生活支援センターを対象とした調査は、調査時期を異にしたものが3本あった。地域生活支援センターの全体的な推移を見ていくうえで、本研究では全国調査について取り上げる。その3本の研究の概要、結果を筆者がまとめ、表にしたものが**表2**である。3本はそれぞれ異なった項目を調査している。従って施設の概況、運営・利用者・支援活動の状況などの共通する項目の調査結果を抜き出し、比較検討していくことにしたい。

**表2　精神障害者地域生活支援センターの全国調査　調査概要の比較**(筆者まとめ)

| 研究者氏名(発表年) | | 岩上(2001) | 寺田・増田(2002) | 福島(2005) |
|---|---|---|---|---|
| 調査年月 | | 2000(平成12)年10月～11月 | 2001(平成13)年2月～3月 | 2003(平成15)年10月～11月 |
| 回答施設数／調査施設数 | | 129／201 | 172／217 | 268／415 |
| 回収率 | | 64.2% | 79.3% | 64.6% |
| 施設の運営主体4) | 社会福祉法人 | 56(43%) | 70(40.7%) | 122(45.5%) |
| | NPO法人 | 記載無し2) | 3(1.7%) | 15(5.6%) |
| | 医療法人 | 51(40%) | 68(39.5%) | 96(35.8%) |
| | 地方公共団体 | 3(2%) | 4(2.3%) | 7(2.6%) |
| | 社団・財団法人 | 12(9%) | 20(11.6) | 19(7.1%) |
| | その他 | 7(6%) | 7(3.5%) | 9(3.3%) |
| センターまでの所要時間 | 30分未満 | 51%　3) | 2448人(59.7%) | 調査なし |
| | 30～60分 | 38%　3) | 1154人(28.2%) | |
| | 60分以上 | 11%　3) | 375人(9.2%) | |
| 市町村の委託 | 受けている | 27(21%) | | 67(25.0%) |
| | 今後受けたいと思っている | 46(36%) | | |
| | 受けていない | 56(43%) | | 201(75.0%) |

1) 2000(平成12)年10月31日～11月25日
2) 筆者注「その他」にその数が含まれているかもしれない。
3) 人数は不明。利用者の総数は不明のため割り出せない。
4) 2005年(H17)4月1日現在；社会福祉法人 213(44%)　NPO法人 36(8%)　医療法人 161(34%)　地方公共団体 12(3%)　その他 14(3%)(厚生労働省発表資料より)

1本目の岩上 (2001) は、大正大学大学院社会福祉実践分析研究障害保健福祉研究班が行った「地域生活支援センターに関する全国状況調査」(2000) について、さらに分析、考察を加えている。この調査は2000 (平成12) 年9月までに開設済みの地域生活支援センター201ヶ所を対照として質問紙調査を行い、129ヶ所から回答を得た (回答率は64.2%)。

2本目、寺田・増田 (2002) は、2000 (平成12) 年時点で地域生活支援センター217施設 (開設予定を含む) を対象とし、質問紙調査を行う。回収は172施設から得た (回収率は79.3%)。

3本目は、福島 (2005) が2003 (平成15) 年に同年末までに開設している415ヶ所を対象として質問紙調査を行って、268ヵ所から回答を得た (回収率は64.6%)。福島の研究は量的調査だけではなく、地域生活支援センターにおけるソーシャルワークの実践的スキルの研究も行っている。なお、岩上と寺田・増田の調査時期は、その調査期間の差は短くて3ヶ月、長くて6ヶ月である。そのため、施設概要など、変更がなされにくい調査項目にはあまり差は生じていないものと思われる。以下、**表2**に基づいて生活支援活動の推移と課題を中心に比較検討を行う。

①施設の運営主体

施設の運営主体は、岩上と寺田・増田の調査調査においては、医療法人と社会福祉法人の差はほとんどないが、福島の調査では、社会福祉法人が約10%、医療法人の施設より多く、社会福祉法人の増加が目立つ。またNPO法人運営の地域生活支援センターも寺田・増田の調査から、福島の調査にかけて、3ヶ所 (1.7%) から15ヶ所 (5.6%) に増加している。

②市町村の委託

岩上の研究調査、福島の調査において、「委託を受けている」、「受けていない」はほぼ同割合であった。寺田・増田はその調査項目はとりあげてなかった。岩上の調査では、「今後 (委託を) 受けたいと思っている」と答えたセンターが46ヶ所 (36%) あったのだが、福島の調査にはその項目がなく、比較はできなかった。

### ③センターまでの所要時間

岩上の報告では、「10分から30分以内」が51%。「30分から1時間以内」が38%であった。寺田・増田の調査ではほぼ半数を超えた利用者が30分以内で通える距離にいる。長くとも1時間以内で通える利用者は87.9%いる。利用のしやすさを考えると、気軽に通える距離、所用時間であることが望ましい。

### ④職員における精神保健福祉士の配置状況

地域生活支援センターにおいて、精神保健福祉士が配置されているか、いないかを調査した結果を、**図2**にまとめた。

調査時期を追うごとに、地域生活支援センターに常勤の精神保健福祉士が置かれるようになっていることが分かる。2003年においては、95.7%の地域生活支援センターに精神保健福祉士が常勤で勤務していることが分かった（福島 2005）。また図示はしていないが、福島は、併せて、精神障害者当事者をスタッフに雇用しているかを調査している。その結果、13.8%のセンターで当事者を非常勤スタッフとして雇用していることが分かった。

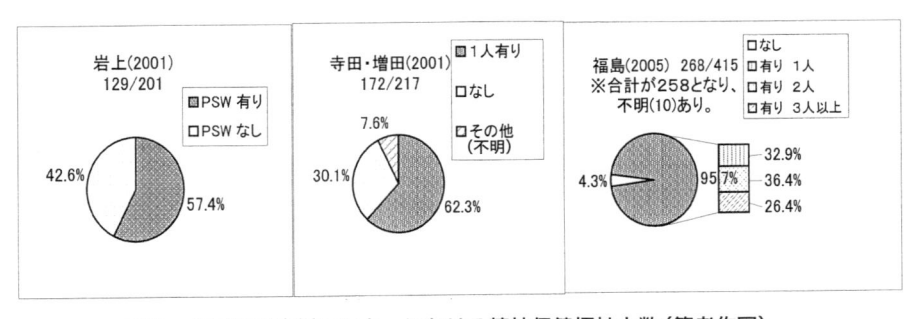

**図2　地域生活支援センターにおける精神保健福祉士数（筆者作図）**

### ⑤生活支援活動の内容

各研究における生活支援活動の内容の調査結果を**表3**にまとめた。

表3　精神障害者地域生活支援センターの全国調査　活動内容比較（筆者まとめ）

| 研究者氏名（発表年） | 岩上(2001) | | 寺田・増田(2002) | | 福島(2005) | |
|---|---|---|---|---|---|---|
| 回答施設数／調査施設数 | 129／201 | | 172／217 | | 268／415 | |
| 活動内容 | 実施サービス | | 平成11年度実績のあるもののみ | | 32項目に対して実施頻度を調査（概略）先行研究と対応する項目のみ抽出（回答の平均値）1) | |
| | 日中の来所相談 | 128(99%) | 相談 | 122(98.4%) | 個別面接 | 4.16 |
| | 夜間の来所相談 | 53(41%) | 家事援助 | 80(64.5%) | 他機関との調整 | 3.72 |
| | 日中の電話相談 | 127(98%) | 金銭管理 | 63(50.8%) | 家族の相談・対応 | 2.74 |
| | 夜間の電話相談 | 117(91%) | 身辺の清潔保持 | 80(64.5%) | 金銭管理 | 2.57 |
| | 昼食サービス | 54(42%) | 給食 | 57(46.0%) | 食事サービスの提供 | 3.19 |
| | 夕食サービス | 49(38%) | 配食（宅配） | 15(12.1%) | 配食サービスの提供 | 1.10 |
| | ショートステイ | 28(22%) | 入浴 | 74(59.7%) | 医療機関との連絡、情報交換 | 3.44 |
| | 入浴サービス | 70(54%) | 公共機関の利用援助 | 112(90.3%) | サークル活動支援 | 2.78 |
| | 訪問サービス | 113(88%) | 憩いの場 | 116(93.5%) | 緊急時の対応や自宅訪問 | 2.43 |
| | オープンスペース | 110(85%) | レクリエーションの参加 | 120(96.8%) | ピアカウンセリング | 1.60 |
| | ピアカウンセリング | 19(15%) | 服薬・通院援助 | 109(87.9%) | 買い物の同行 | 2.40 |
| | ホームヘルプサービス | 26(20%) | 就労支援 | 109(87.9%) | SSTの実施 2) | 1.55 |
| | ケアマネジメント | 36(28%) | その他 | 37(29.8%)当事者活動支援・情報誌発行・リサイクル家具の提供・学習会などのセミナー・ボランティア登録・送迎など | セルフヘルプグループ支援 | 2.14 |
| | セルフヘルプ支援グループ | 54(42%) | | | 就業に関する情報提供 | 3.17 |
| | 家族相談・家族支援・家族教室 | 97(75%) | | | ボランティア養成講座の開催 | 1.35 |
| | 広報活動 | 117(91%) | | | | |
| | 普及啓発活動 | 87(67%) | | | | |

1)「していないあるいはほとんどなし(＝1)」、「年1回以上月1回未満(＝2)」、「月1回以上 週1回未満(＝3)」、「週1回以上(＝4)」、「ほぼ毎日(＝5)として数値化。その回答の平均値を表示。
2) 社会生活技能訓練（Social Skills Training）

　岩上は、社会福祉法人と医療法人の運営主体の違いからくる提供サービスの状況に注目して、「ほとんどのサービスで社会福祉法人の実施率が高い」と述べている。その分析結果から、岩上は、医療法人が運営主体の地域生活支援センターは「医療の枠組みを重視し、実施しているサービスも枠組みのはっきりしたものや施策展開のあるものが中心となっていて、当事者性に焦点を当てたサービスや地域の中で精神障害者を支援する活動には至っていない」と指摘している。

　寺田・増田は、生活支援活動の内容の調査において、地域生活支援センターが提供している支援活動と一週間のサービス利用状況を比較している[1]。この調査の結果、家事援助、金銭管理、身辺の清潔保持、公共機関の利用援助などで、サービス提供と利用率について、施設間に大きな差が示されている。

その差の理由として、「地域生活支援センターの活動の地域社会への浸透度の違い」「直接サービスを必要とする登録（利用）者が少ないこと」「地域生活支援センターの業務体制が十分でなく対応できていない」の3点を挙げている。その上で「今後も社会資源の状況と精神障害者の福祉ニード調査との比較研究を元に施設のあり方をとらえる必要がある」と結論している。

　福島（2005）の調査は、活動内容においては、岩上、寺田・増田の研究調査よりも多いサービス項目を設定し、提供するサービス内容を網羅するよう項目を構成している。加えて、提供や実施の可否だけではなく、その頻度を調査している。また調査結果の分析において、実施の頻度が高いサービス項目をカテゴリー化している。その実施頻度の高いカテゴリーの順に挙げると、「個人の生活目標・課題に応じた具体的援助」「住宅や就労に関する情報提供、」「地域の関係機関との連携・ネットワーク作り」「日常生活の家事に関する援助」「家族との援助、家族との交流支援」「地域への援助、地域との交流支援」「利用者共通のニーズや目標に合わせたグループ活動やピア活動の支援」「就労支援に関する具体的な援助」となっている。また福島の調査では、各プログラムに対する介入レベルの度合いも調査しており、「個人レベル」が最も高い介入頻度を示すが、次いで「地域レベル」が多く、「グループへの介入」「家族への介入」も実施頻度が高い回答結果が見られ、地域生活支援センターが幅広く地域において活動している様子が浮かび上がる。

⑥地域生活支援センターの問題点と課題

　岩上（2001）は、地域生活支援センターでは「当事者性を重視したサービスと、主体的とまでは至っていなくともボランティアの参加や『地域に貢献すること』を意識した活動が始まっていることが分かる」と述べ、一定の成果を見出している。しかし一方で医療法人が運営する地域生活支援センターに対しては、前述したように、地域の中で精神障害者を支援する活動には至っていないと結論付けている。

　寺田・増田（2002）は、「地域生活支援センターに期待される役割は大きく、その業務状況は年々変化している」と述べ、「活動状況のモニタリングがきわめて重要である」としている。そのための基盤として用語の定義の明確化を

図り、信頼性の高いデータを入手できるようにすることが重要と述べている。さらに、社会資源の状況とニード調査を踏まえた地域生活支援センターのあり方について検討を進める必要を挙げている。

　福島（2005）は、「地域生活支援センターが果たす役割と機能は、期待に背かず大きいものであった」と述べ、以下の施策提言をしている。1．財政的な手当の増額　2．他機関が行っていない夜間や祝日・休日対応に対する、労働関係法令を監守した労働体制の環境整備。3．担うべき役割の多さに対応する人的配置基準の見直し。職員の増員。4．キャッチメントエリアにおける市町村や都道府県の正当な評価。それに伴う補助金の上乗せなどの対応策。5．各センターにおける利用者数の増加に伴い、施設配置基準の見直し。6．地域生活支援センターの機能強化。

## 6．考　察

　精神障害者地域生活支援センターの数は、平成17年4月1日現在において472ヶ所であった[2]。この数は、新障害者プランにおける平成19年度目標数（467箇所）に達している。しかし数値の上では目標を達成したとはいえ、個人レベルから、グループ、地域まで幅広いサービスを提供していることから、十分なサービス提供を行うに足る施設数であるのかという点が懸念される。谷中（2001）も、「15万人に1つの地域生活支援センターと考えてみても人的配置が十分とは言い難い」と述べている。筆者は、地域生活支援センターに来る精神障害者を待つだけではなく、これからはアウトリーチも非常に重要になってくると考える。しかし実際にはセンター外で活動するには人員が足りずに、アウトリーチを行うには、従来のサービス提供を縮小せざるを得ないセンターがあることも報告されている（佐藤（2005））。また筆者も、実際に地域生活支援センターで働く職員からそのような悩みを聞く。このことに対して、谷中は、「（施設配置を）50000人に1ヶ所にすることが必要である。広域のところでは30000人に1ヶ所にすることができることとすれば、住民や障害者のニーズを受け止めたものとなるであろう（括弧内筆者補足）」と提案している。

センターまでの所要時間についても、寺田・増田の調査では「利用者の87.9%が1時間以内に通える」と報告されているが、これは見方を変えると、1時間以上の時間がかかる人は利用者になりにくいといえるのではないか。サービス活用のしやすさからも、配置数やその設置場所、サービス提供の方法など、新制度に移行後もその制度が適切か否かを確認していかなければならないだろう。

運営主体の推移を見ると、岩上の研究論文、寺田・増田の調査においては、医療法人と社会福祉法人の割合は、ほぼ同率となっている。これが福島の調査においては、社会福祉法人の運営主体が増え、医療法人と比較するとその割合に10%の差がみられた。また、社会福祉法人とNPO法人の総数は岩上の研究論文、寺田・増田の調査では過半数に達してないが、福島の調査においては過半数を超えている。表4は地域生活支援センターの開設年の状況をまとめているが、2000年〜2004年の地域生活支援センターの開設数を見ると、地域生活支援センターが事業化された1996年を含む、1995年〜1999年の開設数の1.7倍となっている。これは1999年（平成11）に精神保健福祉法が改正された際に単独設置が可能となったことが影響していると考えられる。このことによって、それ以降の施設数も伸びたと考えられる。

また、岩上（2001）は運営主体によるサービス提供の差を指摘し、「医療法人が運営する地域生活支援センターにおいては医療の枠組みを重視し、地域の中で精神障害者を支援する活動には至っていない」という見解を発表しているが、福島の研究では運営法人によるサービスやプログラムの提供の度合いに統計的に有意な影響はみられず、運営法人の種類によってはサービス・

表4　地域生活支援センターの開設年の状況

（国立精神・神経センター精神保健研究所「精神保健福祉資料」抜粋）

| | 開設年 | | | | | | | |
|---|---|---|---|---|---|---|---|---|
| | 1969年以前 | 1970年〜1974年 | 1975年〜1979年 | 1980年〜1984年 | 1985年〜1989年 | 1990年〜1994年 | 1995年〜1999年 | 2000年〜2004年 |
| 地域生活支援センター | 1 | 3 | 1 | 0 | 0 | 1 | 149 | 256 |

プログラムの度合いの違いは判断できないと結論付けている。岩上が研究調査した時期には、運営法人によるサービス内容の質の違いが見られていたようだが、福島の調査時には、運営法人による差は見られなくなっている。この変化・経過について、筆者は支援においての考え方の転換が大きな要因といえるのではないかと考えている（医学モデルから生活モデルへ）。疾患に着目するのではなく、疾患・障害をも内包する一人の生活者として捉えて、支援するという生活支援の考え方が浸透してきていることが重要である。また精神保健福祉士の雇用が増していることからくる職員編成の変化によって、職員全体の意識の向上、提供サービスの質の向上がなされてきたことも大きな一因といえよう。

岩上（2001）は、（医療法人運営の地域生活支援センターにおいて）地域の中で精神障害者を支援する活動が不足しているとし、エンパワメントプログラム、セルフヘルプ・グループプログラム、地域交流プログラムを行うことを提案しているが、福島（2005）の調査による実施状況は表4のとおりである。生活支援活動内容におけるプログラム支援について調査結果を見ると、岩上の指摘する課題や問題点は、福島の研究においても支援活動の広がりは見られながらも、まだ不十分であることが伺える（福島の調査結果を図3にまとめた）。

支援活動の内容が、相談業務や日常的な個別支援から、連絡調整、各種行事運営まで多岐に渡ってきていることは事実である。しかしまだ地域生活支援センターにおける生活支援の活動内容にセンター間の差が存在することを

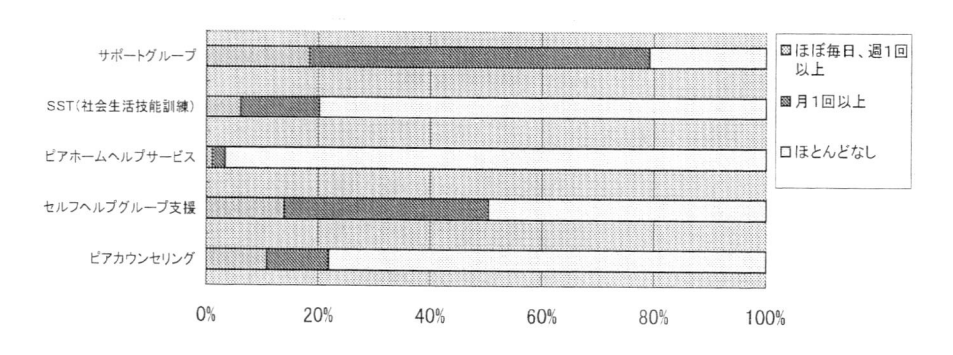

**図3　地域生活支援センターにおける支援活動の実施頻度**

（福島（2005）の調査結果より筆者作成）

考えると、その差の解消には何が必要なのかを考察する必要があろう。この点と関連して、福島はそこで働くソーシャルワーカーの質の調査を合わせて行っている。その統計分析の結果、「常勤スタッフである精神保健福祉士は、サービス・プログラムの提供の度合いに影響を与えていない」との結果が出ている。だが、「ソーシャルワーク実践の頻度の高いソーシャルワーカーが所属する地域生活支援センターはサービスプログラムの提供の度合いが高い」という分析結果を報告している。支援プログラムのセンター間の格差の問題は、これと関係しているといえないだろうか。実際に前述したような各種のプログラムを提供するには、提供者側でそれができるだけの技量や力量を問われ、それなしには質のよいプログラムを提供することは難しいといえよう。

地域の関係者とのコーディネートや地域全体を見通した生活支援においては、ソーシャルワーカーの力量が大いに問われる。今回は取り上げなかったが、38本の地域生活支援センターの実践報告・活動報告からも多くが模索しながらの活動であることが伺えた。地域の状況やそこで暮らす生活者である精神障害者のニーズが異なる中で、各センターはまさに創意工夫をしながら活動している。しかしながら、地域で暮らす精神障害者の多様なニーズに応えるには、まだ十分とは言えないのが現実であろう。精神障害者の生活支援を展開していく上で、それらのニーズをどのように掘り起こしていくか、またその掘り起こしたニーズに対し、どのような支援を行っていくかは今後も施設として、大きな課題である。

## 7．終わりに

障害者自立支援法の施行により、2006年（平成18）10月から精神障害者地域生活支援センターは地域活動支援センターⅠ型に形を変えた。今後は地域活動支援センターⅠ型に注目して、精神障害者の生活支援について研究していきたい。また今回取り上げなかった活動報告などの先行研究については、改めて別の論文でまとめていきたい。

注

1) この調査は平成11年度（平成11年4月から平成12年3月）に限っての生活支援活動の回答を依頼しており、そのため年度途中の開設の施設であると、その調査期間は減る結果となっている。
2) 全国障害福祉計画担当者会議「相談支援の構築について」会議資料(2006)。

**参考・引用文献**

石川到覚、2001年「地域生活支援センターに望まれる役割と機能」『精神保健福祉48』271-275、日本精神保健福祉士協会。

岩上洋一、2001年「我が国における精神障害者地域生活支援センターの現状－全国状況調査を中心に－」『精神保健福祉48』320-326、日本精神保健福祉士協会。

上野容子、2001年「東京都の実践からみた区市町村とセンターとの役割と連携」『Review』10(1)、12-15、精神障害者社会復帰促進センター/Review編集委員会 編。

佐藤園美、2005年「精神障害者地域生活支援センターの機能と役割に関する一考察」『長野大学紀要 Bulletin of Nagano University』26(4)（通号101)、381～393、長野大学/長野大学紀要編集委員会編。

全国精神障害者社会復帰施設協会編、1996年「精神障害者地域生活支援センターの実際」中央法規出版。

精神障害者社会復帰促進センター・財団法人全国精神障害者家族会連合会・精神保健福祉白書編集委員会編著、2006年「精神保健福祉白書2006年版」中央法規出版：210。

竹島正・立森久照・三宅由子、2002年「地域生活支援センターの業務測定に関する研究」平成12-13年度厚生科学研究費補助金（障害保健福祉総合研究事業）「精神障害者の社会復帰に向けた体制整備のあり方に関する研究（主任研究者：北川定謙）」総合研究報告書：7-27。

竹島正・三宅由子・寺田一郎・増田令子、2001年「地域生活支援センターの活動状況に関する研究」平成12年度厚生科学研究費補助金（障害保健福祉総合研究事業）「精神障害者の社会復帰に向けた体制整備のあり方に関する研究（主任研究者：北川定謙）」研究報告書：27-36。

寺田一郎、2001年「生活支援センター調査にみる現状と課題、そして今後の展望」『Review』37、16-19、精神障害者社会復帰促進センター/Review編集委員会編。

福島喜代子、2005年「ソーシャルワーク実践スキルの実証的研究―精神障害者の生

活支援に焦点を当てて」筒井書房。
谷中輝雄、1996年『生活支援―精神障害者生活支援の理念と方法』やどかり出版。
谷中輝雄他、1999年『生活支援Ⅱ―生活支援活動を創り上げていく過程』やどかり出版。
谷中輝雄、2001年「地域生活支援センターへの期待」『精神保健福祉48』267-270、日本精神保健福祉士協会。

# 第9章　精神保健福祉の現状と課題
—— 障害者自立支援法下における精神障害者ケアマネジメントの課題を中心に

吉田　光爾

## 1. はじめに

　2006年4月1日より、障害者自立支援法が公布され、各種サービス・制度が実際にこの法律を運用して実施されはじめている。様々な議論を経て可決されたこの法律の論点は、三障害合同のサービス体系、「応益」負担の導入、就労支援の強化など様々なものがあるが、市町村を提供主体としたサービスの一元化と支給決定手続きの明確化による、「ケアマネジメントの導入」が目論まれていることは、主要なものの一つである。今後、精神障害者が各種福祉サービスを利用する際には、このケアマネジメントの過程を経ることが前提となり、今後精神障害者福祉に携わる支援者にとって、この制度の運用について理解することは極めて重要であるといえる。

　さて、精神保健福祉の立場からこの自立支援法におけるケアマネジメントをみた場合、三障害合同によるサービスの枠組みの導入によって、これまで厳然として存在した、各障害間の福祉制度・サービスの格差を縮小するという効果は期待されてよい。障害者基本法の成立から10余年を経てもなお社会資源の整備が他障害の領域よりも著しく遅れていた精神保健福祉分野にとっては、利用可能な社会資源が増大することにつながるからである。

　また、これまで精神障害者のケアマネジメントはあくまで支援の技法とされ、システム化されてはこなかった。市町村や関係諸機関で一定の取組はなされてきたが、専門職員の配置は十分には進まず、またフォーマルな業務としては位置付きにくかったため、対応にばらつきがあったことも否めない。障害者自立支援法においては、ケアマネジメントが対価のある公的システム

として制度化されたことから、継続的かつ計画的な支援がこれまで以上に地域に根付いていくことが期待される。

しかし、大局的にみれば三障害合同化・法的なシステム整備は、そのような利益をもたらすとはいえ、臨床的・微視的にみた場合には、様々な課題が存在する。三障害合同のケアマネジメントを行うにあたって、一元化された今回のシステムを運用しても、支障なく機能するかといえば、かならずしもそうではない。今回の一元的な「ケアマネジメント」の手続きが、各障害における障害特性の差に対して十分に配慮されているか、あるいは法的なシステムが充分柔軟なものとなっているかについては、現段階では、必ずしも明瞭ではない点も多い。

そこで本章では、障害者自立支援法による精神障害者ケアマネジメントの課題を整理し、精神障害者の地域生活支援を本法下で行っていくにあたり、どのような支援や視点が実践の支援技法として必要なのかを検討・概説する[1)2)]。

## 2．自立支援法下におけるサービス利用手続き

まず、はじめに障害者自立支援法下において、ケアマネジメントが導入されたと考えられている、サービス利用の手続きのプロセスを確認しよう。(**図1**)

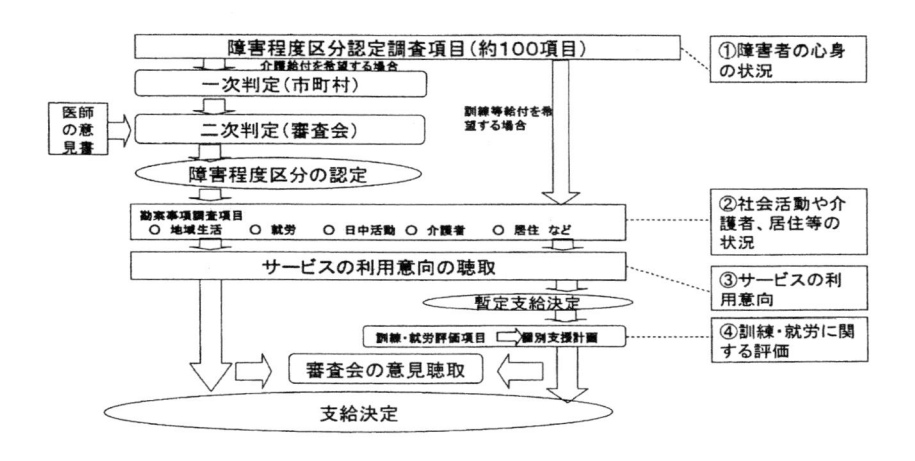

図1　支給決定・サービス利用のプロセス

## (1) サービス利用への導入

利用者はまず都道府県が指定する「相談支援事業者」に、サービスの利用申請をする。相談支援事業者は利用者の状況をアセスメントし、サービスの利用計画を後に作成する場合に役に立つ情報を収集する。(この導入の過程を、市町村が直接利用者の相談にのって行う場合もある)。

## (2) 障害判定

申請をうけた市町村は、障害福祉サービスの必要を明らかにするため、利用者に対して約100項目ある障害程度区分認定調査項目によるアセスメントを行う。この調査項目にもとづき、障害程度区分を2段階で判定する。

　　一次判定：要介護認定調査項目79項目と手段的日常生活動作（IADL）と行動障害に関する項目27項目の合わせて106項目よりなる基本調査。訓練等給付に関してはこの判定の後、支給決定のプロセスが始まる。

　　二次判定：サービスにおいて介護給付を希望する場合、一次判定の結果が市町村審査会にかけられ医師意見書や特記事項を判断材料に加え障害程度区分の認定がなされる。

## (3) 支給決定まで

判定の結果、障害程度区分が決定すると、それにくわえ介護を行う者の状況、利用者のサービスの利用に関する意向、その他の厚生労働省令で定める事項を勘案して、介護給付費等の支給の要否について決定が行なわれる。

なお、利用者が訓練等給付を希望する場合には、<u>一次判定後、暫定支給決定となる</u>。暫定支給決定の後、訓練の効果、本人の利用意思などの確認後、評価指標による評価に基づき、実際にサービスを提供するサービス事業者が、「個別支援計画案」を策定し、個別支援計画が効果的であると判断されれば、市町村により正式に支給決定される。

## (4) サービス利用まで──サービス利用計画の作成・サービス調整会議

相談支援事業者は、支給決定を受けた障害者の依頼をうけて、サービス利

用計画を作成する。それにより、サービスを適切に利用できるように、①障害福祉サービスの種類や内容、②就労支援、教育、インフォーマルサービス等必要なサービスを定める。

　また、その計画に基づくサービスの提供が確保されるように、サービス事業者など必要な関係者・利用者が集まり、具体的なサービスを利用・調整するためのサービス調整会議を行い、その後にサービスの利用が開始される。

　なお、この場合、①長期の入院・入所から地域生活へ移行しようとする場合や、②家族などの支援を得られず孤立しており具体的な生活設計が出来ない人々など、特に計画的な支援を継続的に必要とする障害者の場合は、サービス利用計画作成費が算定される。

## 3．自立支援法における精神障害者ケアマネジメントの課題

　さて、自立支援法におけるサービス利用の手続きを一見すると、障害をもつ人がサービスをうけるにあたり、アセスメントを行い、サービスの内容を吟味・プランニングし、実際にサービスをうけるというプロセスは、精神障害者を対象とする場合でも、一般的なケアマネジメントの構造と大きな違いはないように見える。しかし、実際にはいくつかの違いや課題点が存在し、精神障害者への支援にあたり障壁になることも懸念される。まず、ここでは、精神障害におけるケアマネジメントの特徴と、自立支援法下における課題点を整理する。

### (1) 精神障害の不安定性について

　精神障害者の症状は、軽快と増悪を繰り返す非常に不安定なものであることも多い。こうした症状の不安定性は、頻回の入退院、不安定な就労・居住・対人関係へとつながり、さらに、そうした生活の不安定性が、本人自身の意欲や自尊心を低下させることも多い。つまり、他障害と比して著しく不安定な障害であると同時に、その不安定性そのものが障害となっている点が精神障害の特徴といえる。

　無論、この不安定性とは、可変性や希望も同時に内包している。本人の生

活が障害による制限をうけていても、適切な支援につながり、疾患・ストレスへの対応を学んだり様々な福祉サービスを利用することで本人の生活が改善・向上していき、それにつれ症状そのものも軽減していくことがある。また、その症状の軽減はさらなる生活の改善を生む可能性があるからである。

いずれにせよ、精神障害者に対するケアマネジメントは、このような不安定性に応じなければならない。サービスを流動的に変更したり、随時刷新していくために、担当者はケア計画を作成したら関わりを終了するのではなく、対象者の「伴走者」として、日ごろから定期的な相談を行い関係を維持する必要があるといえる。

さて、この不安定性を考慮すると、障害者自立支援法におけるサービス利用の手続きには以下の問題があると考えられる。

①一貫したケアの責任者の不在

さて、そもそも精神保健福祉分野から発生してきたケアマネジメントにおいては、この不安定性に配慮し、導入からアセスメント、ケア計画の立案、ケア会議、モニタリングという一連の流れを、ケアマネージャーが一貫して行うことが通常とされてきた。このことにより、流動する対象者の状況を十分に把握し、個別的なケアを提供する体制を整え、必要に応じてサービスの利用や内容を責任を持って調整することが可能になったからである。

しかし、自立支援法下では、利用者に関する情報や状況を把握する人が過程の各所に散在する構造になっている。具体的には、①導入の担当は主として相談支援事業者であり、②障害判定にかかわるアセスメントをする者は市町村、③訓練等給付の暫定支給における個別支援計画の作成者は実際のサービス事業者、等となっている。また、サービス利用計画を作るケアマネジメント担当者が、一体誰なのかが不明瞭である。

このことにより、利用者の障害の状態や意向、緊急時の対処などに関する情報が偏在する可能性が生じがちである。また、利用者にとっては、誰が信頼しうる主たる相談者なのかが極めて不明瞭である。その結果、適切なケアが受けられない、各機関のサービス方針が矛盾・重複する、などサービスの効果的な運用が妨げられる可能性がある。

②障害の安定性を前提にしたシステムの限界

　また、自立支援法におけるサービス利用においては、利用申請や障害判定、支給決定などの一連の手続きは基本的に頻回に行われることを想定していないが、現実には障害を持っている人々の症状は不安定であり、必要なサービスはそれに応じて変動する。しかし、今回の法律の枠にとらわれると、障害程度区分の見直しなどを行ってサービスの提供体制を変更しようとする動きが硬直的になってしまうことが懸念される。基本的に法律の構造が、介護保険制度をベースに設計されているため、ある程度状態が安定した障害像を前提にしており、この障害への不安定性への対処がしづらくなっているといえる。

## (2) 関係性作りに配慮されているか

　精神障害を持つ人のケアマネジメントでは、ケアマネジメントへの導入に至るまでの関係性作りが非常に重要である。精神障害者は、新しい対人関係や環境に緊張や不安を覚える人も多く、経験したことのないサービスに（必要であっても）忌避感を覚えることも少なくない。また、本人自身も気づかない潜在的ニーズが背後に隠されていたり、自らのニーズをうまく表明できない場合も多い。そのため、ケアマネジメントを行う人が、利用者との関係性作りを丁寧に行い、そのうえで何がニーズなのか、その人のやりたいことを助ける支援とは何かを、共同で明らかにして行く必要があるのである。

　しかし、自立支援法のサービス利用の手続きでは、サービスの利用希望があたかもすぐに利用者から表明され、障害判定のアセスメントに入るような構造になっている。また、認定調査は市町村職員、市町村が委嘱する認定調査員、あるいは委託相談支援事業者がすることとなっているが、彼らが利用者との関係性が十分に出来ていない場合も多いことが予想される。このような場合、緊張や不安を感じている利用者が十分にニーズを表明できない、調査員が利用者のニーズや困難を見誤るなどの可能性があるといえよう。

## (3) ケアマネジメント担当者による直接支援が評価されにくい

　すでに述べたように精神障害者は対人関係に対して不安や緊張を抱きやすい。そのためサービスを提供する側の人々が複数おり、また所属・場所も違って支援に対する考え方や士気が異なっている状況は、利用者にとっては緊張を強いられる状況といえる。そのため、できれば一人の担当者が生活全体を見渡して利用者とともに質の高い生活の実現のために工夫することが、利用者にとっては安心できる仕組みといえる。また、このような担当者の存在は危機時の対応においても非常に重要である。

　このように伴走者として寄り添うためには、単にオフィスで相談をうけるだけではなく、ケアマネジメント担当者が時々は利用者のもとへおもむき、相談にのったり、あるいは時には通院や服薬、買い物などの日常生活の直接的支援も行うなども、時には重要な方法である。

　しかし、自立支援法下ではこのような直接的サービスに対する評価や報酬が明確ではない。精神障害者のケアマネジメントにおいては、支援のプロセス全体において、利用者が安心感を抱けるような関係性を維持する活動や、直接サービスをすることが必要であるが、それに対する評価は乏しいといわざるを得ない。

　とはいえ、必要なサービスをパッケージングして手続きをすることを中心とする「ブローカリング（仲介）」タイプのケアマネジメントは、特に重症な精神障害者に対しては十分なアウトカムを出せないことは欧米の諸研究からは明らかになってきており、医療機能を包含したチームが訪問の形で行うインテンシブなアプローチが、諸外国では主流となってきている（Lancet 1995, Marshall 1996, Mueser ら 1998）。新規のサービスや機関の利用に対して不安を覚えがちな利用者とサービス機関を丁寧につないでいかないと、支援が途絶することがあったり、また密度の低いコンタクトによって利用者の問題点を発見するだけにとどまり、実際には入院率が高まることすらあるからである。いわばサービスをつないでいくために前提となる他者や新規の環境への安心感が、障害によって侵襲されているため、仲介型では機能しないのである。自立支援法の「サービスの利用手続き」を形式的に踏むと、この「ブローカリング」タイプと同じ蹉跌をふむ可能性があるといえよう。

### (4) 精神障害における障害程度区分の妥当性への疑義

　自立支援法は、介護給付のサービスを受けるにあたっては、障害の重さを示す障害程度区分が判定され、それに基づきサービスの支給量が決定される。しかし、この障害程度区分の判定のためのアセスメント項目は、介護保険の要介護認定基準項目がベースとなっており、判定項目が主として身体状況や自立生活能力に関する項目が主となっているため、精神障害に特有な病状の不安定性、意欲の低下や強い不安による生活の困難は把握しにくい。実際に厚生労働省が既存の調査（遠藤 2005）に基づき分析を行った結果、精神障害者については要介護認定の項目を使った場合、その判定結果と GAF 等の他の指標との間に高い相関がみられないことが明らかになっている。この問題に対処するため、別に IADL を評価する B1 項目群、行動面に関する B2 項目群、C 項目群という障害の特性を補足的にとらえる項目が準備されたが、これらは判定の修正に補足的に使われるのみになっているため、精神障害については障害程度が実際上の生活状況より軽めに判定されてしまうのではないか、と懸念される。

### (5) 「訓練等給付」が主体となる精神障害者へのサービス

　精神障害を持つ人の ADL は、その障害の不安定さによって大きく変動する。ある時には食事の準備や移動に支障がなくても、病状の悪化時には ADL が極端に低下する、ということは多々見られる。この様な不安定な ADL 状況は、四肢の麻痺を中心とした身体障害や重い知的障害を対象とする ADL の評価尺度では適切に評価されえず、結果として「介護給付」上のサービスを受けることが困難なことが懸念される。

　図2は自立支援法で見直しが図られる、施設体系・事業体系を示したものだが、精神障害に関する支援の多くは、訓練等給付や地域生活支援事業となっている。

　そして、このことは以下のような課題を生むのではないかと考えられる。

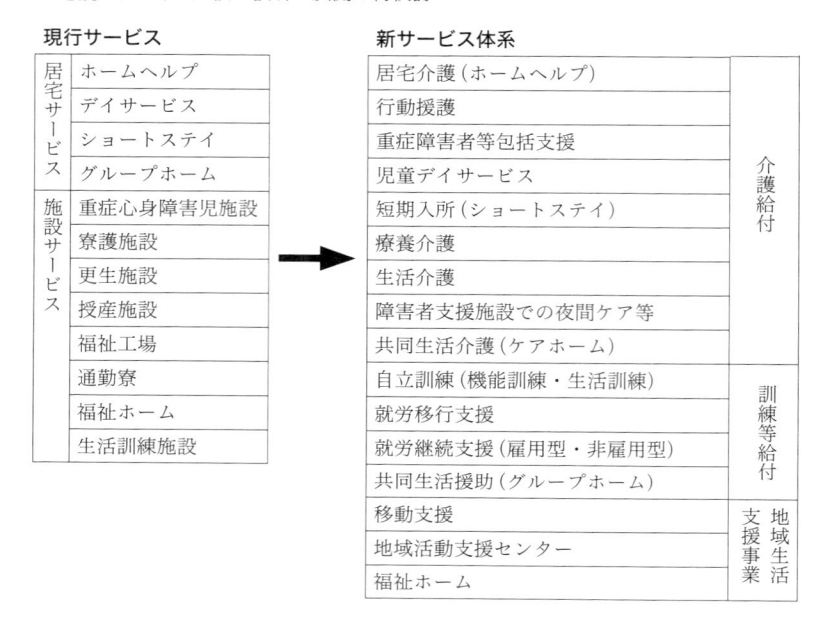

| 現行サービス | | 新サービス体系 | |
|---|---|---|---|
| 居宅サービス | ホームヘルプ | 居宅介護（ホームヘルプ） | 介護給付 |
| | デイサービス | 行動援護 | |
| | ショートステイ | 重症障害者等包括支援 | |
| | グループホーム | 児童デイサービス | |
| 施設サービス | 重症心身障害児施設 | 短期入所（ショートステイ） | |
| | 療護施設 | 療養介護 | |
| | 更生施設 | 生活介護 | |
| | 授産施設 | 障害者支援施設での夜間ケア等 | |
| | 福祉工場 | 共同生活介護（ケアホーム） | |
| | 通勤寮 | 自立訓練（機能訓練・生活訓練） | 訓練等給付 |
| | 福祉ホーム | 就労移行支援 | |
| | 生活訓練施設 | 就労継続支援（雇用型・非雇用型） | |
| | | 共同生活援助（グループホーム） | |
| | | 移動支援 | 地域生活支援事業 |
| | | 地域活動支援センター | |
| | | 福祉ホーム | |

**図2　障害福祉サービスに関わる自立支援給付の体系**

①サービスの個別支援計画の財政保障がない

　まず、訓練等給付では暫定支給決定のためにサービス提供事業者が個別支援計画をつくることとされているが、個別支援計画の作成費は財源的な裏づけはない。よって、この計画作成はサービス提供事業者にとっては、「費用が出ない事務処理」となるため、この個別支援計画の質が担保されるかは、サービス提供事業者の士気にかかっているといえる。

②サービスの個別支援計画のチェックがされない

　また、訓練等給付は、介護給付とは異なり、障害程度区分の一次・二次判定－支給決定のプロセスを経ずに支給が決められるため、障害程度区分とは別個に、原則として本人の希望が尊重され暫定支給の対象となることになる。
　このことを批判的に見た場合、サービス給付の妥当性に関するチェックがほとんど機能しないといえる。そのため、実際にサービス利用のプランニン

グに関わる者の力量や利用者との関係性に、サービス給付の内容が大きく依存してしまう危険がある。そのため、利用者やケアマネジメントのプロセスについて不十分な理解をしているものが相談にのった場合、第三者評価がない分、そのサービス支給の妥当性は疑わしくなってしまう。

## 4．自立支援法下でいかに精神障害者ケアマネジメントをすすめるか

　今まであげてきた問題点からは、障害者自立支援法にのっとったサービス利用手続きを行えば、精神障害者ケアマネジメントが達成されるわけでは必ずしもない、ということができる。むしろ、理想的なケアマネジメントを行うという視点を堅持しつつ、それを達成するために自立支援法サービス利用手続きを活かしていくという発想で、対応することが必要となると考えられる。そのためには、自立支援法による手続きに、＋αの工夫を具体的に加えていく必要があるであろう。本節ではそのポイントについて概説する。

### (1) ケアマネジメントを行う体制作り

①ケア・サービス利用について責任をもつ人をおく

　既に見たように、自立支援法のサービス支給プロセスでは、本人に関わる人がプロセスに従って変化していくため、「最後まで利用者の望むサービス・ケアを受けられるように調整するのは誰か」という責任の所在が分散されがちである。

　これを防止するために、ケア・サービスの利用・調整のための責任者を明確にしておくことが必要である。導入からサービスの利用にいたるまで、手続きはどの段階にあるのかを確認し、手続きの過程に支障が起きている場合には調整に動くなど、全過程について一貫したサービス調整を実施する責任者が必要であるといえる。この点が薄れると、ただ本人と本人に関する書類が順次各機関へ盥回しにされて手続きされるだけになり、一貫・統合したサービスの提供を図るケアマネジメントの本質が見失われる可能性がある。

　実際には、こうした役割を積極的に担うことが期待されるのは、基本的には最初に相談の窓口・導入で本人にかかわり始める相談支援事業者であると

いえる。また、既に本人が通所・入所している病院や社会復帰機関が、相談支援事業を行うことも多くなると予想され、この場合、すでに本人と関係が作れているソーシャルワーカー等が責任者となることが期待される。

②専任の従事者の配置

これまで、精神障害者に対するケアマネジメントは市町村や関係各機関における活動の一環として行われることとされてきたが、医療行為、日常生活の訓練や軽作業の指導などに忙殺される直接のサービス従事者にとって、ケアマネジメントを行う時間を充分に確保するのは困難であった。しかし、ケアマネジメント担当者と利用者の生活の伴奏者になるためには、信頼関係は非常に重要であり、そして、充分な面接時間を確保したり、訪問活動が行えるなどの機動力を確保しておく必要がある。

これらを解決するためには、できるだけ直接のサービスを担当する人と、ケアマネジメントを行う担当者を分離することが望ましい。ケアマネジメントの専任の担当者は、一般の直接サービスの業務とは独立して、時間・権限をもってケアマネジメントを行うことで、その支援の質を高く保つ必要がある。特に、後にも述べるが、導入のための面接や、サービス利用計画の作成など法上コストが担保されない部分の業務の質を維持するためには、専任担当者を準備することが重要であると考えられる。

このことは別の意義ももっている。ケアマネジメントにおいては、利用者がサービスへの不満やサービスの改善を求める場合には、本人の意見を代弁して調整するアドボカシー機能が重要である。しかし、サービスの直接の提供者とケアマネジメント担当者が分離されていないと、ケアマネジメント者は意見を調整すべきサービスの当事者になってしまい、視点の公平性を欠くことになる。このような事態では、ややもすると「利用者の囲い込み」と呼ばれるような状況を生み、利用者の生活が極端に狭まったり、サービスの質を低下させることにもつながりかねない。これらに対応するためにも、ケアマネジメントの担当者は専任とすることで、直接サービスの提供者と分離し、利害を中立的に扱う立場を保つ必要があるであろう。また、利用者の選択肢を豊かにすること、支援の質を高めていくことを考えると、ケアマネジメン

トで利用者が活用する諸資源・サービスを、ケアマネジメント担当者の属する法人に縛られることなく活用しうる体制（＝オープンシステム）にしていくことも重要である（伊藤2006）。

## (2) ケアマネジメントの個々の過程における配慮点
### ①インテーク・導入について
**導入における関係作りの重視**

すでに述べたように精神障害におけるケアマネジメントは、関係作りが非常に重要であり、導入部こそが最も多くの時間やエネルギーを注ぐ段階といってよい。

ケアマネジメントを行い、自立支援法を活用し福祉サービスを利用することになれば、利用者は新しい対人関係、アセスメント、新制度の利用など未知の体験をする。しかし精神障害者は、変化に対して不安感・緊張感を覚えることが多く、ケアマネジメントの利用に躊躇いをもつ場合も少なくない。また、特に新規の相談の場合は、なれない支援者に対して緊張し、自分の悩みやプライヴェートな問題をスムーズに相談できない場合も多い。

自立支援法においては、この導入部分に対する報酬などの評価は整備されていない。しかし、この部分をおろそかにすべきではない。支援の初期の段階では、問題に急に切り込み、制度を利用する手続きを性急に進めていくよりも、本人の不安感やためらいによりそい、信頼関係を作ることが重視されるべきである。

**ニーズの表明・課題の整理を事前に行う**

自立支援法下で市町村が行う障害程度区分判定においてアセスメントされるのは、主として障害の重さや、どの領域に障害を持っているか、という情報である。しかし、本人が生活の中でどのようなことを達成してきたのか、今後に向けて現在使える資源や本人自身の資力・ストレングスは何か、とりまく周囲の資源・環境はどのようなものか、というプラス面も同時に明らかにすることはアセスメントではきわめて重要なことである。

またサービス利用申請といっても、精神障害者が「このような生活をしたい」「こんなサービスが使いたい」という希望を当初から表明できるとは限ら

ない。むしろ、利用できるサービスについての理解を利用者と支援者が共有し、生活課題や希望の整理を行う中で、「どのような生活をおくれたらよいか」ということが次第に明らかになっていくのであり、その時間をかけた過程こそがケアマネジメントにおけるアセスメントの本質といえる。

つまり、支給決定プロセスにおける障害判定のアセスメントは限定的なものであり、それをもってしてアセスメントの全体が完了できると捉えるべきではない。むしろ、法的な手続きに入る前の導入段階で、相談支援事業者や医療機関のスタッフ（場合によっては市町村）が、このニーズの明確化や、利用したいサービスに関する希望を時間をかけて明らかにしていき、本人の希望やニーズについて一定の見通しをたてたうえで、障害判定のアセスメントが実施されると考えたほうがよいであろう。

②障害判定に際して
**調査員との連携の必要性**

既に述べたように、認定調査は、市町村職員、市町村が委嘱する認定調査委員、委託相談支援事業者が実施することとなっており、調査員は当事者の状況を必ずしも十分に理解しているわけではない。また、利用者も調査員のアセスメントに余裕を持って答えられるとは限らない。

そのためにケアマネジメントの従事者は、既に収集した情報に関して、本人の同意のうえ、調査員と共有することが必要となる。具体的には、①調査項目に含まれる内容を予めケアマネジメント担当者が利用者に聞く、②特に留意すべき点などを書面で確認する、③実際の面接に同席する、などの配慮が必要であろう。

**医療関係者との連携の必要性**

また、利用者が介護給付を希望する場合は、障害程度区分の二次判定が行われる。この際、特記事項・医師意見書の内容が二次判定による修正には重要であるため、医療機関と関係をつけておき、特記すべき事項を医師の意見書に記述してもらうように事前に調整しておくことが重要であろう（利用者の同意の上、障害判定に入る前に医療側から必要な情報について聴取しておくことも重要である）。

なお、二次判定を行う審査会については精神医療の専門家が構成員に加わり審査内容の質を担保することも必要であるといえよう。

また、上記に関しては、特に一次判定では評価されがたい精神障害の「不安定性による生活の困難」について、ケアマネジメント従事者は調査員・医師等に連絡し、状況を共有していくことが期待される。

### ③支給決定に伴うケアプラン作り：訓練等給付を中心に

**個別支援計画の作成にあたって**

既に述べたように精神障害者のサービス利用は訓練等給付が中心となると考えられる。訓練等給付の際には、サービス利用計画の作成の前段階として、サービス事業者により個別支援計画が作成されるが、サービス提供事業者は当初から利用者に関わっているとは限らず、本人のことを十分に把握していない場合も多いと思われる。また、三障害合同になったことで精神障害の利用者に不慣れな事業者との出会いもあるであろう。その場合、適切な支援計画を立てることに困難を覚える場合も少なくないと予想される。

このような場合には、ケアマネジメント担当者は導入から関わり、利用者のケアの一貫性に関して責任をもつ立場として、この個別支援計画の作成に参与していく必要がある。具体的には、サービス事業者の個別支援計画の作成にあたっては必ず連絡をとり、可能であればケア会議を開き情報を共有・計画の作成に参加していく必要がある。特に、複数の訓練等給付のサービスを利用する場合は、サービス内容について事業者間の調整・役割分担をする必要があると考えられる。

**サービス利用計画の作成に当たって——総合的なケアのネットワークの構築**

すでに述べたように障害福祉サービスは、介護給付を中心としており、訓練等給付において精神障害者が活用しやすいサービスメニューは現段階では十分とはいえない。そのため、自立支援法で規定されたサービスだけではなく、医療におけるデイケア・訪問看護の活用、ジョブコーチなどの労働分野の就労支援制度、市町村の地域生活支援事業や、インフォーマルサービスなど、あまたの支援を積極的に活用することを考える必要がある。また、必要があれば生活保護や障害年金、自立支援医療費の活用など、経済的な側面か

らの手続きも合わせて進めていかねばならない。

　しかし、サービス提供事業者の個別支援計画はあくまでサービスの効果判定のための暫定的なものであり、この段階では必ずしもこのインフォーマルな資源の活用や経済保障まで射程に入れた総合的なものであるとは限らない。支給決定が決まったら、ケア会議を開催し、再度総合的な観点からサービス利用計画を作成する必要がある。

　また、特にケア会議の場には医療の関与が必須である。精神障害においては障害と疾病は重複しており、地域生活を安定的に送るにあたって医療上の情報は不可欠であるからである。服薬の管理や、症状悪化・緊急時への対処、症状の悪化時のサインなどの情報を共有しておくことが、日常生活・危機時における対応を可能にする。特に状態悪化時の危機状況においては医療関係者などの救援を求める場面も多いと考えられ、危機時における医療・福祉サービスの連携体制・役割分担などを確認しておく必要がある。

　ただし、サービス利用計画作成費に関して費用が支給されるのは、特に計画的支援を継続的に必要とする障害者等に限定されるため、大部分の利用者に関しては無報酬の業務となると考えられ、従事者の負担感は大きなものとなることが予想される。また、訓練等給付の場合、この過程には第三者機関によるチェックが働かないしくみとなっている。しかし、費用が支給されない、あるいは審査がないからといって、この点を疎かにしてよいというわけではない。無論、サービス利用計画作成費の支給対象を拡大していくことは重要な方向性であるが、ケアマネジメントの導入が本法によって図られている以上、質の高いサービス利用計画の作成は必須の過程であるという認識に基づき、精神保健福祉にかかわるケアマネジメント担当者には、サービスの品質を保つような自発的な取組が期待される。

### ④サービスの利用にあたって

**サービス実施機関への丁寧な導入**

　既に述べたように精神障害者は、変化に対応し新しい環境に慣れるのにしばしば困難を覚える。そのため新規のサービス・施設の利用は、逆に症状の悪化を招いたり、利用先の対人関係に悩んだりして、サービス・施設の利用

第9章 精神保健福祉の現状と課題　135

を中断することもある。

　このようなことを防止するために、ケアマネジメントの担当者は単にサービス事業者と利用者の仲介を行うだけではなく、利用者と同行見学をする、サービス利用開始後も定期的に利用者と面接をもつ、など丁寧なつなぎ方をしていく必要がある。

#### ケアマネジメント従事者によるダイレクトサービス

　利用者がサービス利用になれるまでは、ケアマネジメント担当者が直接サービスを担っていくことも場合によっては必要となることがある。具体的には、日常生活についての継続的な相談、訪問による服薬管理・日常生活支援などの直接的なサービスを、ケアマネジメントの担当者が暫定的に行うことが想定される。

　特に、他者に拒否的である場合、急激な変化に極めて鋭敏な人の場合は、利用者が安心できる関係をケアマネジメント担当者と築き、支援が本人にとって安心できるものであると感じられるようになってから漸次具体的なサービス利用を導入した方がよい場合も少なくない。こうした直接的支援は自立支援法には記載が無く、また費用が支給される業務ではないが、精神障害者ケアマネジメントを行う上では非常に重要な点である。


　⑤モニタリングについて

　自立支援法によるシステムでは、相談支援事業者がサービス利用をしていく際にはモニタリングをすると規定されているが、その費用負担は特に明記されていない。

　しかし、精神障害におけるケアマネジメントは、単にサービス機関に一度仲介するだけでは、その機能を十分に発揮しないと言われている。これは前述の精神障害の「不安定性」という特徴によって、状態像の変化が起きやすく、一度作成されたケア計画を適宜修正していく必要があるからである。よってケアマネジメント担当者は、ケア計画によるニーズの充足度や、サービス提供者との関係などを、利用者の「伴走者」として利用者に尋ね、必要時には法律の枠組みやプロセスにとらわれず、ケア計画の修正を便宜的におこなっていくことが重要である。

## 5. 終わりに

　2004年6月25日社会保障審議会障害者部会報告でも「(支援費制度と)介護保険との統合は選択肢の一つ」と述べられるなど、障害者自立支援法によるケアマネジメントの導入は、介護保険との統合を目指していると推察されており、実際に今回の制度のプラットフォームは極めて介護保険のものと類似しているといえる。

　そもそもケアマネジメント制度は、精神科領域における脱施設化後にどのように地域のケアシステムを構築していくかという課題に対応して発展してきた支援方法である。わが国では、特にそのなかでも仲介型のモデルが高齢者領域に介護保険制度として先に導入されたのであり、今回の自立支援法によるケアマネジメントの法制化はいわば高齢者領域から障害者領域への制度の「逆輸入」にあたると言える。

　介護保険における仲介型のケアマネジメントにおいては、法的に定められた手続きを忠実に踏んでいくというスタイルが重視されており、その「仲介型手続き」という「ケアマネジメント」そのものである、として国内に広く浸透することとなった。しかし、既に述べたように、精神障害者に対するケアマネジメントは仲介型では十分に機能しないことが明らかであり、今回制定された自立支援法によるサービス利用の手続きのステップだけを忠実に踏んでいけば十全にケアマネジメントが行われるというものではない。自立支援法下のサービス利用の手続きは、ケアマネジメントの「手段」のひとつであって、「目的」ではない。精神障害者の地域生活の向上に寄与するという目的を達成するには、むしろ制度に記述されていない枠外での支援、すなわち導入における関係作り、事前のアセスメント、費用が保障されないサービス利用計画の作成、ケアマネジメント担当者によるダイレクトサービス、モニタリングなどが重要なのである。

　法制化された制度は規範として極めて強力に働き、介護保険による仲介型ケアマネジメントの浸透は著しい。しかし、精神障害者に対するケアマネジメントの理念を実現するためには、その法的な手続きを形式的に踏むだけでなく、それに実践的工夫を加えることが不可欠なものであり、目的と手段を

倒置させないことが重要であるという認識を共有していくことが、精神障害者ケアマネジメントを機能させていくためには必要であると考える。

## 注

1) 本章ではケアマネジメントに関する基礎的な理解を前提とする。障害者自立支援法においてもケアマネジメントは従来の「障害者ケアガイドライン」(厚生労働省2004)に基づくことになっているため、ケアマネジメントに関する基礎的な理解はガイドラインなど他の成書を参考されたい。
2) 本章は筆者が、執筆に多く関与した『ケアマネジメント・ガイドブック』(平成17年度厚生労働科学研究補助金(厚生労働科学特別研究事業)「精神障害者に対する効果的福祉サービスのあり方に関する研究」総合研究報告書内:主任研究者 高橋清久、分担研究者 伊藤順一郎)における「第3章 小さなケアマネジメント」を基礎とした。そのため本章の情報は2006年度時点のものである。

## 引用・参考文献

遠藤英俊、2004年「要介護状態の評価における精神、知的及び多様な身体障害の状況の適切な反映手法の開発に関する研究」平成16年度総括・分担研究報告書:厚生科学研究費補助金長寿科学総合研究事業。

伊藤順一郎、2006年「『障害者自立支援法の実施に向けて』精神科医療とケアマネジメント」『日本精神科病院協会雑誌』25 (3):14-22。

厚生労働省社会・援護局障害保健福祉部、2002年「障害者ケアガイドライン ケアマネジメント・ガイドブック」。

Lancet. 1995 Care - management: Disastrous mistake (Editorial). Lancet, 345: 399-401.

Marshall, Max. 1996 Case management: A dubious practice: Underevaluated and ineffective, but now government policy. British Medical Journal, 312: 523-524.

Mueser, Kim T, Bond, Gary R, Drake, Robert E. 1998 Model of community care for severe mental illness: A Review of research on case management. Schizophrenia Bulletin, 24:37-74.

高橋清久・伊藤順一郎編、2006年「ケアマネジメント・ガイドブック」精神障害者に対する効果的福祉サービスのあり方に関する研究 総合研究報告書;平成17年度厚生労働科学研究補助金 厚生労働科学特別研究事業。

※図表などは厚生労働省 社会・援護局障害保健福祉部 障害保健福祉関係主管課長会議資料等による。

# 第10章　専門職の援助と倫理

大槻美智子

## 1．はじめに

　職業として援助を遂行する福祉の現場においては、人と人とが関係しあっている。このように人と人が関係しあう社会には何らかの規範が存在する。ある社会に所属することによって人は何をなすべきか規制されているといえる（西谷 2006）。しかしながら、その社会は時代とともに変化し、人と人との関係における何をなすべきかといった規範も安定性だけでなく、不安定性をももっている。とはいえ、人と人が関係しあう社会には規範が存在し、その規範によって自分自身の行動や行為の意思決定を道徳的な判断や価値の視点から行っている。

　倫理とは、このような規範や道徳が高度化・内面化されたものである。介護の職業領域は単に援助行為を提供するといった性質のものではなく、人々の権利や尊厳や社会公共の利益を守る倫理的な職務遂行上の責務を有すると考える。

　本章では、介護援助を職業とする者が介護福祉専門職として、よって立つ倫理とは何かという問題について論ずることとする。

## 2．人権と倫理綱領

　特定の職業集団には、職務を遂行するにあたって、自らの行動や行為といった援助、あるいは考え方について共通の価値基盤としての規範・倫理が形成されている。形成された規範倫理は、その責務を明確にするとともに、何の

ためにどのように働くのかという目的と方法を明らかにしているといえる。このような専門職集団の倫理は、倫理綱領として成文化され宣言されている。

「日本介護福祉士会倫理綱領」と「社会福祉士および介護福祉士法」、「日本国憲法」における倫理条項との関係をみると、「人権」を保障することは共通しており、相互の関連をみることができる。つまり職業として介護を遂行する場合、日本国憲法の示す「個人の尊重」「自由及び幸福追求」「法の下の平等」そして「国民の生存権」などの人間としての権利と個人の尊重が共通の価値基盤をなし、「人権」を保障することが倫理の軸をなしている。

隣接領域である看護の倫理綱領では、「人間の生命の尊重」「人間としての尊厳の尊重」「人間としての権利の尊重」といった事が焦点となっている。

隣接領域である介護福祉士と看護師の倫理について比較した結果を、**表1**に示す。

具体的な倫理綱領に関する内容は、表現を異にするが、次の点に言及したものであった。

- A サービスを必要とする人々を対象としている
- B 基本的責任は、生活の構築と生活機能の維持、普通の暮らしの保障を基本とする介護と、健康の維持と回復、疾病の予防を基本とする看護であった。責任の対象を社会全体においていることは共通している。
- C 本質的な関わりについては、基本的人権を軸として関わることに共通性がみられる。個人を尊重する関わりを自己決定と自立支援という利用者個人の選択と責任を持った行動を喚起する関わりを示す介護と、個人の信仰・価値観・習慣を理解する関わりを倫理として表現している看護とに違いがある。
- D 保護・守秘義務については、個人の情報の保護とプライバシーを守ることに関しては共通した倫理である。
- E 専門的サービス提供の基礎においていることは、サービス提供者としての水準の研鑽にあり、個々の努力を必要としている。
- F 信用性の維持は、介護倫理綱領で示していないが法律の上で信用失墜行為の禁止を謳い、看護では倫理綱領に行動基準を定め維持することを示している。

## 表1　介護福祉士と看護師の倫理比較

|  | 介護福祉士 | 看護師 |
| --- | --- | --- |
| 対象 | 介護福祉ニーズを有するすべての人々 | 看護を必要とする人々、地域社会の人々 |
| 基本的責任 | 生活機能の維持、人々の幸福で心豊かな生活の構築、普通の暮らしの保障、地域福祉の推進 | 健康の促進、疾病の予防、健康の回復<br>公衆の健康と社会的必要を満たす行動 |
| 本質的関わり | 基本的人権の擁護、利用者本位、自己決定、自立支援 | 人の尊厳、生命尊厳、人権の尊重<br>個人の信仰・価値観・習慣の尊重 |
| 保護・守秘義務 | プライバシーの保護、個人情報の保護 | 守秘義務、個人的情報の守秘<br>情報伝達時の思慮分別 |
| 代弁機能 | 利用者ニーズの受け止めと代弁役割の確認と考えての行動 |  |
| 専門的サービス提供の基礎 | 専門的知識・技術の研鑽、豊かな感性、的確な判断力 | 実態に応じた看護の最高水準の維持<br>生涯学習、適切な能力の維持 |
| 信用性の維持 | 信用失墜行為の禁止（社会福祉士および介護福祉士法） | 専門職に信用をもたらすような個人的行動基準の維持 |
| 後継者育成 | 後継者の育成、質の高い介護を受ける権利の享受、教育水準の向上 | 看護教育の望ましい基準の設定と実行<br>積極的に専門知識の核心を発展させる |
| 職業団体の確立・維持 |  | 職業団体組織として公正な社会的・経済的労働条件の確立・維持 |
| 連携と協働 | 福祉・医療・保健その他関連する業務に従事する者と積極的な連携・協力 | 他分野との協調関係 |

出典）日本介護福祉士会倫理綱領・国際看護師倫理綱領から筆者作成。

G　ともに後継者の育成のための教育水準を望ましいものにすることとその向上を掲げている。

H　連携と協働については関連分野との関係を積極的に推進することが示されている

I　看護師は、長い歴史と専門職としての確立に苦慮した経緯から倫理として職業団体の自律力を示している。介護福祉士はこの点には言及していない。

J　代弁機能については、介護福祉士倫理綱領に示されているが看護師倫理綱領では明記されていない。

　ここで比較に用いた倫理綱領は、中心をなすものである。各都道府県の介護福祉士協会や看護協会、また、看護や介護の実践の場において、行動や行為規範としている場合には、より具体的で詳細にわたるものが掲げられていると思われる。それらを検討することが必要と考えるが、本章では、二つの倫理綱領を特定して比較した。倫理綱領などで示す倫理は、その専門分野に属するものの行動を判断する基準になると考えられる。介護と看護それぞれの専門とする分野における倫理が成立した後、社会は大きく変化している。なお詳細な検討を通じて新たな倫理の構築が必要とされている。必ずしも、中心となる倫理を変更する必要はないかもしれないが、所属する職員が行動・行為の規範とすることが必要な具体的な倫理を明確に示すべきときに来ているのではないか。

## 3．倫理原則と倫理的態度

　倫理という語は、社会にあって人々が守るべき価値という意味に用いられている。人間は法律・道徳など社会規範を守ることによって、協力しあい人間らしく幸福に生きていくことができる（笹井 2004: 4-5）。人として自分自身の行動や行為に対して責任を持って人の倫を進むのが道理と考えられるが、時に人は身勝手な行動をとることがある。しかしながら、専門領域に属し、その領域で義務を果たす役割にある者は、果たすべき役割の行為や行動に対

する判断根拠となる規範を価値基盤として、それに従って身勝手な行動や行為を戒め、過ちの無いように注意を喚起し、自らを律して責務を果たさなければならない。それが社会的な責任を有する専門職のとる倫理である。

　先に人権と職業における倫理綱領についてふれたが、その基礎となる倫理の原則について考えたい。倫理原則として、①自律、②与益、③無加害、④正義をたてることができる。これらの原則を個別の状況・事例に適用して判断をすることになる（清水 2005: 2-11）。清水（2005）は、この原則を臨床という場に適応させ臨床の倫理原則を工夫している。以下に、清水が医学の臨床における倫理原則として示していることを、福祉の現場、特に介護現場で想定されることに当てはめて、4つの原則を考える。

　①の自律は、人間としての尊重を含み「自律尊重」としている。ここでは、人間を理性的で自律し、独立した存在としてみるだけでなく、ときには非理性的であることも弱く支えあって生きる存在となることもある。人間を尊重した関わりとは、丸ごとの人間性を認め、付き合うことといえる。②与益と、③無加害については、益になるように、害にならないようには相対的な関係にある。あることは益であるがそれが絶対に害にならないとは言い切れない。麻痺という障害に対してリハビリや運動をすることを勧めることはある。しかし、そのリハビリや運動が本人にとって痛みを伴い辛い思いが起こる場合がしばしばある。このような場合にあっても、その結果が全体として益をもたらすかどうかを判断することである。本人自身の価値観や人生計画に配慮しつつ、その人の益となることを考えるのである。その際、援助行為が援助者側から提示されることになるため、その姿勢が強制になることを避けることが必要とされている。

　④正義は、援助者と本人や家族の関係だけでなく第三者に対しても不当な害や不利益をもたらすことのないようにすることにある。社会資源などの適切な活用や正しい方法を用いて援助することになる。また、他の入居者に不利益となる事態が生じないようにしなければならない。感染症などに本人が罹患したときには他者との接触を避けざるを得ない。当の本人の利益だけを考えて行動するわけにいかないということを本人や家族に理解してもらう働きかけが必要とされる。

倫理的態度をもって行動しようとするとき、次のようなことを判断するであろう。「それは良いことであるのか」「それは正しいことであるのか」ということである。しかし、人間の行うこと、なすこと、意識して行うことばかりではない。無意識的に行うことも多い (黒田 2004: 7-15)。しかし、社会的な関係における行為には規範意識が働く。この行為は規範に従う行為といえるか、と人は自分にとってよきものを目指し、あしきものを避けて行動する。その行動は規則や規範に従うものであって、その結果が望ましいものとなることを信じるから従うのである (黒田 2004: 22-26)。

我々人間の行為や行動には、無意識的にすることと、規範や規則に従うという意識を以てすることがある。日常生活では、無意識的であれ意識的であれ、直観的によきことかあしきことかを判断する。

相手に職業として介護福祉サービスを提供する場合には、単に人間・個人として行為や行動をするわけではない。そこには、行為や行動に専門職としての価値判断が含まれている。その価値判断は倫理原則や規則の遵守によって生まれ、良い結果を目指すものでもある。職業として援助行為を遂行する場合の倫理的態度とは、倫理原則や人権・規則といったことを意識化し行為することであろう。

## 4．援助行為の中の倫理的問題

西谷 (2006: 185) は、ケアとは、他者に向けられた、他者に利益をもたらす活動であるとし、他者が自分ではできないことであるが、人間として必要としていることを提供することであると述べている。両者における相互作用が直接的なものであることがケアとなると述べている。

西谷は、上述のようにケアを関係性における活動であると導き出している。社会サービス化された介護福祉の援助行為について、筆者は、西谷 (2006) が定義付けたケアを、ケアという語源の持つ意味を母親が子どもを世話することや教育の関係、物の管理についてもケアすると使うなど広範囲な事柄をも含めている点、さらにケアする関係性からともに成長しあうものと述べるメイヤロフ (2000) の定義を勘案して、ケアが広義の意味をもつことから、援助行為と同義

とする方が妥当と考える。そこで、援助行為とは、他者に利益となる活動を、人間として必要とし自分ではできないことについて支援・援助を提供する直接的相互作用とする。以下、その関係から起こる倫理的な問題を論じたい。

福祉現場における介護職員を対象とした倫理に関する先行研究を見出すことは困難であった。そこで、介護職員を対象とした先行研究において倫理に関連する内容が報告されていた論文からどのような倫理的問題が潜んでいるのか検討することとした。倫理の原則にその人に益となり害を与えない行動をとることが必要とされている。

松浦（2004）は、居住者の基本的生活と余暇活動を支援することが介護職員の役割と認識しているにもかかわらず、居住者の安全や健康面への責任から過度の不安を感じ生活の拡大を支援する行動を控える問題が起こっていることを報告している。

一瀬（2006）は、在宅介護の場面でおこる虐待への対処において、意思決定能力のある被虐待者が虐待されていることを認識している場合、家族関係が悪化することに抵抗を感じ介入を拒否するという事実から介入方法に困難を訴える介護職員のいることを報告している。

以上の二つの報告では、介護職員の倫理行動に影響する要因として、安全重視・健康に対する影響を懸念するという介護職本人の過度の不安、家族関係の悪化を懸念する利用者への配慮ということにある。これらは、共通した倫理規範に関連した問題である。それは基本的責任である幸福で心豊かな生活、普通の暮らしの構築が履行されていないことである。しかし、履行されていない一方で、最善の配慮をしようとする介護職員の意識もここに存在する。こうした倫理的ジレンマが存在するのであろう。

倫理綱領が行動規範として示されており、示されている通りに実践されない場合、そこに介護職員のジレンマが生じ、同時にストレス要因となると考えられる。

## 5．おわりに

職業としての援助を遂行する際の行動・行為規範となる倫理について検討

してきた。社会の中で人間関係に関する倫理規範は、時代とともに変化し、その関係によって、あるいはその個人がもっている規範意識や道徳的感情、相手に対する考慮や配慮とによっても影響されている。介護福祉士が援助を行う対象者は、自立性が困難な人々である。人々の中には、援助の規範とする倫理綱領に依拠した行動を良しとしない方もいると考えられる。先行研究が報告する事例から、二つの側面を意識せざるを得ない介護職員が直面している問題を検討し、これらが倫理的問題を引き起こしていることを述べた。

　介護福祉士が職業として行動・行為する援助には、個人の信条や心情・価値観・その人の暮らしから得た習慣といったことを受け止め、援助する目標を明確に示すことが重要なこととなる。倫理綱領だけでなく、専門的な援助の方法・技術、ケア計画の立案など倫理への配慮について教授されていることである。

　例えば、よって立つ倫理規範は、専門職としての倫理綱領で示されていることと日本国憲法が示す人権条項、そして倫理として明確に示されていないが専門職として必要な関わりの要点・注意点・配慮点などである。さらに言えば、経験の中から見出された道徳的な規範も含まれるであろう。

　本論では、倫理について、社会人としての社会規範という点と専門職としての規範という点から述べてきた。現実に直面する倫理上の問題は多く存在するであろう。さらに諸問題がどのような原因から引き起こされているのか、我々は知らなければならない。それらを明確にした上で、専門職としての援助を遂行するための倫理を確立しなければならないであろう。

**引用・参考文献**

　一瀬貴子、2006年「家族内高齢者虐待発生事例に対する社会的サポートシステム構築に向けての課題―虐待発生事例の家族特性と援助職が抱える援助困難点との相関分析をもとに―」『老年社会科学』第28巻、第2号。
　黒田亘、2004年『行為と規範』勁草書房。
　神野慧一郎、2002年『我々はなぜ道徳的か』勁草書房。
　小松幸男、1996年『ソーシャル・ワークの倫理』中央法規。
　笹井和郎編、2004年『変容する現代倫理』原書房。
　清水哲郎、2005年2-11「臨床倫理という営み」『理想』理想社。

松浦彩美、2004年「施設ケアに対する居住者・家族と介護職員のニーズ・役割分析
　　―介護情報共有と阻害・促進する要因に関する実証的研究（第三報）―」『老年社
　　会科学』第26巻、第2号。
ミルトン・メイヤロフ、2000年『ケアの本質―生きることの意味―』ゆみる出版。
西谷敬、2006年『関係性による社会倫理学』晃洋書房。

# 第Ⅲ部　保健・医療・福祉の現状と課題

# 第11章　新潟県における認知症高齢者グループホーム
## ――現状と課題を中心に

松山　茂樹

## はじめに

　2000年4月に介護保険制度が施行され、認知症対応型共同生活介護（以下「認知症高齢者グループホーム」と表記する）は全国的にも、また新潟県内においても、他の介護保険事業所を凌駕する勢いで増加してきた。
　本章では、認知症高齢者グループホームの意義を確認するとともに、激増の経緯の背景を考察し、現状を分析し、2006年4月の改正介護保険法による、地域密着型サービスへの移行を踏まえて今後の課題を明らかにしたい。

## 1．わが国の認知症高齢者グループホームの沿革

　わが国における認知症高齢者グループホームの前身は、制度外の任意事業としての宅老所や認知症高齢者デイホームがあげられる。1983年開設の群馬県での「デイセンターみさと」はその嚆矢にあたる。その後居住型として1986年に青森県で「紬の家」が開設され、認知症等の高齢者に対して、地域で小規模な生活単位のなかでのケアの有効性が実証され報告されて、徐々に全国的な広がりを見せ始めた。
　この動きを大きく後押しをした要因として、全国の県及び市の単独補助事業の意義が大きいといえる。例えば通所型のサービスであっては、1989年に栃木県において、「栃木県高齢者デイホーム事業」が始められ、認知症もしくは虚弱高齢者を対象にしたデイホーム設置にあたって、整備費や初度設備費だけでなく、運営費の補助も設けられた。

この他に1990年から1998年にかけて開始された認知症高齢者を対象とする主な単独事業を挙げてみると下記のようになる。

- 「デイ介護サービス事業」千葉県1990
- 「シルバーナーサリー（新託老所）整備事業」宮城県1992
- 「介護ホーム事業」島根県1994
- 「ミニデイサービス運営事業」福岡県1994
- 「高齢者介護ホーム事業」静岡県1995
- 「痴呆性老人託老サービス事業」滋賀県1995
- 「在宅要援護老人地域参加促進事業」広島市1995
- 「サテライトサービス促進事業」群馬県1996
- 「富山県、市民間デイサービス育成事業」富山県、富山市1997
- 「ミニデイサービス運営事業」石川県1997
- 「街かどデイハウス支援事業」大阪府1998

　一方、国のデイサービス事業は、1990年の「老人福祉法等の一部を改正する法律」（いわゆる福祉八法改正）で、他の在宅サービスも含め法定化されるとともに、1992年には認知症高齢者を対象としたE型デイサービスが制度化された。

　こういったデイ事業等の勢いは、当然のようにグループホームの全国的な拡大に拍車をかけ、国も1994年にグループホームモデル事業を開始することになる。このモデル事業に取り組み、その後に開設されるグループホームに大きな影響を与えたとして評価されているのが、島根県の「ことぶき園」、福岡県の「宅老所よりあい」、北海道の「シルバービレッジ・あいの里」「グループホームてんとう虫の家」、秋田県の「もみの木の家」、滋賀県の「グループホームゆい」などが挙げられる。

　以上のような認知症高齢者に対するデイホームや宅老所、グループホームの任意事業と県等との単独補助事業受託事業所等との一連の動向と併行して迫り来る少子高齢社会に向けて、国の社会保障全体の大きな制度改革が前後して進められてきた。

それは、前述の1990年の八法改正以降に限定しても、下記のような新たな仕組み作りの前提としての提言や報告がなされていく。
・21世紀福祉ビジョン (1994)
・社会保障制度審議会勧告 (1995)
・高齢者介護自立システム研究会報告 (1995)

これらを受けて、1996年に老人保健福祉審議会が設置され、「介護の社会化」という命題のもと介護保険制度が論議され、1997年に介護保険法が制定された。

再び認知症高齢者のグループホーム等について見ると、1997年に「痴呆対応型老人共同生活援助事業」として制度化され、また介護保険法では居宅サービスの一環として位置づけられていくことになる。更に1999年12月に出された「今後5か年間の高齢者保健福祉施策の方向」（ゴールドプラン21）において、六つの今後取り組むべき具体的施策の一つとして、痴呆性高齢者支援対策の推進があげられた。その内容は、①痴呆性老人グループホームの整備、②痴呆介護の質的向上、③権利擁護体制の充実、であり、平成16年度における介護サービス提供量として、痴呆対応型共同生活介護は全国で3200箇所という目標が掲げられた。このことによってグループホームの整備に一層の拍車がかかったといえる。

併せて介護保険の居宅介護サービス事業所の指定基準が明らかにされていくなかで、従来からのいわゆる居住型のサービスとしてのグループホームは、介護保険の指定事業所になるべきか、指定を受けずに運営を図るべきか二者択一を迫られることになった。前者は指定を受けることにより事業の安定性や、利用主の負担軽減を図ろうとする意思であり、後者にあっては、敢えて指定を受けないことにより独自の運営を遂行していくことを志した。大半のグループホームが指定を受け介護保険下での事業に活路を見出していったが、宮城県の社会福祉法人さんりん福祉会のように指定事業所と指定外の居住型グループホームを併せて運営していく法人も少数ながら存在した。新潟の地においても任意団体としてのグループホームを実施してきた「からし種の家」は、事業の継続性を図る意図で社会福祉法人格を取得すると同時に、制度外に対応すべく新たに任意団体を起こして現在に至っている。1980年代

中頃より始まった民間のデイホームや宅老所等の一連の実践の成果は、2005年の介護保険法改正による新たな小規模多機能型居宅介護の創設に大きな影響を与えたと考えられている。

## 2．介護保険法での規定及び指定基準

　介護保険法は、認知症対応型共同生活介護を定義して、「要介護者であって認知症の状態にあるもの（当該認知症に伴って著しい精神症状を呈する者及び当該認知症に伴って著しい行動異常がある者並びにその者の認知症の原因となる疾患が急性の状態にある者を除く）について、その共同生活を営むべき住居において、入浴、排せつ、食事等の介護その他日常生活上の世話及び機能訓練を行うことをいう」としている。

　指定基準として、次の4項目があげられている。
　　①実施主体は法人格を有すること。
　　②人員基準は、介護従業員数が宿直時間帯を除いて共同生活住居ごとに常勤換算方法で利用者3人に対して1人以上であること。共同生活住居ごとに管理者、計画作成担当者を置き、管理者にあっては認知症介護に関する専門的な知識及び経験を有する者とし、計画作成担当者は介護支援専門員その他の計画作成に関し知識及び経験を有する者、等
　　③設備基準は、共同生活住居の入居定員を5人以上9人以下であること。住居には居室、居間、食堂、台所、浴室その他利用者が日常生活を営む上で必要な設備を設けること。居室については原則個室としその面積は7.43㎡以上とすること、等
　　④運営基準は、地域住民、ボランティア等との連携協力。利用者の家族との連携交流の機会の確保。協力医療機関を定めておくこと。特別養護老人ホームや病院等によるバックアップ体制の確保。市町村による定期又は随時の調査に対して協力し、指導又は助言に従って必要な改善を行うこと。等があげられている。

　介護保険施行後、国は認知症高齢者グループホームの質の確保を図る観点でさまざまな基準省令等を改正し指導を行ってきた。

①研修の義務付け
　管理者や計画作成担当者に対して認知症介護実務者研修受講を義務付け、管理者等の研修終了を事業者指定の要件とする（2002から）。

②自己評価、外部評価の実施
　都道府県の定める基準により年1回の提供するサービスの自己評価を行い、その結果を公表すること（2002から）。
　都道府県が選定した評価機関の行うサービス評価を年1回は受け、結果を公表する（2003年度まで）。
　評価は事業所の所在する当該都道府県内の評価機関とする（2004年度から）。

③ユニット数の適正化
　2001年3月の「痴呆性高齢者グループホームの適正な普及について」では、家庭的な環境の下で日常生活を送ることができるように働きかけるという趣旨で、1事業者が3ユニット以下としたが、2003年度からは2ユニット以下とした。

④夜間の勤務
　宿直者もしくは夜勤者が対応できる範囲を2ユニットまでとし、併設施設との兼務はできないとした。また夜間介護加算を創設し、夜勤体制を奨励する（2003年度から）。

⑤立地要件の適正化
　当初は整備の補助金対象を特別養護老人ホーム等の隣接を要件にしていたが、開設に当たっては、住宅地か住宅地と同程度に家族や地域住民との交流の機会が確保されることが、市町村から確認されていることを前提とする（2004年2月から）。

⑥介護支援専門員の配置
　入居者のケアプランを作成する計画作成担当者の1人以上は介護支援専門

員であること。(2004年4月から実施だが、2006年度までは経過措置を設ける)

## 3．認知症高齢者グループホームの現在までの課題

　概括してきたように、認知症高齢者グループホームは制度化され、介護保険制度の居宅サービス事業所として位置づけられてきた。今回の介護保険法改正による今後の課題についてはのちほど触れるとして、ここで現在までの認知症高齢者グループホームが抱えている課題を整理したい。

　認知症高齢者グループホームは、介護保険制度が施行される直前の2000年3月時点では痴呆対応型老人共同生活援助事業として、全国で266事業所であった。前述のゴールドプラン21で平成16年度の整備目標とされた3200箇所は、平成16年3月現在、全国で4585箇所と大きく上回っている。下記の**表1**のように、介護保険が施行されたわずか6年後の平成2006年3月には、8026箇所と増え続けている。この国で6年間で30倍以上も急増した福祉サービスは、他にない。また全体の数でこそ少ないものの、新潟県内でも同じ傾向が進展している。次に、急増の背景としていくつかの要因を検討してみたい。

**表1　認知症高齢者グループホーム設置数の推移**

| 年　　月 | 全　　国 | | 新潟県内 | |
| --- | --- | --- | --- | --- |
| | 数 | 指数(％) | 数 | 指数(％) |
| 2000年3月 | 266 | — | 2 | — |
| 2001年3月 | 903 | 339.47 | 12 | 600.00 |
| 2002年3月 | 1678 | 185.83 | 24 | 200.00 |
| 2003年3月 | 2832 | 168.77 | 35 | 145.83 |
| 2004年3月 | 4585 | 161.90 | 56 | 160.00 |
| 2005年3月 | 6448 | 140.63 | 79 | 141.07 |
| 2006年3月 | 8026 | 124.47 | 101 | 127.85 |

注)指数は前年と比べた増加率(％)。

①認知症を持つ者の増加と支援機能の低下

　高齢者が増大していくなかで、当然のように比例して介護を要する認知症高齢者等が増加している。従来であれば機能していた家族や地域の支援能力が脆弱化し、対応できるサービスが強く求められている。

②居宅サービスの不十分さ

　平成16年の国民生活基礎調査によれば、認知症高齢者を介護している家族は約3分の2が終日介護に時間を費やしている。居宅サービスの質・量ともに不足している現状から認知症高齢者グループホームに対する期待が高い。

③認知症高齢者への効果

　家庭的な環境のなかでの馴染みの人間関係と受容的な接し方、可能な範囲での家事参加等が認知症高齢者の状態安定に一定の効果がみられるという実践の評価。

④事業主体を問わないこと

　認知症高齢者グループホームだけでなく、他の居宅サービスも同様であるが、従来の地方公共団体や社会福祉法人以外の事業者でも参入でき、シルバーサービスとして安定的な需要が見込まれることに対する期待が大きい。

⑤規模が小さいこと

　1ユニットが5人から9人までというように小規模であり、指定基準は遵守するも、民家改築方式でも可能なように構造的にも入所型の施設と比べ簡便で整備に費用と時間を要しない。

　これらの背景は認知症高齢者グループホームを増加させてきたが、反面において大きな課題も孕んでいるといえる。それは、認知症高齢者に対する人権侵害やサービスの密室化、生命や安全面の確保、利用者の地域や家族からの隔絶、事業者の倫理性の担保、居宅サービスの工夫や改善意欲の低下等、解決しなければならない喫緊の課題であると叫ばれて久しい。

## 4．新潟県における認知症高齢者グループホームの現状

　ここで視点を新潟県内に転じて、認知症高齢者グループホームの現状から

その特質を考察し、併せてサービスに直接影響する経営状態についても検討してみたい。

### (1) 設置数の推移

表2は、介護保険法が施行された2000年4月から2006年4月までの6年間の設置状況を、設置主体別に表したものである。

県内では、介護保険施行前では痴呆対応型老人共同生活援助事業として、1998年7月に上越市の社会福祉法人上越老人福祉協会が設置した「グループホーム敬寿」と同年10月に長岡市の社会福祉法人長岡福祉協会が設置した「グループホーム千手」の2ヶ所があったに過ぎない。この2法人はそれぞれの市において社会福祉事業を意欲的に展開していると評価の高い所以をここに見ることができる。その後介護保険法の施行に合わせて、柏崎市と旧豊栄市の医療法人が指定を受け開設した。2000年4月を基点にすると、2001年10月までの間で事業所数は約5倍となるが、設置主体は依然として社会福祉法人と医療法人のみで変わりはない。

ようやく県内でも介護保険で可能となった営利法人の設置ホームが登場するのは、制度施行から2年が経た2002年4月になってからである。新潟市において有限会社が、そして十日町市では株式会社が参入を開始する。それらとは前後するが2001年11月には、上越市で特定非営利活動法人も1ユニットながら開設を果たしている。その後着実に増加し、2006年4月には合計106ヶ所に拡大してきている。

この間の県内の設置主体別の特徴としては、当初中心的であった社会福祉法人と医療法人の全体に占める割合が低下してきていることがあげられる。なかでも医療法人は2003年12月以降は開設していない。一方それに反比例するかのように、徐々に株式会社の占める割合が増えてきている。

### (2) 全国状況との比較

設置主体別の特色を、2004年10月の時点で新潟県と全国の状況と比較したのが表3である。

この時点で新潟県では社会福祉法人が過半数を超え、続く株式会社、特定

## 表2　新潟県における認知症対応型共同生活看護の設置数

| 年月 | 設置主体別 | 内訳 | | | 計 | 設置主体別構成比(%) |
|---|---|---|---|---|---|---|
| | | 1ユニット | 2ユニット | 3ユニット | | |
| 2000年4月 | 社会福祉法人 | 2 | | | 2 | 50.00 |
| | 医療法人 | 1 | 1 | | 2 | 50.00 |
| | 特定非営利活動法人 | | | | 0 | |
| | 有限会社 | | | | 0 | |
| | 株式会社 | | | | 0 | |
| | その他 | | | | 0 | |
| | 計 | 3 | 1 | 0 | 4 | 100.00 |
| 2000年10月 | 社会福祉法人 | 4 | | | 4 | 50.00 |
| | 医療法人 | 3 | 1 | | 4 | 50.00 |
| | 特定非営利活動法人 | | | | 0 | |
| | 有限会社 | | | | 0 | |
| | 株式会社 | | | | 0 | |
| | その他 | | | | 0 | |
| | 計 | 7 | 1 | 0 | 8 | 100.00 |
| 2001年10月 | 社会福祉法人 | 10 | 5 | | 15 | 71.43 |
| | 医療法人 | 5 | 1 | | 6 | 28.57 |
| | 特定非営利活動法人 | | | | 0 | |
| | 有限会社 | | | | 0 | |
| | 株式会社 | | | | 0 | |
| | その他 | | | | 0 | |
| | 計 | 15 | 6 | 0 | 21 | 100.00 |
| 2002年10月 | 社会福祉法人 | 15 | 9 | | 24 | 70.59 |
| | 医療法人 | 6 | 1 | | 7 | 20.59 |
| | 特定非営利活動法人 | 1 | | | 1 | 2.94 |
| | 有限会社 | | 1 | | 1 | 2.94 |
| | 株式会社 | | 1 | | 1 | 2.94 |
| | その他 | | | | 0 | |
| | 計 | 22 | 12 | 0 | 34 | 100.00 |
| 2003年10月 | 社会福祉法人 | 16 | 10 | | 26 | 63.41 |
| | 医療法人 | 6 | 1 | | 7 | 17.07 |
| | 特定非営利活動法人 | 3 | | | 3 | 7.32 |
| | 有限会社 | | 1 | | 1 | 2.44 |
| | 株式会社 | | 2 | 2 | 4 | 9.76 |
| | その他 | | | | 0 | |
| | 計 | 25 | 14 | 2 | 41 | 100.00 |
| 2004年10月 | 社会福祉法人 | 23 | 14 | 1 | 38 | 52.78 |
| | 医療法人 | 7 | 1 | 1 | 9 | 12.50 |
| | 特定非営利活動法人 | 7 | 3 | | 10 | 13.89 |
| | 有限会社 | 1 | 2 | | 3 | 4.17 |
| | 株式会社 | | 8 | 3 | 11 | 15.28 |
| | その他 | 1 | | | 1 | 1.39 |
| | 計 | 39 | 28 | 5 | 72 | |
| 2005年10月 | 社会福祉法人 | 29 | 17 | 1 | 47 | 51.09 |
| | 医療法人 | 7 | 1 | 1 | 9 | 9.78 |
| | 特定非営利活動法人 | 7 | 6 | | 13 | 14.13 |
| | 有限会社 | 1 | 3 | | 4 | 4.35 |
| | 株式会社 | | 14 | 3 | 17 | 18.48 |
| | その他 | 2 | | | 2 | 2.17 |
| | 計 | 46 | 41 | 5 | 92 | 100.00 |
| 2006年4月 | 社会福祉法人 | 31 | 22 | 1 | 54 | 50.94 |
| | 医療法人 | 7 | 1 | 1 | 9 | 8.49 |
| | 特定非営利活動法人 | 7 | 6 | | 13 | 12.26 |
| | 有限会社 | 2 | 4 | | 6 | 5.66 |
| | 株式会社 | 1 | 18 | 3 | 22 | 20.75 |
| | その他 | 2 | | | 2 | 1.89 |
| | 計 | 50 | 51 | 5 | 106 | 100.00 |

非営利活動法人や医療法人とは大きく差を開けている。一方、全国の状況では有限会社が全体の３割を占め、それに後社会福祉法人が続くが、その構成比は全体の４分の１にも満たない状況である。特定非営利活動法人が若干少

**表3　2004年10月新潟県と全国の比較：設置数**

|  | 年月 | 設置主体別 | 内訳 | | | 計 |
|---|---|---|---|---|---|---|
|  |  |  | 1ユニット | 2ユニット | 3ユニット |  |
| 新潟県 | 2004年10月 | 社会福祉法人 | 23 | 14 | 1 | 38 |
|  |  | 医療法人 | 7 | 1 | 1 | 9 |
|  |  | 特定非営利活動法人 | 7 | 3 |  | 10 |
|  |  | 有限会社 | 1 | 2 |  | 3 |
|  |  | 株式会社 |  | 8 | 3 | 11 |
|  |  | その他 | 1 |  |  | 1 |
|  |  | 計 | 39 | 28 | 5 | 72 |
| 全国 | 2004年10月 | 社会福祉法人 | 853 | 406 | 104 | 1363 |
|  |  | 医療法人 | 490 | 522 | 175 | 1187 |
|  |  | 特定非営利活動法人 | 268 | 85 | 8 | 361 |
|  |  | 有限会社 | 935 | 688 | 114 | 1737 |
|  |  | 株式会社 | 326 | 498 | 199 | 1023 |
|  |  | その他 | 80 | 22 | 9 | 111 |
|  |  | 計 | 2952 | 2221 | 609 | 5782 |

|  | 年月 | 設置主体別 | 設置数 | 構成比 |
|---|---|---|---|---|
| 新潟県 | 2004年10月 | 社会福祉法人 | 38 | 52.78 |
|  |  | 医療法人 | 9 | 12.50 |
|  |  | 特定非営利活動法人 | 10 | 13.89 |
|  |  | 有限会社 | 3 | 4.17 |
|  |  | 株式会社 | 11 | 15.28 |
|  |  | その他 | 1 | 1.39 |
|  |  | 計 | 72 | 100.00 |
| 全国 | 2004年10月 | 社会福祉法人 | 1363 | 23.57 |
|  |  | 医療法人 | 1187 | 20.53 |
|  |  | 特定非営利活動法人 | 361 | 6.24 |
|  |  | 有限会社 | 1737 | 30.04 |
|  |  | 株式会社 | 1023 | 17.69 |
|  |  | その他 | 111 | 1.92 |
|  |  | 計 | 5782 | 100.00 |

表4 2004年10月新潟県と全国の比較：法人内ユニット別構成比（%）

| | 年月 | 設置主体別 | 内訳 | | | 計 |
|---|---|---|---|---|---|---|
| | | | 1ユニット | 2ユニット | 3ユニット | |
| 新潟県 | 2004年10月 | 社会福祉法人 | 60.53 | 36.84 | 2.63 | 100.00 |
| | | 医療法人 | 77.78 | 11.11 | 11.11 | 100.00 |
| | | 特定非営利活動法人 | 70.00 | 30.00 | | 100.00 |
| | | 有限会社 | 33.33 | 66.67 | | 100.00 |
| | | 株式会社 | | 72.73 | 27.27 | 100.00 |
| | | その他 | 100.00 | | | 100.00 |
| | | 計 | 341.64 | 217.35 | 41.02 | 600.00 |
| 全国 | 2004年10月 | 社会福祉法人 | 62.58 | 29.79 | 7.63 | 100.00 |
| | | 医療法人 | 41.28 | 43.98 | 14.74 | 100.00 |
| | | 特定非営利活動法人 | 74.24 | 23.55 | 2.22 | 100.00 |
| | | 有限会社 | 53.83 | 39.61 | 6.56 | 100.00 |
| | | 株式会社 | 31.87 | 48.68 | 19.45 | 100.00 |
| | | その他 | 72.07 | 19.82 | 8.11 | 100.00 |
| | | 計 | 335.87 | 205.42 | 58.71 | 600.00 |

ないものの、さまざまな法人が群雄割拠の様相を呈しているのが見て取れる。

2004年10月時点で、県内で認知症高齢者グループホームを経営する社会福祉法人38ヶ所のうち、84％にあたる32法人はグループホーム開設以前より、すでに地域で他の社会福祉事業を営んでいた法人であり、そのことから地域に定着した活動のなかからグループホームの開設を意図したともいえる。残りの6法人はグループホーム単独、あるいは併設するデイサービスセンター（通所介護）等との開設に併せて社会福祉法人格を取得したものと思われる。

設置主体別のユニット数を新潟県と全国について比較すると、**表4**のように全国と比べ県内では、社会福祉法人や医療法人、特定非営利活動法人等の非営利法人は1ユニットのみの事業所が60％〜80％近くと高率である。一方、株式会社や有限会社の営利法人では、反対に2ユニット以上事業所が70％前後と高い状況である。

(3) 設置主体別家賃状況

認知症高齢者グループホームは、介護保険法では居宅介護サービス事業の

一つとして位置付けられていた。そのことから介護保険で給付される内容は介護に係る部分であり、入居して共同生活を行っていても、介護老人福祉施設等の介護保険施設と異なって、居住費や光熱水費等は当初から利用者が負担する仕組みとなっている。事業所によってはこの他に、県内では営利法人を中心として全体の約18％が入居時一時金を求めている。

　ここでは、表5で設置主体別に家賃の状況を見てみることにする。低い事業所では1万円未満から、高い事業所では6万円以上と料金の大きな格差が見られる。そのなかで社会福祉法人等の非営利法人は3万円台が多く、株式会社のような営利法人は大半が4万円以上となっている。分類不能の事業所を除いた全事業所の平均家賃額は33,187円となっているが、家賃の多寡を設置主体別に論じることは適切ではない。

　家賃の格差が発生していることは、整備に関しての二つの大きな要因がある。一つは認知症高齢者グループホームの構造や規模、設備等が、実に多岐にわたっていることが挙げられる。構造についても、鉄筋コンクリート造りもあれば、軽量鉄骨造りあり、木造もある。また同じ構造体であっても、新

表5　認知症高齢者グループホーム設置主体別家賃（月額）状況

| 設置主体 | | 家賃 | | | | | | | | 計 |
| --- | --- | --- | --- | --- | --- | --- | --- | --- | --- | --- |
| | | 10000未満 | 10000以上20000未満 | 20000以上30000未満 | 30000以上40000未満 | 40000以上50000未満 | 50000以上60000未満 | 60000以上 | 分類不能 | |
| 社会福祉法人 | 数 | 1 | 12 | 13 | 17 | 3 | 0 | 0 | 8 | 54 |
| | 構成比（％） | 1.85 | 22.22 | 24.07 | 31.48 | 5.56 | 0.00 | 0.00 | 14.81 | 100 |
| 医療法人 | 数 | 0 | 0 | 1 | 4 | 1 | 0 | 0 | 3 | 9 |
| | 構成比（％） | 0.00 | 0.00 | 11.11 | 44.44 | 11.11 | 0.00 | 0.00 | 33.33 | 100 |
| 特定非営利活動法人 | 数 | 0 | 1 | 2 | 6 | 1 | 0 | 1 | 2 | 13 |
| | 構成比（％） | 0.00 | 7.69 | 15.38 | 46.15 | 7.69 | 0.00 | 7.69 | 15.38 | 100 |
| 有限会社 | 数 | 0 | 0 | 2 | 0 | 1 | 1 | 0 | 2 | 6 |
| | 構成比（％） | 0.00 | 0.00 | 33.33 | 0.00 | 16.67 | 16.67 | 0.00 | 33.33 | 100 |
| 株式会社 | 数 | 0 | 0 | 0 | 2 | 6 | 3 | 6 | 5 | 22 |
| | 構成比（％） | 0.00 | 0.00 | 0.00 | 9.09 | 27.27 | 13.64 | 27.27 | 22.73 | 100 |
| その他 | 数 | 0 | 0 | 0 | 1 | 1 | 0 | 0 | 0 | 2 |
| | 構成比（％） | 0.00 | 0.00 | 0.00 | 50.00 | 50.00 | 0.00 | 0.00 | 0.00 | 100 |

築もあれば、社員寮や民家の改築型と実にさまざまな実態である。

　二つ目として整備に際しての補助金等の有無が挙げられる。市町村と社会福祉法人が事業主体であり、かつ特別養護老人ホーム等に併設される場合、1998年度の第3次補正予算分及び1999年度当初予算分の合計400ヶ所整備に国庫補助金が用いられ始めたが、2000年度から始められた医療法人の行う介護老人保健施設併設型の整備に対する補助金は、上限額において倍以上の格差が生じていた。もちろん株式会社等の営利法人にあっては、こういった補助事業の対象からはずされている。更に社会福祉法人の一部には市町村からの上乗せ補助の交付を受けているところも少なくない。このような背景で整備されたグループホームであればこそ、その運用には大きな差が生じていることはやむを得ない。

## (4) 経営状況

　表6は、県内の5法人から了承を得て入手した2005年度の決算書から作成したものである。最初にこの表はそれぞれの事業所の優劣をつけるためのものでないことをおことわりする。この表は一つの定点で資金状態を見ることによって、一般的に認知症高齢者グループホームの収益性と、人件費及び事務費並びに事業費の構成の要素を、現状として認識するために用いるだけで、他意はない。また得られた決算書からさまざまな経営分析の手法での検討も考えられるが、ここでは事業活動収入に対する人件費、事務費、事業費のそれぞれの比率のみ上げるにとどめ、継続的分析や他の財務諸表を用いての分析は別の機会に行いたい。実際に表ではさまざまな数値が上がっているが、それぞれの事業所の置かれている状況が異なるので一概に比較ができないことはいうまでもない。

　　A事業所は2ユニットのグループホームのみを経営している社会福祉法人である。

　　B事業所は複数の社会福祉事業を行っている社会福祉法人の単独型1ユニットでのグループホームである。

　　C事業所は同じく社会福祉法人が設置主体で1ユニットのみ経営している。法人としての歴史は他の法人と比べ浅い。

表6　平成17年度事業所別比較表

(単位：千円)

| | A事業所 | B事業所 | C事業所 | D事業所 | E事業所 |
|---|---|---|---|---|---|
| 事業活動収入 | 75,947 | 37,987 | 40,638 | 36,771 | 77,240 |
| 事業活動支出 | 59,723 | 31,353 | 30,922 | 28,187 | 70,163 |
| 　人件費 | 42,012 | 22,352 | 21,648 | 20,246 | 50,444 |
| 　事務費 | 2,330 | 1,237 | 2,868 | 916 | 2,568 |
| 　事業費 | 9,215 | 4,310 | 4,125 | 3,602 | 10,317 |
| 　その他 | 6,166 | 3,464 | 2,281 | 3,423 | 6,834 |
| 事業活動収支差額 | 16,224 | 6,634 | 9,716 | 8,584 | 7,077 |
| 経常収支差額 | 4,353 | 6,144 | 9,694 | 2,361 | 19,214 |
| 定員 | 18 | 9 | 9 | 9 | 18 |
| 利用者数 | 6,282 | 3,237 | 3,267 | 2,976 | 6,471 |
| 常勤換算職員数 | 14 | 7 | 8 | 7 | 15 |
| 利用者1人あたりの事業活動収入 | 12.1 | 11.7 | 12.4 | 12.4 | 11.9 |
| 職員1人あたりの事業活動収入 | 5,425 | 5,427 | 5,080 | 5,408 | 5,149 |
| 平均人件費 | 3,001 | 3,192 | 2,706 | 2,977 | 3,363 |
| [財務分析] | | | | | |
| 人件費比率 | 55% | 59% | 53% | 55% | 65% |
| 事務費比率 | 4% | 3% | 7% | 2% | 3% |
| 事業費比率 | 12% | 11% | 10% | 10% | 13% |

　　D事業所は特定非営利活動法人が設置主体の1ユニットのみの法人である。こちらも法人歴は浅い。

　　E事業所は多くの社会福祉事業を実施している社会福祉法人の2ユニットのグループホームである。法人として他の法人と比べ長い歴史を持っている。

　事業活動収入の内訳は介護報酬のほかに、利用者負担金、家賃、光熱水費、食費のほかに預かり金管理料を徴収しているところまでさまざまであるが、利用者数（延べの年間利用者数）が大きく影響を与えることから、日々の疾病予防や転倒防止等の支援や退去時のスムーズな入居予定者の入居の働きかけが求められている。ここの5事業所の職員数は、常勤換算でほぼ県下の平均的配置であるが、年齢構成や給与体系等で差が現れている。

事務費の格差などは開設時の備品関係の整備状況の差が現れていると考えられる。

　適正に収益を確保することは事業の継続性と安定性に不可欠の要件であるが、単に財務諸表の数値だけでなく、サービス評価と併せて従事する職員の意識等も確認することが必要となるといえる。幸いにも認知症高齢者グループホームは年1回の第三者評価（外部評価）が義務付けられており、新潟県では社団法人新潟県社会福祉士会の「あいエイド新潟」がこれを行っており、その結果は独立行政法人福祉医療機構のWAMNETで見ることができる。今回これをまとめるにあたり5事業所全ての結果を検討したが、全事業所とも大きな改善を要する点が見当たらないばかりか、むしろ認知症高齢者への望ましい支援について積極的・意欲的に実践しており非常に好感が持てた。

## 5．今後の課題

　認知症高齢者グループホームは今回の介護保険法改正で、2006年4月より地域密着型サービスに移行した。地域密着型サービスは、市町村を指定、指導、監督権者として位置付け、市町村の日常圏域における目標数値をもとに整備を進めていくことになる。このことは、要介護者等の住み慣れた身近な地域で、その実情に合わせて多様で柔軟なサービス提供という観点からは、一応の評価はできよう。市町村は、整備目標値を超えた指定申請に対して、これを拒むことができるとされ、介護保険施行を機会として爆発的に急増した設置については沈静化することが予想される。しかし新規設置申請者の拒否が従来からの事業者の既得権擁護として機能するとしたら、サービスの低下に対する危惧は否めないであろう。

　また、指導監督する立場として市町村の役割が非常に重要性を増すわけであるが、果たして市町村の力量に差が生じないという保証を求めることができるのであろうかと不安に感じる。国が行う地方自治法第245条の4第1項規定による技術的助言や、県の広域的視点からの指導が強く望まれる。更に老人福祉法第10条の4第1項第6号の規定に基づく、「やむを得ない事由によるサービス提供」の措置が適正に機能するためにも格段の配慮を求めたい。

事業者にとっては介護報酬は上がったが、夜間介護加算の廃止で経営的により一層の努力が求められている。新たに創設された短期利用共同生活介護や共有スペースを活用して行う共同型指定認知症対応型通所介護は、緊急避難的活用は行われても、果たして認知症の高齢者によっては不安を助長させぬか等の十分な検討・評価する必要があろう。

## おわりに

認知症高齢者グループホームの沿革に始まり、県内の実態の一部を整備の推移、設置主体、家賃、事業活動収支計算書等をもとに概括してきたが、今後ますます増大する認知症の高齢者等に対して、このサービスの果たす役割について改めて確認したところである。

認知症高齢者グループホームは、制度がないところからスタートし、都道府県を動かしついには国を動かし、介護保険制度の中でも認知症高齢者への効果的なサービスと評価される一方、単なる安定したシルバーサービスとしての視点から極めて質の低いサービスが行われ、不祥事が発生した例が否めないのも事実である。

筆者は、関係している複数の社会福祉法人のサービスを利用している認知症の高齢者から実に多くのことを学んできた。たとえ認知症となっても、等しく人間の尊厳が保障され、生きていることの喜びを実感できるような支援をどう実践し、そのためにどのような組織や提供主体を構築していくべきかの課題を、この論文の執筆作業を通して、今一度確認し得たことを深く感謝する。

# 第12章　サテライト型特養の現状と課題
―― 施設と家庭の融合は可能か・学生の介護観構築のために

宮下　榮子

## はじめに

　2000年（平成12年）に介護保険が施行されて以来6年が経過し、この間保険給付内容が幾度か改正された。その都度、老人福祉施設の形態及びサービスは其の様相を変えてきている。大型施設サービスの形から、施設内を中規模単位に区切って行うユニットケアの形を取る施設が増加し、さらに現在では、地域に小規模な出先施設を作りサービスをする「逆デイサービス」「サテライト」と呼ばれる施設サービスを展開する施設も現れている。

　私が介護教育に携わるようになったのは、行政の構造改革が推進され、福祉分野も大きな転換期を迎えている時期であった。介護教育に携わって以来、学生には「尊厳を守る」「その人らしい生き方への支援」が介護理念であると説き、生活の場のあり方もその質を決定する重要な要因であると教えてきている。毎年、高齢者施設実習を前にした学生が、「高齢者の施設生活をどのように捉えているのか」また「施設生活と家庭生活をどのように区別し認識しているのか」を明らかにするため、具体的なテーマを出して、レポートを書かせディスカッションを実施している。「施設は家庭になり得るか」「大型施設における自由と拘束を予想する」などのテーマをとりあげている。「施設と家庭」の相違を意識し「高齢者の尊厳ある生活」のあり方を模索することによって、介護観を構築していくことを意図しているのである。論議の焦点は、建物の構造と空間の規模、施設の人間関係と家族関係、生活行為や時間の使い方に対する自由と拘束、などに絞られていた。

　この章では、急速に進展している施設の介護サービスの変遷を、学生の介

護理念・介護観、「尊厳ある生活」「その人らしい生活」の意識に、どのように関係づけすれば良いのか。また、この変遷が、社会的にどのような必要と背景によって生じてきたのか。スタートして数年を経た「サテライト型サービス」の現状はどうなのか、どのような条件を必要とし、またどのような課題を持ちどのような方向を目指しているのか、などについて明らかにしたい。

研究方法は、既刊の福祉・介護関係の文献情報および教育資料・データの分析を主とした。

## 1．大型施設に関する学生の認識（レポートから）

ユニットケアが実施され始めた年の、学生の反応について数例を挙げる。
対象学生：保育士資格を持つ介護福祉専攻（1年課程）学生28名
時期：2003年6月
授業教科：介護概論・実習指導　90分×3〜4コマ
テーマと学生の反応の一例
「施設は家庭になり得るか〜限界または有様の模索〜」

**(1) 主に施設の規模や地域と関連する意見。**
　・敷地や面積だけではなく、その人らしい空間の演出がいるのでは。
　・施設の中に中舎性（ユニット）を作る。
　・住宅近くにあり、絶えず子供や家族が出入りできる。
　・住み慣れた地域で、空き家・空き教室・使わなくなった建物を改築して使う。
　・施設を囲むように街がある。（構想図あり）
　・少人数で在宅介護の形を取る。
　・施設と家をくっつけた建物。
　・交通の便が良いところ。
　・地域のイベントに参加できる。
　・三世代一緒に人生を過ごす。
　・小学校や保育園などに高齢者施設が併設される。

- 小さな地区ごとに大き目の平屋の家屋。
- 地域のボランティア
- 家族が会いに行く。
- 施設の個別ケアには限界がある。
- 建物が一軒家風、一人8畳、家具持ち込み、障子やふすまを取り付ける。
- 個人の生活スペースを大切にする。
- 大きな施設に部屋がいくつあってもしょうがない、マンションのような個室がいい。

**(2) 主に家族との関係・家庭に視点をおいた意見。**
- 施設とは介護を目的にしたもので、家庭は介護を目的にしていない。
- 家庭的な施設の実現は可能だが、家庭にはなり得ない。
- 家庭のような居心地のよさは追求すべきだが、家庭にする必要はない。
- 家庭には時間の自由がある。
- 生活するということは各々が役割を持つことである。(内職のようなものができ、給料がもらえる)
- 他人同士では家庭にはならない。
- 家庭にとって一番大切なものは愛・信頼関係である。
- 家庭の介護にはお金は払わない。
- 施設介護者はその人が生きてきた分を、一緒に背負って生活はできない。
- 家族とは子供も大人も老人も居る。だから施設もミックスした小さなグループで生活する。
- 家族は笑ったり討議したり、受け入れあったりする所、会話なくして良い介護はありえない。

　(1)(2)は、授業が始まった4月から2ヶ月あまりの期間に書いたものである。この授業を実施した年の前後には、施設においてユニットケアが試みられ実質的に運営され始めている施設も現れていた。介護保険・施設のユニット化についての講義は進んでいない時期のレポートである。記述内容は、施

設の規模が問題ではなく、人間関係であるとする意見、具体的な地理的条件、家族とケア場面をくっつけようとする意見、役割論、施設ケアに地域性を持たせるような意見もあった。特に福祉の変革期であり、教師として施設の規模と家庭生活との関係性、地域性を持つことの意味・あり方について、具体化し理論化することが必要であった。

## 2. 福祉施策と介護施設規模の変遷（図1）

### (1) 介護保険施行まで――大型施設からグループホームへ

　1985年（昭和60年）女性の平均寿命が80歳を越え、長寿社会に突入した。日本経済が高度成長期から低成長期に移行するなか、高齢者の増加に加え痴呆性老人の増加も大きな課題となり、1986年（昭和61年）6月、政府は「長寿社会対策大綱」を策定し、同年8月厚生省内に「痴呆性老人対策推進本部」を設置し、痴呆性老人の処遇に対する検討を開始した。翌1987年（昭和62年）には特別養護老人ホーム（特養）の措置費における痴呆性老人加算の創設がなされた。1990年（平成2年）の福祉関係8法改正によって、「施設施策」と「在宅施策」が社会福祉施策の車の両輪として位置付けられるようになった。それによって、これまでの高齢者福祉施設は大型施設中心の福祉から、その形態と方向を変え始める。1994年（平成6年）高齢者関係三審議会は「痴呆性老人に関する検討会報告」の中で、新しいタイプのサービスとして「痴呆老人が共同生活をする小規模な場」（グループホーム）の整備を提言した。同年12月の新ゴールドプランにおいても「今後取り組むべき高齢者介護サービス基盤の整備に関する施策の基本的な枠組み」の中で、「小規模な共同生活の場」（グループホーム）が取り上げられた。1995年（平成7年）1月厚生省は「痴呆性老人のグループホームのあり方についての調査研究委員会」を設置した。その後、委員会の調査研究結果からの提言を受け、1997年（平成9年）には「痴呆対応共同生活援助事業」（運営費補助）を開始した。2000年（平成12年）介護保険制度では、痴呆性老人のためのグループホームを「痴呆対応型共同生活介護事業」として、「在宅施策」のなかで組みあげらるようになった。

　一方、スウェーデンでは1980年代初め高齢者の増加にともなう財源不足な

第 12 章　サテライト型特養の現状と課題　169

どから、従来の介護形態の他に新しい居住・ケア状態を導入する必要が生じ、新しい居住形態を模索する転換期を迎えていた。1992年（平成4年）1月エーデル改革が施行された。それまでの痴呆性高齢者に対する入所サービスは、サービスハウス、老人ホーム（日本の特養）、グループホーム、シェクヘム（日本の療養型病床群）の四つの形態で行われていたが、エーデル改革以降は、高齢者の居住形態の全てが、法律上も財政や行政管理の上でも施設ではなく「住宅」となり、さらに全て「介護つき住宅」という枠組みに統一されていた。

　90年代に入ってから、日本で実施され始めていたグループホームの形態はスウェーデンにおいてはすでに10年前から実施されていたのである。

## (2) 介護保険成立以後――既存施設へのユニットケアの導入

　2000年（平成12年）から実施された介護保険制度では、グループホームは「痴呆対応型共同生活介護」となり、「居宅施策」「居宅サービス」に位置付けられた。

　このグループホームの「小規模」に加えて「共同生活」をとる形態は、有効性が大いに評価され、大規模集団処遇である「施設」においてもその形態が実現された。それが「ユニットケア」の形態である（ユニットケアと言う言葉は平成12年度版厚生白書で初めて公式に使われている）。2002年（平成14年）「小規模生活単位型特別養護老人ホーム」（新型特養）として施設整備費補助金制度が設けられ、多くの特養では既存の施設を改良して、ユニット化を目指し始めた。同年、全国老人福祉施設協議会の老施協総研が4511ヶ所の特養を対象として運営概況調査を実施した。そのアンケート調査に回答のあった1028ヶ所の施設では、「ユニットケアを実施しているとした所は15.4％、2～3年以内に導入予定が26.5％で、合わせて前向きに取り組んでいるところが41.9％である」と報告されている。新型特養として施設整備の補助をするに当たり、国はユニットケアを「居宅に近い居住環境の下で、居宅における生活に近い日常の生活の中でケアを行うこと、すなわち、生活単位と介護単位を一致させたケア」と定義した。これは従来の「施設ケア」とされていた、食事・入浴・排泄の世話という「介護中心のケア」即ち「介護単位」から、その人の「生活全般」「その人らしさ」から生活を支援しようとする「生活中心の

ケア」即ち「生活単位」に介護の方向が定められたことを意味していた。ユニットケアの「介護単位」と「生活単位」の条件を整備するハード面の基準として、プライバシー保護の観点としての個の空間と、共同生活としてのパブリックな公の空間をしっかり区別することを義務付けたのである。

## (3) 施設内のユニット化から地域へ

　施設内のユニット化をしようとする施設では、既存の施設を小規模単位に区切り、4人部屋を個室に改修するための床面積、共有スペースを設けるための必要床面積からくる延べ床面積、容積率、建蔽率等の建築基準法適用などの規制もあり、既存の施設だけでは従来の収容人数をまかなうことは不可能となった。過剰人数・床面積の不足への対応策として、施設は施設外へと目を向けざるを得ない状態になった。介護保険制度の一つのねらいであった在宅重視と、既存施設のユニット化からくる過剰入所定員と地域で実施されているグループホームの有効性とが統合され、施設運営が地域の方向に動きだしたのである。施設のユニットケアの地域展開としての「ケア付き（共同）住宅」と「逆デイサービス」（居宅から通う施設とは反対に施設から通う居宅の形をさす）、「宅老所」の継承としての「小規模多機能ケア」と「共生ケア」という4つの要素によって、「地域分散型サテライトケア」というケアの形態と内容が編集され誕生したのである。

　2003年（平成15）高齢者介護研究会報告の「2015年の高齢者介護～高齢者の尊厳を支えるケアの確立に向けて～」においては、施設のユニットケアの推進と関連させて、施設内の一部のユニットを街の中に整備する事や、共同居住と小規模多機能サービス拠点を結合させる事を提案するなど、より入所者の地域移行を展望するよう強調されている（**図1**）。

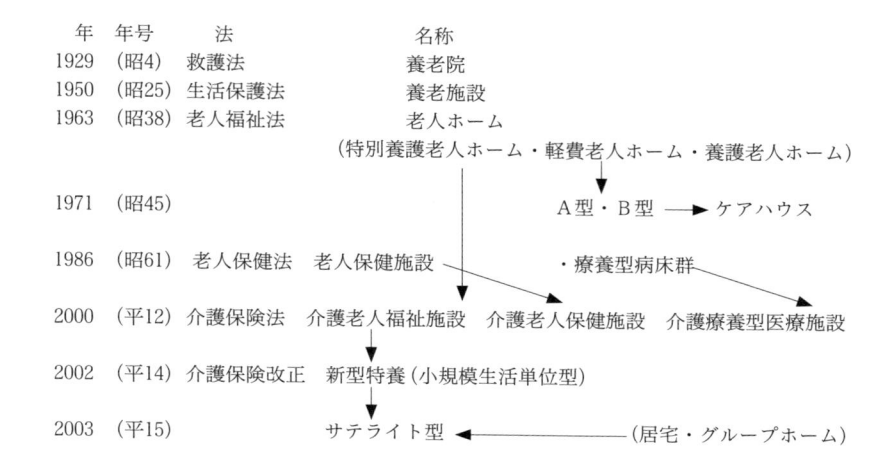

```
年      年号      法              名称
1929   (昭4)    救護法           養老院
1950   (昭25)   生活保護法       養老施設
1963   (昭38)   老人福祉法       老人ホーム
                               (特別養護老人ホーム・軽費老人ホーム・養護老人ホーム)

1971   (昭45)                                    A型・B型 ──→ ケアハウス

1986   (昭61)   老人保健法       老人保健施設        ・療養型病床群

2000   (平12)   介護保険法       介護老人福祉施設   介護老人保健施設   介護療養型医療施設

2002   (平14)   介護保険改正     新型特養(小規模生活単位型)

2003   (平15)                   サテライト型 ◄─────── (居宅・グループホーム)
```

**図1　高齢者施設の形態の変遷概要図**

## 3．サテライトケアの現状（図2）

### (1) サテライトケアとは何か

　サテライトとは宇宙における惑星と其の周りを回る衛星の意味であるが、「地域分散型サテライトケア」は、施設を中心（惑星）として「地域に分散された施設」を衛星に喩えたものである。「地域分散型サテライトケア」の呼称は、2003年（平成15）の概算要求で公的に登場した。そこでは「高齢者ができる限り住みなれた地域社会の中で生活を続けることができるよう、市町村と特別養護老人ホーム等の連携の下、各地域で民家などを活用し、小規模で多機能なサービス拠点を展開していく」事業であると説明されている。また前述した「2015年の高齢者介護」の報告において、ユニットの地域移行の展開が強調されていたが、「サテライトデイサービス」「逆デイ」の形がその先駆けとして実践され始めたられていた。

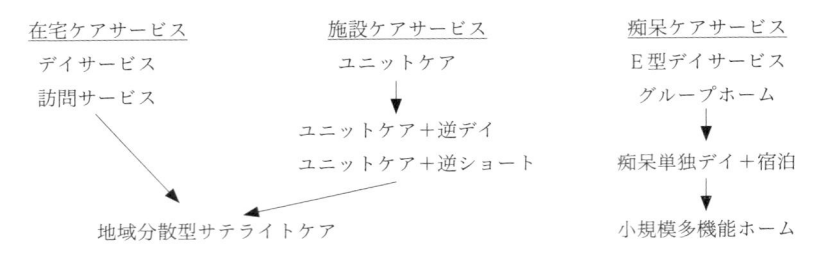

```
在宅ケアサービス        施設ケアサービス         痴呆ケアサービス
デイサービス            ユニットケア             E型デイサービス
訪問サービス                 ↓                   グループホーム
                       ユニットケア＋逆デイ             ↓
                       ユニットケア＋逆ショート    痴呆単独デイ＋宿泊

        地域分散型サテライトケア                  小規模多機能ホーム
```

**図２　地域分散型小規模多機能サービス形態の図式化**

## (2) サテライトケアの形態

　施設サービスのサテライトケアとして実践した最初の形態は、施設入所者が通って日中を過す「サテライトデイケア」「逆デイ」であった。その形態から、さらに多機能なサービス形態が試行され、地域版の「ユニットケア」として宿泊するタイプ、居宅サービスとして利用するショートステイから日中だけサテライトを利用するタイプ、等とその活用スタイルは様々である（**図２**）。

## (3) サテライトケアの成立条件と役割

　　様々な形態が試行されていこうとしているサテライトケアには、いくつかの困難さや課題を抱えていた。実際に実践に踏み出した施設が、半年ほどで断念せざるを得なくなった例もある。民家などの場所選びから改修・維持費、母体とする施設からの介護職員の派遣、多機能化による介護報酬上の問題など、経営上の困難さが最も大きいものだった。

　平野によれば、「地域分散型サテライトケア」を成立させる条件として、「地域の事情と実践主体の目的設定に左右される、また介護保険制度のもとでのコミニティケアの実験という点では、小規模化による経営の不安定さ、多機能化による介護報酬支給上の困難さといった課題を抱えることになろう。」（平野 2003: 9）としている。

　泉田は、「地域分散型サテライトケア」のポイントとして以下の点をあげている（泉田 2003: 11-14）。

・在宅サービスと居住系サービスを融合したものである。
・利用者が地域に住み残るための地域ケアを行う
・主役は利用者の暮らしで、各サービスは暮らしを支えるために使われる
・住民参画は不可欠である

## 4．家族・家庭・地域の関連

### (1) 家族と家庭・生活の場について

　「家族」とは一般に、「配偶関係や血縁関係によって結ばれた親族関係を基礎に成立する小集団」とされている。若林は、「家族」と「家庭」の関係について、「家族も一種の社会集団であるが、家庭というのは社会集団としての家族に伴うものであっても、家族そのものとは違う。それは家族という集団の存在に伴ってそこに成立する"場"という環境である。この場合、環境というのは物的な環境だけではない。ハウス（家）というものはホーム（家庭）と密接に関係している。ハウスがあるだけでホームにはならない。」と述べている。同じく家庭とは何かとして、第一に「家族が生活する物理的な場」、第二に「場における家庭での家族成員の行為や関係の社会空間的な配分の構造」（社会的空間的とは家の間取りから始まって、父親はここに座るとか、喧嘩したらここに閉じこもるとか、そういう行為と関係の空間的な指定が家庭の中では行われている。そうすると家庭は、家族を構成する成員の行為や関係の社会空間的な指定と配置によって構造化された場として現れる事になる）。第三に「家庭はその成員が外部の社会との間に結ぶ関係のベース、基地、あるいは拠点になる場所」、第四に「社会的な関係、内と外を仕切りまた媒介するテクノロジーの存在」（若林 2004: 59-63）としている。

　木下は、「施設が"収容の場"から"生活の場"にするために、限りなく家庭に近づける必要があるが、擬似家族化することではない。老人ホームは家庭ではなく、社会的な場である。社会的な場である以上、そこにいる人間相互の存在規定は、家族のなかのそれとは自ら異なる。社会的な場としての老人ホームは老人相互の関係も職員との関係もすべて社会的な関係でなければならない。その社会的な関係を可能ならしめるためには、その関係に入る人間

が"個人"でなくてはならない。個人とは意思・人格において独立した社会的存在を意味する。老人ホームを家庭の補完物としたり、擬似家庭的なものとする考えをする限り"生活"はありえない」(木下2000:150)としている。

### (2) 家庭生活と地域の関連

同じく木下は、「老人ホームを社会的な場として位置づけるためには、老人ホームを「コミュニティ」として捉える事が必要である。それは、個人を単位とした社会契約によって成り立つ場である。ともに個人であるという認識に基づく対等性が保障され、心理的には皆が帰属感を共有しなくてはならない。家族への幻想に支配された仮住まいの場所でなく、自己の存在を他者との関係の中でおおらかに主張できる場にしていくべきである。」と主張している。

村瀬は、地域分散型サテライトケアの実践報告「住み慣れた街にその人らしく暮らしつづける」のなかで、痴呆老人にとっての地域の重要性について次のように述べている。「近年、コミュニティの復権や家族機能の再評価が声高に叫ばれるのは、基礎的集団が縮小することの弊害が顕在化してきたからである。孤立を防ぐには基礎的集団の再構築が求められる。地域が重要視されるゆえんである。自宅を中心に高齢者の生活を継続していくには、帰属できる集団を必要とする。その集団に依拠しながら生きていくことを支援するのが、私たちの役割であるように思う。一人の高齢者の生活が再構築されることで、地域が再構築されていく。そういった援助を行う拠点が必要とされている。地域分散型サテライトケアとはその拠点、もしくはケアを指すのかもしれない。」(村瀬2003:40)としている。

## 5．まとめ

「施設サービス」と「居宅サービス」を二本柱として出発した介護保険は、「介護者主体」の「介護支援」から、「生活者主体」の「生活支援」へとサービスの方向が転換された。施設形態も、「大型施設」から「ユニット」へ、「収容施設」から「住まい」へ、「集団支援」から「個別支援」へと転換がなされていった。こ

の考え方は、障害→施設→集団→収容→介護の思考パターンから、障害→住い→生活→個人→地域→支援というパターンに転換したものといえる。

　戦後復興から高度経済成長期を通し現在の経済低成長期に至る日本の経済事情は、生活の意味を、家族の意味を、そして地域社会に至るまでその意味や内容を大きく変換させてきた。経済至上主義は物質主義・競争社会を際立たせ、個人を主体とする個人主義、ひいてはその個人の利益だけを主張する利己的な新自由主義までをも生み出してきた。経済・産業の発展の中で、家事労働は合理化・機能化され、主婦も働きに出るようになると、伝統的な家庭での主婦の役割も変わり、家族の経済を担っていた父親の絶対性も揺らいできた。父親を中心とする家制度は崩壊し、家庭が果たしてきた冠婚葬祭・医療・介護・育児の機能までもが家庭の外部産業へ委譲されるようになり、家庭の役割・機能は全くその様相を変えてきている。家族の中で起きる障害・老化なども生産活動へのリスクとなり、家庭での介護の役割も施設や事業所に委譲する外部化が図られるようになった。

　今、施設が「地域分散型サテライト」の形をとり、生活支援・生活介護をめざし地域に進出している。国の福祉政策は「地域分散型サテライト」施設や、小規模・多機能をめざす既存のデイサービス等を地域の福祉拠点とするように提言している。家庭が変わり、生活の意味が変わり、家族が変わり、地域が変貌した現在、生活介護・家庭介護を地域にどのように展開すればよいのか。施設と家族は地域でどのように融合すればよいのか。

　これから、介護の地域展開を考える時、「サテライト」を含め、小規模・多機能として地域に展開されようとしているケアも、介護保険の枠組みの中で、施設介護なのか居宅介護なのか、施設なのか自宅なのか、とする二元論を離れて考えてみる必要があるのではないかと思われる。では二元論を離れて何に依拠するか。それは障害・高齢者のニーズはもとより、地域社会を構成している人一人一人のニーズに依拠するより他は無いように思われる。そしてそこに、今日の要求に根ざした新しい家庭、新しい家族、新しい地域の形態が誕生するのではないだろうか。目標を持って生きようとする一人一人に、暖かく寄り添い合うような共同社会、障害を持っていても、高齢になっても人生の過程として支え合い共に大切な存在として過す。それが生活だとすれ

ば、その形態や方法が其々違っても、それぞれの生活者が、助け合う事のできる共同体、それが地域なのではないだろうか。

　二元論として学生に疑問を投げかけたレポートには、その二元論を離れる提案、合体させる提案などが沢山出されていた。自分自身の生活の中で「高齢」「障害」を捉え、「共に在るものである」とする学生の介護観の確立に、これからの介護に明るい未来を思うのである。

## 引用・参考文献

　一番ヶ瀬康子、2003年『介護福祉学の探求』有斐閣。
　井上由紀子、2006年『いえとまちのなかで老い衰える』中央法規。
　泉田照雄、2003年「地域分散型サテライトケアの現状と展望」summer vol.10『季刊痴呆性老人研究』筒井書房。
　橋本正明、2002年「『住まう』ということ――そして施設」『おはよう21』9。
　平野孝之、2003年「『地域分散型サテライトケア』とは何か」『月刊総合ケア』vol.13 no.7 医薬出版。
　平野孝之、2005年『共生ケアの営みと支援』筒井書房。
　広井良典、2004年『ケア学』医学書院。
　本間照雄、2006年「個別支援から考えるケアの基本」『おはよう21』4 増刊。
　石原美和、2004年『季刊痴呆介護』vol.5 -num.2　日総研。
　木下康仁、2000年『老人ケアの社会学』医学書院。
　水巻中正、2005年『変革期の福祉経営戦略』日本医学出版。
　村瀬孝雄、2003年、「『第2宅老所よりあい』住みなれた街にその人らしく暮らしつづける」『月刊総合ケア』vol.13　no.7　医薬出版。
　田島良昭、2004年『施設解体宣言から福祉改革へ』ぶどう社。
　高口光子、2005年『ユニットケアという幻想』雲母書房。
　竹﨑孜、2004年『スウェーデンはどう老後の安心を生み出したのか』あけび書房。
　外山義、2003年『自宅でない在宅』医学書院。
　上野千鶴子、2002年『家族を容れるハコ家族を超えるハコ』平凡社。
　若林幹夫、2004年『〈家の中〉を認知科学する』新曜社。
　山田昌弘、2005年『迷走する家族』有斐閣。
　山田昌弘、2006年『新平等社会』文藝春秋。
　山田尋志、2004年「小規模生活単位型指定介護老人福祉施設に求められるものと今後の展望」『季刊痴呆介護』vol.5-num.4　日総研。

# 第13章　放課後児童健全育成事業の現状と課題

豊田　保

## 1．本論文の目的と方法

　1997年の児童福祉法の改正により、放課後児童健全育成事業が法制化（施行は1998年4月）され、社会福祉事業法（当時・現社会福祉法）に第二種社会福祉事業として規定された。児童福祉法第6条の2第2項は、「この法律で、放課後児童健全育成事業とは、小学校に就学しているおおむね10歳未満の児童であって、その保護者が労働等により昼間家庭にいないものに、授業の終了後に児童厚生施設等の施設を利用して適切な遊び及び生活の場を与えて、その健全な育成を図る事業をいう」と定めている。このことにより、保護者の労働等により保育に欠ける児童の生活の場は、就学前乳幼児に対する保育園における保育の実施と併せて、小学校低学年までの生活の場が、法制化された児童福祉サービスとして確保されることになった。

　また、放課後児童健全育成事業に関する児童福祉法第6条の2第2項以外の規定は、次のようになっている。第21条の9では、「市町村は、児童の健全な育成に資するため、その区域内において、放課後児童健全育成事業及び子育て短期支援事業並びに次に掲げる事業が着実に実施されるよう、必要な措置の実施に努めなければならない」とし、第21条の10では、「市町村は、児童の健全な育成に資するため、地域の実情に応じた放課後児童健全育成事業を行うとともに、当該市町村以外の放課後児童健全育成事業を行う者との連携を図る等により、第6条の2第2項に規定する児童の放課後児童健全育成事業の利用の促進に努めなければならない」としている。すなわち市町村は、放課後児童健全育成事業が着実に実施されるよう必要な措置を講じ、その利

用の促進に努めなければならないとされている。

　ところで、放課後児童健全育成事業（以下、事業の実施場所を学童保育所という）が法制化される以前は、学童保育所や学童クラブなどの名称によって、自治体単独事業や親の会などによる自発的事業として同趣旨の事業が実践され拡大してきていたが、放課後児童健全育成事業が法制化されたことに基づいて、法制化以降今日までの本事業の動向を概観すると、放課後児童健全育成事業は児童福祉法に基づく各種児童福祉サービスのなかで最も施設数と利用児童数が増大している事業になっている。同時に、「学童保育所の設置数はまだ全小学校数の約6割にとどまり、運営状況や父母の費用負担もさまざまだ」（毎日新聞、2006年3月8日朝刊）と指摘されるように、学童保育所の設置数や保育条件などの面での不十分さが指摘されるなど、放課後児童健全育成事業が今日においてもさまざまな課題を抱えていることも事実である。

　2006年度で本事業が法制化されて9年目を迎えることになるが、施設数と利用児童数が急速に拡大してきている放課後児童健全育成事業の現状および今後の課題を総合的に明らかにすることが本論文の目的である。またその意義は、放課後児童健全育成事業がいまだ発展途上の児童福祉施策であることに求められる。また、本論文の方法は、学童保育所の全国的なネットワーク組織である全国学童保育連絡協議会が学童保育の実態に関する諸調査を実施しているので、この調査結果を分析することを通して本論文の目的を達成する方法を採用する。

## 2．放課後児童健全育成事業の動向

### (1) 学童保育所数と利用児童数の動向

　学童保育所数は2005年現在で15309か所になっているが、その動向をみると、放課後児童健全育成事業が法制化される以前の5年間の学童保育所の増加数は、1993年の7516か所から1998年の9627か所へと2111か所の増加であるのに対して、法制化後の5年間では、1998年の9627か所から2003年の13797か所へと4170か所の増加になっており、法制化後5年間の伸び率は法制化前5年間の約2倍になっている（**表1**）。

第13章　放課後児童健全育成事業の現状と課題　179

**表1　学童保育所数と利用児童数の推移**

| 年 | 学童保育所数 | 増加数 | 利用児童数 |
|---|---|---|---|
| 1993 | 7516 |  | 231500 |
| 1998 | 9627 | 2111 | 333100 |
| 2003 | 13797 | 4170 | 538100 |
| 2004 | 14678 | 881 | 594000 |
| 2005 | 15309 | 631 | 654800 |

出典）全国学童保育連絡協議会編集・発行『学童保育情報2004－2005』2004および『学童保育情報2005－2006』2005より作成

　利用児童数をみると、2005年現在で654800人であるが、法制化前の5年間の利用児童数の伸び率は、1993年の約23万人から1998年の約33万人へと約1.4倍であるのに対して、法制化後の5年間の伸び率は、33万人から2003年の約53万人へと約1.6倍になっている。つまり、法制化前の5年間の利用児童数の増加は約10万人であるのに、法制化後の5年間では約20万人の増加になっている。また、法制化時の利用児童数約33万人と2005年の利用児童数約65万人とを比較してみると、法制化時の約2倍であり、利用児童数は約32万人の増加になっている（表1）。

　以上のような学童保育所数と利用児童数の動向から、放課後児童健全育成事業の法制化以前と法制化以降を比較すると、法制化以降に急激に学童保育所数と利用児童数が拡大し、法制化以降から今日までの学童保育所は、各種児童福祉施策の中で最も施設数と利用児童数、すなわち事業量が拡大している施策となっている。放課後児童健全育成事業がいかに児童と家庭のニーズに応えた法制化であったかが推察できる。

　同時に、学童保育所に対する児童と共働き家庭やひとり親家庭のニーズから推測すると、上記のような学童保育所数と利用児童数の拡大は、まだ十分に児童と家庭のニーズを充足しているとは言えない現状にあることも事実である。具体的には、全国の小学校数は『平成16年度版 文部科学統計要覧』によれば、2004年5月現在で23420校であるが、2005年の学童保育所数は15309であり、全国の小学校数の65％にしか学童保育所が設置されていないのが現状である。また、自治体ごとの放課後児童健全育成事業の実施状況をみると、

表2　放課後児童健全育成事業実施市区町村数

| 市区町村数 | 740市 | 23区 | 1305町 | 332村 |
|---|---|---|---|---|
| 放課後児童健全育成事業実施市区町村数 | 735市 | 23区 | 1101町 | 174村 |
| 実施割合 | 99.3% | 100% | 84.4% | 52.4% |

注) 市町村数は2004年5月1日現在の総務省調べによる。
出典) 全国学童保育連絡協議会編集・発行『学童保育情報2005－2006』2005より作成

市区部ではほぼ全ての自治体で実施されているが、町村部では、特に村部では未実施自治体が50%近くもあり、事業の実施について自治体間に大きな較差があり、町村における事業は立ち遅れている現状にある（表2）。

　また、2003年5月の全国学童保育連絡協議会の調査によれば、2003年3月に保育園を卒園して小学校に入学した児童数は43万人であるのに対して、同年4月に学童保育所に入所した新入学児童は約20万人となっており、保育園卒園児の47%しか学童保育所を利用していないことになる。さらに、平成16年の厚生労働省による『国民生活基礎調査』によると、末っ子の年齢が7歳〜8歳の児童の62.3%にあたる母親が働いている状況にあるが、これを児童数に換算すると約139万人である。また、末っ子の年齢が9歳から11歳では68.9%の母親が働いていることになるが、これらの数字と比較してみても2005年の学童保育所利用児童数の約65万人は少ないといえる。

　こうした中で、政府少子化社会対策会議が策定した「少子化社会対策大綱に基づく重点施策の具体的実施計画について」＝「子ども・子育て応援プラン（2004）」は、2009年までの学童保育所の設置目標を17500か所としているが、2005年における学童保育所数が15309か所で、法制化後5年間の増加数が4170か所であること、2004年5月現在の小学校数が23420校であることなどを考えると、この目標自体も児童と家庭のニーズから判断して少ないといえる。

## (2) 学童保育所の規模に関する動向

　学童保育所の規模に関する動向をみると、利用児童数の定員が20名から39

名の学童保育所が最も多く、1998年では50.1％で約半数を占め、2003年では40.1％である。次いで40名から70名の定員の学童保育所が1998年で30.9％、2003年で35.4％になっている。法制化が施行された年である1998年と2003年とを比較すると、利用児童数が20名から39名の定員の学童保育所は662か所増加し、約1.2倍になっているが、学童保育所全体に占める割合では10％減少している。しかし、利用児童数が40名から70名の定員の学童保育所では1601か所増加し約1.7倍に増加しており、学童保育所全体に占める割合も4.5ポイント増加している状況にある。また、71名以上の定員の学童保育所も712か所増加し約4倍になっており、学童保育所全体に占める割合も5.3％増加し8.4％になっている。(**表3**)

以上の動向からいえることは、40名以上の定員の学童保育所が大幅に増加していることである。こうした動向は、利用児童数が急増している現状から判断すると当然の傾向であると考えられるが、利用児童数の急増に学童保育所の増設が追いつかずに、増設よりも規模の拡大の方向に作用しているといえる。ところで、「財団法人こども未来財団」による『平成15年度児童環境づくり等総合調査研究事業―放課後児童クラブの適正規模についての調査研究―』が、「本研究における結果では、望ましいとする学童保育所の規模は、ほぼ30人である」と指摘していることを考慮すると、学童保育所の規模が拡大してきている現在の動向は、利用児童にとって望ましい傾向ではないといえる。

**表3　学童保育所の定員別設置数**

| 利用児童数 | 1998年（％） | 2003年（％） | 増減（ポイント） |
|---|---|---|---|
| 1～19 | 1234 (15.9) | 1810 (16.1) | ＋0.2 |
| 20～39 | 3868 (50.1) | 4530 (40.1) | －10.0 |
| 40～70 | 2385 (30.9) | 3986 (35.4) | ＋4.5 |
| 71～89 | 188 (2.4) | 670 (5.9) | ＋3.5 |
| 90～ | 51 (0.7) | 281 (2.5) | ＋1.8 |

出典）全国学童保育連絡協議会編集・発行『学童保育情報2005－2006』2005

## (3) 学童保育所の設置場所に関する動向

　1998年と2005年における学童保育所の設置場所を比較すると、学校施設内と法人施設への学童保育所の設置割合が大きく伸びている。1998年から2005年までの7年間で、学校施設内への設置割合は約1.2倍に、法人施設への設置割合は約1.5倍に増加している。法人施設への設置は保育園を経営する社会福祉法人が学童保育所も運営する場合がほとんどであり、放課後児童健全育成事業の法制化により、社会福祉法人が学童保育所の運営に積極的に参入してきていることを反映したものである。学校施設内への設置は法制化に基づく自治体の施策の拡大によるものであるが、空き教室の利用が最も多く、次いで学校敷地内に専用施設を設置する運営形態となっている。同時に、見落とすことができないのは、設置場所に占める割合が低下してきているとはいえ、民家・アパートが学童保育所の実施施設として一定の割合を占めていることである。2005年では1139か所で学童保育所全体の7.5％を占めている（以上、**表4・5**）。民家・アパートなどに学童保育所が設置されている場合は、児童福祉法が「適切な遊び及び生活の場を与えて、その健全な育成を図る事業」として放課後児童健全育成事業を位置づけていることを考慮すると、外あそびの場や室内あそびの内容が制限されることが推測され、学童保育所の設置場所として望ましい形態ではないといえる。

**表4　開設場所別の学童保育所数**

|  | 1998年 | | 2004年 | | 2005年 | |
|---|---|---|---|---|---|---|
|  | か所 | 割合 | か所 | 割合 | か所 | 割合 |
| 学校施設内 | 3,800 | 39.5% | 6,615 | 45.1% | 7,106 | 46.4% |
| 児童館内 | 2,147 | 22.5% | 2,529 | 17.2% | 2,530 | 16.5% |
| 公的施設 | 1,441 | 15.0% | 2,714 | 18.5% | 2,744 | 17.9% |
| 法人施設 | 463 | 4.8% | 975 | 6.6% | 1,129 | 7.4% |
| 民家・アパート | 1,256 | 13.0% | 1,177 | 8.0% | 1,139 | 7.5% |
| その他 | 520 | 5.4% | 668 | 4.6% | 661 | 4.3% |
|  | 9,627 | 100.0% | 14,678 | 100.0% | 15,309 | 100.0% |

出典）全国学童保育連絡協議会編集・発行『学童保育情報2005-2006』2005

# 東信堂愛読者カード

　ご愛読ありがとうございます。本書のご感想や小社に関するご意見をお寄せください。

┌ご購入図書名─────────────────────────┐
│                                           │
│                                           │
│                                           │
└───────────────────────────────┘

■ご購入の動機
 1. 店頭                    2. 新聞広告（            ）
 3. 雑誌広告（        ）    4. 学会誌広告（          ）
 5. ダイレクトメール         6. 新刊チラシ
 7. 人にすすめられて         8. 書評（                ）

■本書のご感想・小社へのご意見・ご希望をお知らせください。




■最近お読みになった本




■どんな分野の本に関心がありますか。

　　哲学　経済　歴史　政治　思想　社会学　法律　心理　芸術・美術　文化　文学
　　教育　労働　自然科学（　　　　　　　）　伝記　ルポ　日記

記載いただいた個人情報・アンケートのご回答は、今後の出版企画への参考としてのみ活用させて頂きます。第三者に提供することはいたしません。

料金受取人払

本郷局承認

6147

差出有効期間
平成20年 2月
28日まで

郵　便　は　が　き

113-8790

（受取人）

東京都文京区向丘1-20-6

株式会社 **東信堂** 読者カード係行

| | |
|---|---|
| ふりがな<br>**お名前** | （　　歳）男・女 |

（〒　　　）　　（TEL　　－　　－　　）
　　　　　　　市 区
　　　　　　　郡
**ご住所**

---

**ご職業**　1.学生（高 大 院）2.教員（小 中 高 大）
3.会社員（現業 事務 管理職）4.公務員（現業 事務 管理職）
5.団体（職員 役員）6.自由業（　　　　　）7.研究者（　　　）
8.商工・サービス業（自営 従事）9.農・林・漁業（自営 従事）
10.主婦　11.図書館（小 中 高 大 公立大 私立）

---

**お勤め先**
**・学校名**

---

**ご買上**　　　　　　　市　　　　区　　　　　　　書店
**書店名**　　　　　　　郡　　　　町　　　　　　　生協

## 表5　学童保育所の開設場所

( )は%

| | 開設場所 | 98年調査 | 2003年調査 |
|---|---|---|---|
| 学校内 | 1　学校敷地内の学童保育専用施設 | 1347 (16.7) | 1867 (16.1) |
| | 2　校舎内の学童保育専用施設 | 67 (0.8) | 233 (2.0) |
| | 3　余裕教室 (空き教室) を利用 | 1774 (22.0) | 2960 (25.5) |
| | 4　余裕教室以外の学校施設を利用 | 206 (2.6) | 269 (2.3) |
| 児童館 | 5　児童館・児童センター内 | 1681 (20.9) | 2170 (18.7) |
| 公的な施設 | 6　学校敷地外の公設で学童保育専用施設 | 733 (9.1) | 804 (6.9) |
| | 7　公民館内 | 157 (1.9) | 295 (2.5) |
| | 8　公立保育所内 | 74 (0.9) | 138 (1.2) |
| | 9　公立幼稚園内 | 54 (0.7) | 152 (1.3) |
| | 10　その他の自治体の所有の施設内 | 390 (4.8) | 634 (5.5) |
| | 11　社会福祉協議会や公社などが設置した施設内 | 16 (0.2) | 52 (0.4) |
| 法人 | 12　私立保育園内 | 225 (2.8) | 504 (4.3) |
| | 13　その他社会福祉法人が設置した施設内 | 74 (0.9) | 119 (1.0) |
| 父母 | 14　父母が建てた専用施設 | 137 (1.7) | 100 (0.9) |
| | 15　アパート・マンション | 203 (2.5) | 145 (1.2) |
| | 16　民家を借用 | 561 (7.0) | 681 (5.9) |
| その他 | 17　町内会・自治会・団地の集会所 | 161 (2.0) | 161 (1.4) |
| | 18　神社・寺院を利用 | 21 (0.3) | 17 (0.1) |
| | 19　その他 | 176 (2.2) | 307 (2.6) |
| | 合計 | 8057 (100.0) | 11608 (100.0) |

出典) 全国学童保育連絡協議会編集・発行『学童保育の実態と課題　2003年版』2003

### (4) 学童保育所の運営主体の動向

　放課後児童健全育成事業の法制化から今日に至るまでの学童保育所の運営主体の動向をみると、法人によって運営されている学童保育所の割合が1998年の7.2%から2005年の14.0%へと大きく増加している。これは、法制化によって社会福祉法人が学童保育所の運営に積極的に参入してきた結果であろう。また、2005年においては、運営委員会が運営主体になっている割合が15.4%あり、父母会が運営主体になっている割合が10.4%を占めていることも注目する必要がある。この両者を合わせると学童保育所の運営主体に占める割合は25.8%で4分の1以上になる (以上、**表6・7**)。

## 表6　運営主体別の学童保育所数

| 運営主体 | 1998年 | | 2004年 | | 2005年 | |
|---|---|---|---|---|---|---|
| | か所 | 割合 | か所 | 割合 | か所 | 割合 |
| 公営 | 4881 | 50.7% | 6952 | 47.4% | 7001 | 45.7% |
| 公社・社協 | 775 | 8.1% | 1953 | 13.3% | 2038 | 13.3% |
| 運営委員会 | 1698 | 17.6% | 2174 | 14.8% | 2354 | 15.4% |
| 父母会 | 1746 | 14.61% | 1683 | 11.5% | 1597 | 10.4% |
| 法人等 | 693 | 7.2% | 1789 | 12.2% | 2145 | 14.0% |
| その他 | 178 | 1.8% | 127 | 0.9% | 174 | 1.2% |
| 合計 | 9971 | 100.0% | 14678 | 100.0% | 15309 | 100.0% |

出典）全国学童保育連絡協議会編集・発行『学童保育情報2005-2006』2005

## 表7　学童保育所の運営主体別内訳

（　）内は%

| 運営主体 | 98年調査回答数 | 2003年調査回答数 |
|---|---|---|
| 1　公立公営（市町村の直営） | 4186 (51.9) | 5734 (48.6) |
| 2　公社等に行政が委託 | 128 (1.6) | 558 (4.7) |
| 3　社会福祉協議会に行政が委託 | 450 (5.6) | 925 (7.8) |
| 4　社会福祉協議会（行政からの補助あり） | 120 (1.5) | 12 (0.1) |
| 5　地域運営委員会に行政が委託 | 850 (10.5) | 1247 (10.6) |
| 6　地域運営委員会（行政からの補助あり） | 585 (7.3) | 694 (5.9) |
| 7　父母会や父母に行政が委託 | 481 (6.0) | 685 (5.8) |
| 8　父母会（行政からの補助あり） | 471 (5.8) | 510 (4.3) |
| 9　父母会（補助なし） | 26 (0.3) | 23 (0.2) |
| 10　社会福祉法人等・個人に行政が委託 | 396 (4.9) | 868 (7.4) |
| 11　法人・個人（行政からの補助あり） | 190 (2.4) | 322 (2.7) |
| 12　法人・個人（補助なし） | 45 (0.6) | 79 (0.7) |
| 13　その他 | 132 (1.6) | 130 (1.1) |
| 合　計 | 8060 (100.0) | 11787 (100.0) |

出典）全国学童保育連絡協議会編集・発行『学童保育の実態と課題　2003年版』2003

運営委員会とは、学校長や自治会長などの地域社会における役職者と父母会などが運営委員会を構成し、学童保育所を運営する主体となる形態である。父母会とは、まさに利用児童の父母自身が学童保育所を運営する主体となることである。この両者が運営主体になっている学童保育所の割合が全体の4分の1以上を占めているのは、社会福祉法が規定する社会福祉事業として放課後児童健全育成事業が実施されていることを考慮すると、望ましい状態ではないといえる。しかし、この両者が運営主体となっている学童保育所の割合は1998年の法制化以降は減少傾向にあり、特に父母会による運営形態は絶対数においても減少している。これは、両者とも放課後児童健全育成事業が法制化される以前から継続されている運営形態であり、学童保育が自治体単独事業として実施されてきたほか、父母等による自発的な事業として実施されてきたためである。こうした数字からは、児童と父母の学童保育に対する現実的なニーズが、父母をはじめとする関係者の自発的な努力によって充足されてきたことが推察でき、放課後児童健全育成事業の法制化の一つの要因を成したことを指摘できる。

### (5) 学童保育所の設備に関する動向

学童保育所の設備についての動向をみると、まず、利用児童1人当たりの床面積は、1993年から2003年までほとんど改善されていない（**表8**）。次に、身体を動かして遊べる室内空間の有無では、2003年の調査で25.2％の学童保育所が室内あそびの空間を備えていない状況にある（**表9**）。また、屋外の遊び場は9.1％の学童保育所が備えていない（**表10**）。同じく2003年の調査によれば、トイレは45.1％、手洗い場は34.8％が共用であり、さらに、静養できる部屋は43.8％、室内遊戯室は48.5％が保有していない（**表11**）。これらの実態から判断すると、児童福祉法が規定する「適切な遊び及び生活の場を与えて、その健全な育成を図る事業」としては、学童保育所の設備条件は不十分であるといえる。これは、学童保育所が児童福祉施設として法制化されずに事業として法制化され、法制化にあたってはそれ以前の実態を追認するに留まったことに起因しているためであろう。

表8　学童保育所の平均のべ床面積と児童一人当たりの広さ

|  | 93年調査 | 98年調査 | 2003年調査 | 比較 |
|---|---|---|---|---|
| 平均のべ床面積 | 86.4㎡ | 85.4㎡ | 106.3㎡ | 20.9㎡ |
| （平均児童数） | (30.8人) | (34.6人) | (39.0人) | 4.4人 |
| 一人当たりののべ床面積 | 2.80㎡ | 2.47㎡ | 2.73㎡ | 0.26㎡ |

出典）全国学童保育連絡協議会編集・発行『学童保育の実態と課題　2003年版』2003

表9　学童保育所における室内遊びのスペースの有無

（　）内は％

| | | 98年調査 | 2003年調査 |
|---|---|---|---|
| 身体を動かして遊べるスペース | ある | 661 (68.1) | 769 (90.9) |
| | ない | 293 (30.2) | 83 (7.8) |
| | その他 | 17 (1.7) | 14 (1.3) |
| | 合計 | 971 (100.0) | 1061 (100.0) |

出典）全国学童保育連絡協議会編集・発行『学童保育の実態と課題　2003年版』2003

表10　学童保育所における屋外の遊び場の有無

（　）内は％

| | | 98年調査 | 2003年調査 |
|---|---|---|---|
| 屋外の遊び場 | ある | 895 (90.8) | 970 (90.9) |
| | ない | 79 (8.0) | 83 (7.8) |
| | その他 | 12 (1.2) | 14 (1.3) |
| | 合計 | 986 (100.0) | 1067 (100.0) |

出典）全国学童保育連絡協議会編集・発行『学童保育の実態と課題　2003年版』2003

表11 学童保育所における設備の状況（設置されている割合）（％）

| 設備 | 93年調査 | 98年調査 | 2003年調査 | | |
|---|---|---|---|---|---|
| | | | 専用あり | 共用あり | なし |
| 生活室 | | | 83.2 | 14.5 | 2.3 |
| 台所設備 | 72.4 | 64.3 | 63.6 | 21.7 | 14.7 |
| 学童保育専用トイレ | 91.9（注） | 48.5 | 50.0 | 45.1 | 4.9 |
| 学童保育専用の電話 | 67.4 | 75.2 | 74.5 | 19.6 | 5.9 |
| かばん置き場（個人ロッカー） | 96.1 | 95.4 | 93.6 | 3.6 | 2.8 |
| 手洗い場 | 93.4 | 85.7 | 61.6 | 34.8 | 3.6 |
| 足洗い場 | 61.3 | 53.4 | 34.9 | 35.8 | 29.4 |
| 静養できる部屋またはコーナー | 43.1 | 34.9 | 37.6 | 18.6 | 43.8 |
| ホールなどの室内遊戯室 | | 43.1 | 22.9 | 28.6 | 48.5 |
| 指導員の事務スペース | | 69.8 | 53.2 | 21.8 | 25.0 |
| 指導員用ロッカー | | 60.6 | 59.1 | 8.7 | 32.2 |
| シャワー設備 | | | 7.7 | 7.6 | 84.7 |
| 冷蔵庫 | | 85 | 85 | 10.9 | 4.1 |
| クーラー | | 49.5 | 55.8 | 10.2 | 34.0 |
| 印刷機 | | 29.8 | 34.4 | 23.5 | 42.1 |
| 障害児用トイレ | | | 6.4 | 15.0 | 78.6 |

注）93年の調査では、項目が「学童保育専用のトイレ」ではなく「トイレ」となっていたので、専用ではない場合も含む数字となっている。
出典）全国学童保育連絡協議会編集・発行『学童保育の実態と課題 2003年版』2003

## (6) 学童保育所の開設日数・開設時間の動向

　学童保育所の開設日数の動向は、1998年の平均開設日数が年間272日で、2003年の平均開設日数は年間276日になっており、1年間あたりの開設日数はわずかながら増加傾向にある。また、1998年では年間281日以上開設している学童保育所の割合は57.4％であるが、2003年では66.7％であり、開設日数が増加している学童保育所の割合も増加している（**表12**）。このことは、土曜日の開設動向とも合致しており、すべての土曜日に開設している学童保育所が、1998年では59.6％であるが、2003年では64.4％に増加している現状にある（**表13**）。また、開設時間の動向も増加傾向にあり、午後6時以降まで開設している学童保育所の割合は、1998年では32.7％であったものが、

2003年では68.7％へと急増している現状にある（**表14**）。こうした学童保育所の開設日数・開設時間の増加傾向は、共働き家庭の一般化やひとり親家庭の増加などの児童と父母の現実的な学童保育に対するニーズの拡大に応じて延長されてきたものといえる。

**表12 学童保育所の開設日数**

（　）内は％

| 98年調査 | | | 2003年調査 | | |
| --- | --- | --- | --- | --- | --- |
| 開設日数 | 自治体数 | 学童保育数 | 開設日数 | 自治体数 | 学童保育数 |
| 200日以下 | 58 (4.6) | 256 (3.1) | 200日以下 | 83 (4.2) | 214 (2.0) |
| 201〜250日 | 318 (25.1) | 1854 (22.7) | 201〜250日 | 555 (28.1) | 2720 (25.1) |
| 251〜280日 | 283 (22.3) | 1370 (16.8) | 251〜280日 | 196 (9.9) | 670 (6.2) |
| 281日以上 | 609 (48.0) | 4678 (57.4) | 281〜290日 | 525 (26.6) | 2620 (24.1) |
| | | | 291日以上 | 618 (31.2) | 4627 (42.6) |
| 合　計 | 1268 (100.0) | 8158 (100.0) | 合　計 | 1977 (100.0) | 10851 (100.0) |
| 平均開設日数 | 267日 | | 平均開設日数 | 270日 | 276日 |

出典）全国学童保育連絡協議会編集・発行『学童保育の実態と課題　2003年版』2003

**表13 学童保育所における土曜日の開設状況**

（　）内は％

| | 2003年調査 | | 98年調査 | |
| --- | --- | --- | --- | --- |
| | 自治体数 | 学童保育数 | 自治体数 | 学童保育数 |
| すべての土曜日を開設している | 1260 (58.7) | 7367 (64.4) | 660 (50.1) | 4466 (59.6) |
| 月1〜4回程度開設している | 117 (5.5) | 527 (4.6) | | |
| 拠点施設を決めてすべての土曜日開設 | 48 (2.2) | 482 (4.2) | 356 (27.0) | 1405 (18.8) |
| その他 | 109 (5.1) | 703 (6.2) | | |
| 土曜日は開設していない | 612 (28.5) | 2360 (20.6) | 301 (22.9) | 1621 (21.6) |
| 合計 | 2146 (100.0) | 11439 (100.0) | 1317 (100.0) | 7492 (100.0) |

出典）全国学童保育連絡協議会編集・発行『学童保育の実態と課題　2003年版』2003

表14　学童保育所の終了時刻（子どもの帰宅時刻）の分布（％）

| 終了時刻 | 98年調査 | | 2003年調査 | |
|---|---|---|---|---|
| 〜3：59 | 0.1 | 合計67.3 | 0.2 | 合計31.3 |
| 4：00〜4：59 | 2.5 | | 1.6 | |
| 5:00 | 32.7 | | 14.9 | |
| 5：01〜5：29 | 13.5 | | 0.5 | |
| 5：30〜5：59 | 18.7 | | 14.1 | |
| 6:00 | 29.4 | 合計32.7 | 47.4 | 合計68.7 |
| 6：01〜6：29 | 0.2 | | 1.0 | |
| 6：30〜6：59 | 2.6 | | 13.3 | |
| 7：00〜 | 0.5 | | 7.0 | |
| 合　計 | 100.0 | 100.0 | 100.0 | 100.0 |

出典）全国学童保育連絡協議会編集・発行『学童保育の実態と課題　2003年版』2003

### (7) 学童保育所での障害児の受け入れ動向

　障害児を受け入れている学童保育所数は、1998年では1646か所で20.7％であるが、2003年では3566か所で25.8％あり、障害児を受け入れている学童保育所は徐々に増加している（**表15**）。しかし、2003年における25.8％の学童保育所での障害児の受け入れは、学童保育所全体の約4分の1に過ぎず、インテグレーションやノーマライゼーションの考え方からみると不十分であると指摘できる。この動向は、障害児が入所している学童保育所がある市町村数においても同様であり、2003年では44.0％の市町村しか障害児のための学童保育を実施しておらず（**表16**）、自治体における障害児の地域生活支援施策の一つとして学童保育を捉えるならば、その実態は不十分である。さらに、学童保育所に入所している障害児の数をみると、2003年で6358人になっており（**表17**）、これは学童保育所全利用児童数538100人の約0.012％でしかなく、障害児の学童保育所への入所は低調であるのが実態である。障害児は放課後の遊びや生活の場の確保においても特別なニーズを有しており、学童保育所が障害をもつ学童の地域生活を支援するための社会資源として積極的な役割を担っていくことが求められているといえるが、実態は不十分な状態にある。

190 第Ⅲ部 保健・医療・福祉の現状と課題

表15 障害児が入所している学童保育数

|  | 93年調査 | 98年調査 | 2003年調査 |
|---|---|---|---|
| 障害児が入所している学童保育数 | 902か所 | 1646か所 | 3566か所 |
| 全学童保育数との比較（13797か所） | 14.3% | 20.7% | 25.8% |

出典）全国学童保育連絡協議会編集・発行『学童保育の実態と課題　2003年版』2003

表16 障害児が入所している学童保育のある市町村数

|  | 93年調査 | 98年調査 | 2003年調査 |
|---|---|---|---|
| 障害児が入所している学童保育がある市町村数 | 254市町村 | 436市町村 | 953市町村 |
| 学童保育がある市町村との割合（回答した市町村） | 29.0% | 34.2% | 44.0% |

出典）全国学童保育連絡協議会編集・発行『学童保育の実態と課題　2003年版』2003

表17 学童保育所に入所している障害児数

|  | 93年調査 | 98年調査 | 2003年調査 |
|---|---|---|---|
| 入所している障害児数 | 1437人 | 2557人 | 6358人 |

出典）全国学童保育連絡協議会編集・発行『学童保育の実態と課題　2003年版』2003

## (8) 学童保育指導員の動向

　学童保育所の急増に伴って、学童保育所の指導員の数も急増している。1993年には約17500人であった指導員は、2003年には約47800人になり、10年間で約2.7倍に増加している（**表18**）。指導員の雇用形態を1998年と2003年とで比較してみると、公立公営の学童保育所においても、民間運営の学童保育所においても、正規職員の指導員数に占める割合が減少し、非正規職員の占める割合が高まっている傾向にある。具体的には、1998年と比較して2003年では、公立公営の学童保育所においては5.6ポイント、民間運営の学童保育所においては2.8ポイントで正規職員が減少している（**表19・20**）。これは、近年の各種福祉職場における共通した傾向である非正規職員の増加の動向と同一の傾向を示しているものであるが、学童保育の質や内容の維持・向上を考えた場合、望ましいとはいえない。また、指導員の経験年数をみると、学童保育所での経験が6年目以上の指導員の割合が1998年では40.7％であった

ものが2003年では31.9％に減少し、学童保育の実践経験が少ない指導員が急増している（**表21**）。この点についても、学童保育指導員が急増しているためであるが、学童保育の質や内容を確保するうえで望ましくない動向にあると指摘できる。さらに、採用時の指導員の資格要件の有無をみると、自治体の職員としての採用においては、資格要件がない採用が2003年で60.0％を占めており、かつ、1993年で資格要件がない採用が63.9％である（**表22**）ことから、この10年間でほとんど改善されておらず、この点でも学童保育の質や内容面での維持・向上を考えると望ましいとはいえない現状にある。しかし、指導員の総数は急増傾向にあり、また、指導員一人あたりの児童数は1998年の調査では13.2人であるが、2003年の調査では11.2人に改善されている（表18）ことを考慮すると、正規職員のみで指導員の急増に対応できないことは、現実問題としては容認せざるを得ない実情にあるともいえる。また、児童が学童保育所を利用している時間帯の指導員の体制は、わずかながら改善されてきている傾向にあり、指導員が2人以上の複数体制が常態になっている学童保育所の割合は、1998年の60.1％から2003年の64.7％に改善されている（**表23**）。経験豊かな指導員を確保することは学童保育実践の質や内容を維持・発展させるうえで不可欠であり、その育成・確保の方策は今後の課題である。

**表18　学童保育所の指導員数および1施設当たりの平均指導員数**

|  | 93年調査 | 98年調査 | 2003年調査 |
|---|---|---|---|
| 指導員総数 | 約17500人 | 約25300人 | 約47800人 |
| 1施設平均指導員数 | 2.33人 | 2.63人 | 3.47人 |
| 1施設平均入所児童数 | 30.8人 | 34.7人 | 39.0人 |
| 指導員1人当たり児童数 | 13.2人 | 13.2人 | 11.2人 |

出典) 全国学童保育連絡協議会編集・発行『学童保育の実態と課題　2003年版』2003

表19　公立公営の学童保育における指導員の雇用形態

（　）内は%

| | | 98年調査 | | 2003年調査 | | 増減 | |
|---|---|---|---|---|---|---|---|
| 正規職員 | | 2336 (20.1) | | 2900 (14.5) | | −5.6 | |
| 非正規職員 | 臨時 | 2270 (19.5) | 79.90% | 6013 (30.1) | 85.50% | ＋10.6 | ＋5.6 |
| | 非常勤 | 2841 (24.5) | | 4384 (21.9) | | −2.6 | |
| | 嘱託 | 2365 (20.4) | | 3900 (19.5) | | −0.9 | |
| | パート・アルバイト | 1137 (9.8) | | 2421 (12.1) | | ＋2.3 | |
| | 有償ボランティア | 668 (5.8) | | 385 (1.9) | | −3.9 | |

出典）全国学童保育連絡協議会編集・発行『学童保育の実態と課題　2003年版』2003

表20　民間運営の学童保育における指導員の雇用形態

（　）内は%

| | 98年調査 | 2003年調査 | 増減 |
|---|---|---|---|
| 正規職員 | 3880 (43.7) | 7759 (40.9) | −2.8 |
| パート・アルバイト等 | 4992 (56.3) | 11233 (59.1) | ＋2.8 |

出典）全国学童保育連絡協議会編集・発行『学童保育の実態と課題　2003年版』2003

表21　学童保育指導員の経験年数（個別調査より）

（　）内は%

| | 98年調査 | 2003年調査全体 | 2003年調査（開設年区切り）　% | | |
|---|---|---|---|---|---|
| | | | 2003-1999 | 1998-1993 | 1993-1989 |
| 1年目 | 496 (20.9) | 757 (22.9) | 28.9 | 22.5 | 19.2 |
| 2年目 | 319 (13.4) | 495 (15.0) | 21.1 | 14.5 | 15.1 |
| 3年目 | 241 (10.1) | 438 (13.2) | 22.2 | 12.6 | 12.9 |
| 4年目 | 198 (8.3) | 284 (8.6) | 10.9 | 5.9 | 8.8 |
| 5年目 | 154 (6.5) | 279 (8.4) | 7.4 | 14.3 | 5.3 |
| 6−10年目 | 476 (20.0) | 523 (15.8) | 3.9 | 24.8 | 23.3 |
| 11−15年目 | 203 (8.5) | 248 (7.5) | 2.3 | 2.5 | 11.0 |
| 16年目以上 | 289 (12.2) | 283 (8.6) | 3.2 | 2.7 | 4.4 |
| 人数計 | 2376人 (100.0) | 3307 (100.0) | 100.0 | 100.0 | 100.0 |
| 3年目以下 | 44.40% | 51.10% | 72.2 | 49.6 | 47.2 |
| 6年目以上 | 40.70% | 31.90% | 9.4 | 30.0 | 38.7 |

出典）全国学童保育連絡協議会編集・発行『学童保育の実態と課題　2003年版』2003

**表22 学童保育指導員の採用時の資格要件（自治体数）**

（　）内は％

|  | 93年調査 | 98年調査 | 2003年調査 |
|---|---|---|---|
| 資格要件がある | 303 (36.1) | 505 (39.7) | 845 (40.0) |
| ない | 536 (63.9) | 768 (60.3) | 1265 (60.0) |
| 合計 | 839 (100.0) | 1273 (100.0) | 2110 (100.0) |

出典）全国学童保育連絡協議会編集・発行『学童保育の実態と課題　2003年版』2003

**表23　学童保育所に子どもがいる時間帯の指導員数**

（　）内は％

|  | 98年調査 | | 2003年調査 | |
|---|---|---|---|---|
|  | 自治体数 | 学童保育数 | 自治体数 | 学童保育数 |
| 全てのところで2人以上の複数体制が常態 | 724 (56.0) | 4643 (60.1) | 1272 (59.6) | 7481 (64.7) |
| 2人以上の複数体制が大半で一部は1人体制 | 164 (12.7) | 1368 (17.8) | 326 (15.2) | 2139 (18.5) |
| 1人体制と2人以上の複数体制が混在 | 166 (12.8) | 1101 (14.3) | 247 (11.6) | 1404 (12.2) |
| 1人体制が常態のところが大半 | 240 (18.5) | 594 (7.7) | 290 (13.6) | 532 (4.6) |
| 合計 | 1294 (100) | 7676 (100) | 2135 (100) | 11556 (100) |

出典）全国学童保育連絡協議会編集・発行『学童保育の実態と課題　2003年版』2003

## (9) 国による補助の動向

　学童保育所に対する国の補助金は、2005年度の補助単価で**表24**のようになっている。具体的には、年間開設日数が280日以下の学童保育所への補助は一律161万4000円で、年間開設日数が281日以上の学童保育所への補助は、利用児童数に応じて113万4000円から360万円までに区分されている。補助割合は、国が3分の1、都道府県が3分の1、市町村が3分の1である。また、乳幼児のための保育所への国の補助金と学童保育所への国の補助金の概要を比較すると、**表25**のようになる。乳幼児のための保育条件と学童のための保育条件とを単純に比較することはできないが、児童一人当たりの国の補助額は、学童保育所が乳幼児のための保育所の約20分の1になっており、このことから判断すると学童保育所への国の補助水準は不十分であると指摘できる。学童保育所への補助の最高額が360万円であることを考えると、指導員の人件費を賄うことさえ困難であると推察でき、自治体が運営している学童保育所については、自治体の一般予算が充当されることになるが、自治体以外の経営主体によって運営されている学童保育所の場合は、予算が不十分であると

指摘できる。学童保育所が事業として位置づけられ、児童福祉施設として法制化されなかったことが要因であるが、それにしても国の学童保育に対する補助の水準は不十分であろう。

**表24　学童保育所に対する国の2005年度補助単価**

(年額：円)

| 児童数 | 年間開設日数 | |
|---|---|---|
| | 281日以上 | 200日－280日 |
| 小規模 (10～19人) | 1,134,000 | なし |
| 20人～35人 | 1,686,000 | 1,614,000 |
| 36人～70人 | 2,643,000 | |
| 71人以上 | 3,600,000 | |

出典）全国学童保育連絡協議会編集・発行『学童保育情報2005-2006』2005

**表25　学童保育所と保育所の国による補助金の比較**

| 学童保育 (2005年度) | | 保育所 (2003年度ベース) | | 保育所と比べて学童保育は |
|---|---|---|---|---|
| 施設数 | 1万5309か所 | 施設数 | 2万2231か所 | 約3分の2 |
| 入所児童数 | 約65万人 | 入所児童数 | 約187万人 | 約3分の1 |
| 指導員数 | 約5万人 | 保育士数 | 約43万人 | 約9分の1 |
| 1施設当たりの国庫支出額 | 約56万円 | 1施設当たりの国庫支出額 | 約2200万円 | 約40分の1 |
| 児童1人当たり予算額 | 約1万4569円 | 園児1人当たり予算額 | 約26万2000円 | 約20分の1 |

（保育所の国庫支出金は一般財源化前の金額、学童保育数や入所児童数は2005年5月現在の数字）

出典）全国学童保育連絡協議会編集・発行『学童保育の実態と課題2003年版』2003

## 3. 放課後児童健全育成事業の課題

　共働き家庭やひとり親家庭の子育てに不可欠である学童保育所は、児童と親の生活上の現実的なニーズから生まれ、放課後児童健全育成事業の法制化以前から自治体単独事業や親の会の事業として実践され、今日では児童福祉法に基づくサービスとして着実に発展してきている。1997年に児童福祉法の改正によって法制化されたが、その直接的な要因は共働き家庭の一般化やひとり親家庭の増加である。また、2005年の合計特殊出生率が1.29となって史上最低の水準を更新したが、1989年の1.57ショック以来一向に歯止めがかからない少子化対策のための施策としても位置づけられる。また、少子化とも相まって地域社会における学童集団の解体が進行し、その放課後生活がテレビ漬けやファミコンなどのゲーム漬けになっていることなど、学童の遊びや生活の質の貧困化が指摘される状況において、学童保育所が学童の地域生活を豊かにする保育実践を着実に発展させてきたことも、法制化の大きな要因として指摘できるであろう。いずれにしても、放課後児童健全育成事業は、近年における児童福祉サービスの中で、最も事業量が拡大してきている施策である。しかし同時に、多くの課題を抱えていることも先述したとおりである。

　学童保育所の実態に関する一つの事例を取り上げると、「横浜市中区の中華街に近い商業地のマンション2階に、学童保育所『本牧かもめクラブ』がある。周辺7校区の児童のために、91年に地域の父母や民生委員らが運営委員会を作って設けた。現在46人の児童が通っている。市の中心部だけに家賃は高く、約80平方メートルのワンルームで月額27万円である。指導員4人の給与などを合わせ、運営には年間1800万円かかるが、行政からの補助は650万円である。残りは父母負担で、児童一人あたり月額22000円になる。それでも毎年、定員はすぐに埋まり、入所を断る年も少なくない」(毎日新聞、2006年3月8日朝刊)などの現実が存在する。こうした事例は特殊なものではなく、数多く存在する事例の一つであると推察できる。この点について木田は、「学童保育の必要性について社会的な共通認識ができつつある一方、学童保育がその役割を果たすためにはどのような内容が保障され、どのような条件

整備が図られなければならないのかという点での社会的な共通理解はまだ不十分である」[1]と指摘している。こうした意味で、放課後児童健全育成事業は発展途上の児童福祉施策といえる。

　これまで放課後児童健全育成事業に関するいくつかの側面に関する動向をみてきたが、ここではこうした動向を踏まえつつ、放課後児童健全育成事業が児童福祉施策の一つとして児童と親のニーズに応えるために必要で十分な役割を果たしていくための課題について明らかにする。

　第一に、学童保育所が絶対的に不足している現状を改善し、学童保育所の増設を図ることが必要である。2005年現在、学童保育所数は2033市区町村に15309か所となっており、前年比で630か所以上増加している。入所児童数も前年比で6万人以上増加し、2005年現在で約65万人である。学童保育所数も利用児童数も急激に増加しているが、他方においては、2003年に保育園を卒園して小学校に入学した児童数は約43万人で、学童保育所に入所した児童数は約20万人である。保育所利用児童の約半数が学童保育所を利用していないのが現状である。また2004年現在、学童保育所が設置されていない市町村数が367自治体あり、小学校の総数に対する学童保育所の設置率は約65％である。こうした中で、すべての市町村で放課後児童健全育成事業が実施されること、また、すべての小学校に対応する学童保育所が設置されることが求められる。

　第二に、学童保育所の絶対的な不足と関連して利用児童集団の規模の拡大が進行しており、適切な利用児童集団の規模を実現することが必要である。利用定員が40人以上の学童保育所の割合は1998年に34.0％で約3か所に1か所の割合であったが、2003年には43.8％で、その割合は1割近くも増加し、学童保育所の半数に接近している現状である。また、利用定員が71人以上の学童保育所の割合も2003年には約1割を占めている。学童保育所を「安全で一人ひとりの子どもに安定した安心感のある生活を保障しなければならない施設」[2]として位置づけるならば、利用定員は少なくとも40人以下の規模が望ましいと考えられる。利用定員が40名を超える学童保育所は分割して2か所の学童保育所として設置し、適切な児童集団の規模を実現することが求められる。

第三に、学童保育所の設備などの保育条件の改善を図ることが課題である。2003年における児童1人当たりの学童保育所の平均床面積は2.73平方メートルである。また、トイレで45.1％、手洗い場は34.6％の学童保育所が共有設備を利用している現状である。静養できる部屋は18.6％、クーラーは10.2％の学童保育所しか設置されていない。全国学童保育連絡協議会は、学童保育所に必要な設備として、生活室、プレイルーム、静養室、トイレ、玄関、台所設備、手洗い場、足洗い場、温水シャワー設備を提案している[3]が、生活の場として求められる最低限の設備が確保されることが必要である。

　第四に、障害を持つ学童の地域生活支援の場としての役割を果たすことが求められている。障害をもつ学童の放課後生活は地域社会から孤立しがちになるなどの問題を抱えている場合が多く、地域社会を基盤にした特別なケアが求められている。しかし、そのための支援施策は不十分であるのが実態である。特に各種養護学校に通学している児童については、通学の区域が広いために地域社会との接点を持ちにくい状態に置かれていることが多い。こうした中で学童保育所には、障害を持つ学童と地域社会との接点となる役割を果たし、障害を持つ学童の地域生活を支え、ノーマライゼーションを推進していくことが求められる。2003年に障害を持つ学童を受け入れている学童保育所は3566か所で、全体の25.8％しかないのが実態である。また、44.0％の市町村しか障害児のための学童保育を実施していない。学童保育所に入所している障害児の数をみると2003年には6358人であり、学童保育所利用児童数538100人の約0.012％でしかない。学童保育所が障害をもつ学童の地域社会における社会資源の一つとしての役割を果たすことが必要である。

　第五に、学童保育所指導員の資格要件を明確にし、専門性の向上を図ることが課題である。採用時における指導員の資格要件の有無をみると、自治体職員としての採用においては、資格要件がない採用は、2003年には60.0％を占めており、かつ、1993年の調査では63.9％であることから、この10年間でほとんど改善されていない。民間運営の学童保育所においても同様の傾向にあることが推察される。一部の市町村では、「指導員としてシルバー人材センターから派遣された高齢者を配置している」[4]などの極端な実態も存在する。学童保育所が児童の健全育成を目的にしていることからみて、指導員の

資格要件を明確にすることは保育の質的な向上を図るうえで不可欠な要素であろう。

　第六に、学童保育所に対する国の補助金を大幅に引き上げる必要がある。児童１人当たりの学童保育所への国の補助金は、乳幼児保育のための保育園における児童１人当たりに対する国の補助金の約20分の１である。第二種社会福祉事業として児童福祉法に基づくサービスとして位置づけられている以上、一定の改善を図っていく必要があろう。今日、学童保育所に対する児童と親のニーズは急速に拡大し、学童保育所の利用児童数は保育所を利用している乳幼児数の約３分の１にまで増加してきている。学童保育所数も乳幼児のための保育所数の約３分の２まで増加してきている。地域社会における子育て支援施策の一環として正当に位置づけ、補助金の改善を図っていくことが求められる。このことは、学童保育所が児童福祉施設ではなく事業として位置づけられたことが背景を形成しているとはいえ、学童保育所には最低基準も設けられておらず、厚生労働省が「放課後児童健全育成事業の実施要項」を通知するにとどまっている。児童福祉施設最低基準の一環として基準を策定することが必要である。

　第七に、学童保育所の独自について、その固有性を明らかにすることが必要である。一部の市区町村では学童保育所に対する児童と家庭のニーズの増加に対して、「全児童対策事業」によって対応しようとする動向がみられる。「全児童対策事業」とは、「余裕教室等を活用して、すべての児童を対象にした放課後の遊び場を提供する事業であり、厚生労働省がすべての児童を対象にしている児童福祉施設である児童館と区別して使い始めた事業名で、子どもたちの遊びを通して異年齢児童の交流を促進するなどを目的にした事業である」[5]。これに対して学童保育所は、子どもたちの基本的な生活に責任をもつ家庭に代わる生活の場であり、安定的・継続的に生活が確保され、学童に対する精神面での支援や援助も含め、ケースワーク的な対応や学童同士の関係づくりが求められる性質のものである。また、学童の生活についての保護者との共同の関わりが求められるものである。こうした学童保育所の固有の独自の機能について、地域社会における学童集団の解体などによる一般的な学童の遊びや異年齢集団の確保などの問題を区別し、独自性と専門性を確

立していくことが求められている。

　最後に、地域社会における子育て支援のための社会資源の一つとしての役割を果たしていくことが必要である。今日、子どもをめぐる社会状況として子育て不安、児童虐待、非行問題の低年齢化、地域社会における子ども関係の疎遠化など、多くの問題が指摘されている。こうした子どもと家庭が抱えている諸問題について学童保育所が積極的な関わりを追求し、保育所、福祉事務所、児童委員、学校などと協力して子育て支援のためのネットワークを形成しながら、児童と家庭に対するソーシャルワークを展開していく力量を発展させていくことが必要である。そのことが学童保育所の社会的な役割と地位の向上につながると考えられる。

**引用文献**
1) 木田保男、2005年「学童保育の現状と課題」全国保育団体連絡会・保育研究所編『保育白書2005』ひとなる書房：50。
2) 全国学童保育連絡協議会編集・発行、2005年『学童保育情報2005－2006』：30。
3) 同上、33。
4) 同上、10。
5) 同上、21。

**参考文献**
日本子どもを守る会編、2005年『子ども白書2005』草土文化。
全国保育団体連絡会・保育研究所編、2005年『保育白書2005』ひとなる書房。
全国学童保育連絡協議会編・発行、2003年『学童保育の実態と課題2003年版』。
全国学童保育連絡協議会編・発行、2004年『学童保育情報2004－2005』。
全国学童保育連絡協議会編・発行、2005年『学童保育情報2005－2006』。

# 第14章　地方公務員メンタルヘルスケアの現状と課題
――合併後の自治体におけるメンタルヘルス相談事例を通して

伊東　正裕

## 1．はじめに

　全国の地方公務員を対象とした「地方公務員健康状況等調査」によれば、地方公務員の「精神及び行動の障害」による病休者率（30日以上）は、この十年来増えつづけている（図1）（メンタルヘルス一次予防対策研究会 2006:6）。「悪性新生物」や、「循環器系の疾患」、「消化器系の疾患」の長期病休者率がこの間

図1　職員10万人当たり主な疾病分類別の長期病休者等（10万人率）の推移

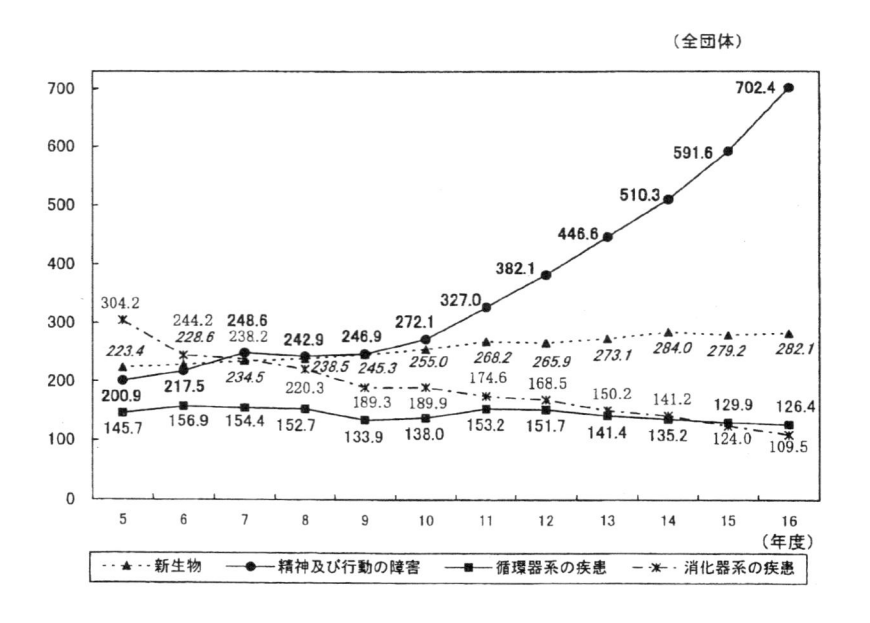

**表1　精神障害等の労災補償状況**

| 区分 | 年度 | 昭和58～平成11年度（17年間） | 平成12年度 | 平成13年度 | 平成14年度 | 平成15年度 | 平成16年度 |
|---|---|---|---|---|---|---|---|
| 精神障害等 | 請求件数 | 331 | 212 | 265 | 341 | 447 | 524 |
| | 認定件数 | 29 | 36 | 70 | 100 | 108 | 130 |
| うち自殺（未遂含む） | 請求件数 | 201 | 100 | 92 | 112 | 122 | 121 |
| | 認定件数 | 20 | 19 | 31 | 43 | 40 | 45 |

注）認定件数は、当該年度に請求されたものに限るものではない。
出典）厚生労働省労働基準局労災補償部補償課調べ（2005年）。

ほぼ横ばいなのと対照的に、地方公務員の心の健康状況は悪化している（メンタルヘルス教育研修等のあり方に関する研究会 2004:1）。

実は職員の心の健康状況の悪化は、公務職場に限ったことではない。例えば一般企業の精神障害または自殺による労災申請及び認定件数は年々増加しており、働く者の心の健康状況の悪化を示している（**表1**）（社会経済生産性本部メンタル・ヘルス研究所 2005:171）。

このような状況を背景に、平成12年8月に労働省（現厚生労働省）は「事業場における労働者の心の健康づくりのための指針」（以下、「指針」と記す）を発表した（労働省労働基準局長通知 2000）。これは、労働安全衛生法に基づき、労働者の心の健康の保持増進のために事業者が行うことが望ましい基本的な措置について総合的に示したものである。労働安全衛生法は原則として地方公務員にも適用される法律であり、この指針は地方公務員のメンタルヘルス対策の方向性を総合的に示していることになる。

一方、IT化の推進や平成13年からの相次ぐ市町村合併によって、地方公務員の職場環境は大きく変化してきた。特に市町村合併による業務の見直しや定員の削減は、地方公務員の心の健康に大きな影響を与えていると推測される。

そのような状況の中で、市町村合併後の公務職場でのメンタルヘルス対策はどのような現状にあり、どのような課題が残されているか。ある合併後の自治体のメンタルヘルス相談事例を通して、指針と対照しつつ検討する。

## 2.「指針」の概要

　この指針は全体で4つの章からなっており、第4章で職場のメンタルヘルスケアを4つの領域に整理し、具体的進め方について述べている[1]。

　第1のセルフケアは、「労働者自身がストレスや心の健康について理解し、自らのストレスを予防、軽減あるいはこれに対処する」ことである。そのためには心の健康に関する正しい知識が必要であり、事業者は、労働者に対して教育研修や情報提供を行い、心の健康に関する理解の普及を図ることが重要であるという。

　第2のラインによるケアは、「労働者と日常的に接する管理監督者が、心の健康に関して職場環境等の改善や労働者に対する相談対応を行う」ことである。これを推進するためには、作業環境や施設設備などの物理的環境だけでなく、労働時間や仕事の質と量、職場の人間関係などのソフト面の環境も含む、職場環境の整備が重要とされる。

　第3の事業場内産業保健スタッフ等によるケアは、「事業場内の健康管理の担当者が、事業場の心の健康づくり対策の提言を行うとともに、その推進を担い、また労働者及び管理監督者を支援する」ことである。事業場内の健康管理の担当者には、健康管理専門スタッフに加え、人事労務管理スタッフも含まれている。

　最後の事業場外資源によるケアは、「事業場外の機関及び専門家を活用し、その支援を受けること」である。事業者は必要に応じて地域産業保健センターや医療機関、各種相談機関等の事業場外資源を活用することが望ましく、日頃から医療機関や地域保健機関とのネットワークを作っておくことが必要であるという。

## 3．事例A

### (1) 事例の背景

　ここに提示する事例は、ある大都市近郊の地方自治体のメンタルヘルス相談事例である[2]。この自治体（以下Z市と記す）は隣接する2つの市が対等に

表2　平成13年度～16年度職員のメンタルヘルスカウンセラー相談件数と内容（Z市）

1　相談件数

|  | 平成13年度 | 平成14年度 | 平成15年度 | 平成16年度 |
|---|---|---|---|---|
| カウンセラー | 32 | 41 | 43 | 39 |

2　相談内容

| 年度内容 | 平成13年度 | 平成14年度 | 平成15年度 | 平成16年度 |
|---|---|---|---|---|
| 職場復帰 | 5 | 4 | 5 | 3 |
| 健康上の問題 | 22 | 36 | 35 | 29 |
| 職場の問題 | 3 | 0 | 1 | 3 |
| 家庭の問題 | 0 | 0 | 1 | 4 |
| その他 | 2 | 1 | 1 | 0 |
| 計 | 32 | 41 | 43 | 39 |

合併してできた新市で、合併をきっかけに精神科医の産業医と臨床心理士のメンタルヘルス・カウンセラー（筆者）を導入して職員のメンタルヘルスケアの充実を図ってきた。常勤の保健師1名が、メンタルヘルスを含む職員の健康管理を担当している。メンタルヘルス・カウンセラーへの相談件数は年間約40件で、相談内容は心身の健康上の問題がもっとも多く、他に職場復帰の問題、職場不適応に関する問題、家庭の問題など多岐にわたっている（**表2**）。

### (2) 初回面接

　Z市の職員Aさん（30代、女性、技能職）が、メンタルヘルス相談に来談した。半年ほど前から出勤がつらくなり、2ヶ月前からは家でもそわそわと落ち着かず、家事も手につかなくなったという。初回面接では、以下のような話をした。

　Aさんは、合併に伴う人事異動で、去年、もともと勤めていた旧X市の職場から合併相手の旧Y市の職場に異動になった。仕事の内容は異動前の職場と同じだが、細かい手順などが異なり、戸惑うことが多かった。もたもたしているとベテランの女性職員から「仕事が遅い」、「気が利かない」、「X市から来た人なんて」などとのしられる。するとからだが固くなって余計動けなくなったり、声が出なくなったりした。

Aさんは次第に家でもぼうっとしたり、落ち着かなくなったりして、家族にも心配されるようになった。そのころから夫の勧めで神経科クリニックに通院している。

　Aさんは、職場の人間関係について上司に相談した。しかし上司からは、「自分も同じような苦労をしてきた。慣れるまでは大変だろうが、がんばるように」と励まされただけだった。Aさんは、思い切って相談したのに裏切られたように感じたという。

　実は1年前に旧X市から旧Y市の職場に異動した先輩も、異動後1～2ヶ月で体調をくずし、病気休暇をとり、結局退職した。Aさんは、先輩のように退職に追い込まれる前に何とかしなくてはと考え、健康診断の際に市の健康管理担当者（保健師）に相談し、メンタルヘルス相談を紹介されたのだった。

## (3) メンタルヘルス相談の経過

　その後、Aさんはほぼ月に1回のペースで来談した。不眠や早朝覚醒、出勤時の吐き気などの症状は相変わらずだったが、主治医からの薬でしのぎながら仕事を続けていた。

　相談の場でAさんは、合併によって無理に異動させられたことに対する不満、現在の職場で旧X市の職員は自分だけなので本音で話せないという悩み、合併による人事交流や仕事の見直しがあったため、旧Y市の職員もいらだっていることなどを話した。

　3ヶ月ほどしてもAさんの状態は改善せず、主治医から、抗うつ剤を増量して様子を見るか、しばらく仕事を休むかという選択肢が示された。Aさん・夫・保健師・カウンセラーの4者で話し合った結果、Aさんは主治医の診断書を提出して病休に入ることになった。

　Aさんは病休中も月1回の来談を続けた。家族の支えも得て徐々に生活リズムを整え、約1ヶ月後、少しずつ家事を再開した。Aさんは他の職場への異動を希望するようになった。メンタルヘルス・カウンセラーは異動の可能性について、保健師を通して人事担当者に打診した。しかし前回の異動から1年以内に再異動した前例はないという理由で、人事担当者は再異動には消極的だった。Aさんはこれに対して、合併による異動自体が前例のないこと

なのだから、自分の再異動についても前例にこだわるのはおかしいなどと訴えた。健康管理チームは、本人の希望にそって異動する可能性を追求する一方、上司と連絡をとり、現職場に復帰する場合を想定して環境調整の努力をつづけた。

　結局Aさんは、約3ヶ月の病休後、2週間の職場復帰訓練を経て元の職場に復帰した。Aさんにつらく当たった職員は、直前に異動になっていた。人事担当者によれば、この職員はちょうど異動対象の年限に達しており、一般の異動時期とも重なったので、Aさんとの関係を配慮して異動になったとは当人も周囲も思っていないだろうとのことだった。

　職場復帰は順調だった。神経科の通院は終了し、しばらくしてメンタルヘルス相談も一応終了とした。保健師によれば、Aさんは現在も元気に勤務を続けている。

## (4) 健康管理スタッフのかかわり

　Aさんにかかわった健康管理スタッフは、精神科医の産業医と衛生管理者である保健師、臨床心理士のメンタルヘルス・カウンセラーの3者であった。

　産業医は、健康管理スタッフのリーダーとして全体を統括した。病休に入る時と職場に復帰する時にAさんと面接し、病休や復帰が適当か否かを産業医の立場から判断した。それは、病休や復帰に際しての留意事項の確認や助言をおこなう機会ともなった。

　保健師は、健康管理スタッフの中で唯一の常勤スタッフであり、Aさんやその上司からの日常的な相談や連絡を受ける立場だった。また人事労務管理スタッフや主治医との連絡調整役としても重要な役割を担った。産業医やメンタルヘルス・カウンセラーにとっても、Aさんの日常の状態や職場の状況を随時報告してもらえることは大変役に立った。

　メンタルヘルス・カウンセラーは、Aさんとのほぼ月1回の定期面接と、上司や家族との臨時の面接を担当した。Aさんとの面接では、Aさんの訴えを受け止め、心理状態の理解、職場の状況の把握、問題点の整理などを行い、病休後はスムーズに仕事に戻るための方策を共に考える役割をとった。上司や家族との面接では、Aさんとの接し方や療養生活の支え方、人間関係の調

整の仕方などについて助言したりした。

## 4．地方公務員メンタルヘルスケアの現状と課題

　Aさんの事例を通し、地方公務員メンタルヘルスケアのうち、特にラインによるケアと事業場内産業保健スタッフによるケアについて検討する[3)4)]。

### (1) ラインによるケアの現状

　Aさんは、職場での孤立した状況や人間関係の悩みについて上司に相談した。その結果、Aさんはかえって失望し、悩みは深まってしまった。このエピソードは、ラインによるケアの難しさを示している。Aさんが上司に求めたのは、十分話を聴いてもらうことと職場環境の改善、具体的には職員同士の人間関係を調整することだったが、上司は、ただAさん個人を励ますことによって問題解決を図ろうとした。

　指針によれば、ラインによるケアの中心は、職場環境の改善と相談対応の二つである。Aさんの気持ちを受け止めたうえで、職場環境の改善について健康管理担当者や人事労務管理担当者に相談することが望ましい対処法だった。しかし上司は、相談の受け方について知識や技術の不足に加え、自治体の合併が職員のメンタルヘルスに与える影響を軽視したため、職場環境の改善、職員間の関係調整の重要性に考えが及ばなかったと推測される。

　これは決してAさんの上司個人の問題ではない。Z市の場合、事業者や人事労務管理担当者、健康管理担当者に、合併が職員のメンタルヘルスに与える影響の重大さに対する認識が十分ではなく、管理監督者への指導が後手に回ったことは否定できない。事業所の管理監督者にこの点に関する理解が不足したのも、無理からぬことであった。

### (2) 市町村合併が職員のメンタルヘルスに与える影響と、ラインによるケアの課題

　市町村の合併が職員のメンタルヘルスに影響を与える要因として、まず業務の変化特に労働過重の問題がある。職員は、自治体の規模の拡大による通常業務の増加に加え、合併に伴って生じるさまざまな新たな業務にとりくま

なければならない。最近、合併に伴う過重な仕事によるストレスを背景とした自殺が公務災害と認められた事例があったが[5]、自殺に至らないまでも、合併に伴う事務量の急激な増加で職員が過労におちいるのは珍しいことではない。

　Z市でも合併直後の平成13年度と、14年度には相談に訪れる職員の多くが、過労による心身の不調を訴えていた。例えば両市のコンピューターシステムの変更を担当したある職員は、合併前後の約２年間、連日深夜まで仕事をし、休日も休まず出勤した末に、心身ともに消耗しきって来談した。この職員は、ただ仕事が忙しいことが負担なのではなく、自分の多忙さや仕事の難しさを上司や同僚、人事当局が全く理解していないことがつらいと訴えた。上司や同僚の理解を得られず、孤立感を抱いたまま過重な負担を強いられる状況では、心身の健康が破綻する職員が出ても不思議はない。合理化は合併の大きな目標の一つであるため職員の増員は困難としても、職員の労働過重や心身の負担増について十分理解し、サポートすることが、管理監督者には求められている。

　市町村の合併が職員のメンタルヘルスに影響を与える第２の要因は、異なる歴史を持つ自治体同士の合併による職場環境の変化、特に職場風土の衝突に伴う問題である。

　Z市の場合、合併前の両市の雰囲気や仕事の手順の相違が職場の人間関係や仕事の遂行に影響を与え、メンタルヘルス上の問題に発展したと推測される事例が数例あった。Ａさんの事例はその１例である。複数の来談者によれば、合併前の旧Ｘ市は自由で闊達な雰囲気をもっており、旧Ｙ市は緻密で規律正しい雰囲気だった。そのような風土の違いは仕事についての考え方や手順の相違に反映している。特に技能・作業職員は長年一定の手順で仕事を進めており、簡単にそれを変えることは難しかった。

　仮に、異動した職員が「郷に入っては郷に従え」の精神で手順を改めようとしても、不慣れのため能率が落ちたり、ミスが増えたりしがちである。それが、当の職員個人の資質や意欲、パーソナリティの問題に帰されると、偏ったレッテルをはられる結果になる。管理監督者は、そのような事態を未然に防ぐ努力をするとともに、職員間のあつれきが生じた場合には、環境調整のために適切な対応をすることが望まれる。

ラインによるケアを適切に行うためには管理監督者への教育・研修が必要なことがかねてから指摘されており、各自治体や企業でさまざまな試みがおこなわれてきた。たとえば、栗原が報告するリスナー活動などは、企業によるその重要な試みのひとつである（栗原 1995:145-154）。現在、そのような研修を行っている自治体は多く、Ｚ市でも昨年度から課長・係長を対象に研修を開始した。

　管理監督者への研修は、一般に管理監督者がメンタルヘルスへの理解を深めることと、リスナーとして相談の受け方を学び、傾聴する態度を身につけることを目的として行われる。しかし職員のメンタルヘルス上の問題を単に職員個人の資質や意欲の問題としてとらえ、相談による個人対応の研修を行うだけでは十分ではない。特に合併後の自治体では、合併の影響について職場組織全体の問題として取り上げる必要がある。

　もちろん梅垣が指摘するように、職員が合併を前向きにとらえようと努力をすることは大切である（梅垣 2005:22）。そのうえで、合併のメリットを生かし、市民にとって真に意味あるものにするためには、事業者や人事労務管理担当者、健康管理担当者は、合併が職員のメンタルヘルスに与える影響について管理監督者との間で共通の理解をもてるよう、研修などを通じて努力しなければならない。

**(3) 事業場内産業保健スタッフによるケアの現状**

　事業場内産業保健スタッフによるケアに関連してＡさんの事例で特に困難だったのは、Ａさんの状態の理解についての健康管理スタッフと人事労務担当者との意見調整だった。

　健康管理スタッフは、Ａさんのうつ状態を、主に合併に伴う異動後の職場不適応によるものと理解し、不適応は個人と環境の調和した関係がくずれている状態なので、個人と環境の両方に働きかけることが必要と考えた。したがってＡさんのうつ状態への対処をクリニックでの個人治療やメンタルヘルス相談の個人面接のみに任せることは十分ではなく、並行して職場環境の調整を積極的に行う必要があるという意見だった。

　環境調整の方法としては、第１に現職場の人間関係の調整や作業手順の見

直しのための話し合いなどを考えた。しかしAさんの同僚の行動を短期間に改めることは、その職員のこれまでの言動や年齢を考えると難しいと判断せざるをえなかった。そしてAさんのうつ状態が改善しても、同僚との関係に変化がないまま元の職場に復帰したのでは再発の恐れが大きいため、Aさんの異動希望を重視することが望ましいと考えたのである。

　これに対して人事労務管理担当者は、Aさんのうつ状態を個人の心理的な弱さの現れとして理解し、クリニックでの治療を優先する考えだった。Aさんのうつ状態の改善を待って元の職場に復帰させることが人事労務管理担当者の当初の援助方針であったが、Aさんの状態がなかなか改善しなかったため、職場環境の調整を図る重要性を徐々に認識した。しかし組織全体のバランスや他の職員への影響への配慮から、人事労務管理担当者はAさんの異動希望を受け入れることに抵抗を感じるようだった。

　結局、人事労務管理担当者は、Aさんの同僚の方を異動させるという方針を出した。これは保健師を中心に健康管理スタッフと人事労務管理担当者が意見の交換を行ってきた結果とも考えられたが、決定までの両者の意思の疎通は十分とは言いがたい状況だった。

　指針によれば、健康管理スタッフと人事労務管理担当者とは、同じ事業場内産業保健スタッフとして、協力してメンタルヘルスケアを行う立場だが、実際には、意思疎通が十分でない場合があり、しばしば方針に違いが生じる。双方が協力し合うことはなかなか難しいのが現状である。

**(4) 事業場内産業保健スタッフによるケアの課題**

　上のような現状から、私は、事業場内産業保健スタッフによるケアの領域では、健康管理スタッフと人事労務管理担当者の相互理解が最も重要な課題であると考える。

　梅垣は、健康管理スタッフと人事労務管理担当者との関係を、**図2**のように表現している（梅垣 1991:6）。これによれば人事労務管理担当者は、管理監督者や健康管理スタッフを援助することを通して間接的に職員を支える役割をもっている。このような関係になるためには、人事労務管理担当者と健康管理スタッフとの相互理解が是非とも必要である。熊倉は、そのために定期

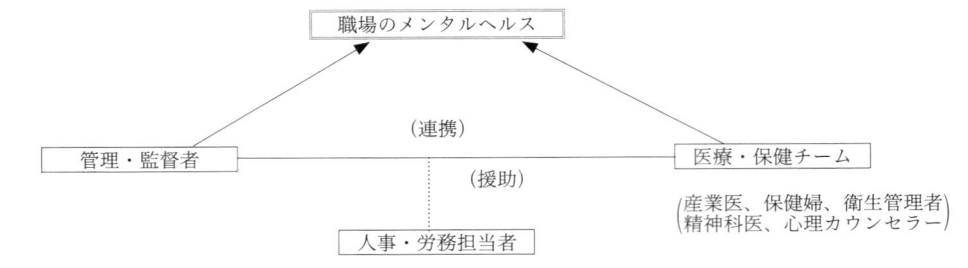

210 第Ⅲ部 保健・医療・福祉の現状と課題

**図2 メンタルヘルス活動のためのシステム・モデル**

(図:職場のメンタルヘルスを頂点に、管理・監督者と医療・保健チーム〈産業医、保健婦、衛生管理者、精神科医、心理カウンセラー〉が「連携」し、人事・労務担当者が「援助」する関係を示す)

的な実務連絡会などの設置を勧めている（熊倉 2004: 42）。そのような場で職場環境の問題などを検討することで、理解や連携がより深まることが期待される。

　人事労務管理担当者と健康管理スタッフは、互いの専門性やよりどころとする原理が異なっており、相互理解は簡単ではない。しかしいろいろな立場の専門家が関与するのがメンタルヘルスの本質であり、それぞれの専門性を尊重しつつ、連携して個人と組織にとって望ましい解決策を探っていくことが重要である。そのような作業を行うには、健康管理スタッフは、精神科医・臨床心理士・保健師・ソーシャルワーカーなどの専門性の殻に閉じこもらず、メンタルヘルス相談の専門家＝メンタルヘルス・ワーカー（熊倉 2004:78）として他の職種との関係づくりを行い、新たな専門性を確立する必要がある。

## 5．まとめ

　地方公務員のメンタルヘルスケアの現状と課題について、合併後のＺ市におけるメンタルヘルス相談事例を通して検討してきた。

　ラインによるケアに関しては、管理監督者は、合併後におきた職場不適応などの問題を単に職員個人の資質や意欲の問題として見るのではなく、広く職場組織全体の問題として理解すべきであること、事業者や人事労務管理担当者、健康管理担当者は、合併が職員のメンタルヘルスに与える影響について、管理監督者との間で共通の理解をもてるよう努力することが課題と考えた。

事業場内産業保健スタッフによるケアでは、健康管理スタッフと人事労務管理担当者の相互理解を深めることが今後の最も重要な課題と考えた。両者は、互いの専門性や立場を生かしつつ、積極的に連携し、個人と組織にとって望ましい解決策を探っていくことが重要であり、健康管理スタッフは、各職種の専門性をこえた、新たな専門性を確立する必要があることを主張した。

　指針が出されて数年たったが、現在でも、このように多くの課題が残されている。それらの他にも、休職後の職場復帰訓練を行う際の職場側の協力の問題や、管理監督者や職員への研修の方法および内容の改善など、緊急に取り組むべき課題は少なくない。更に、セルフケアの領域ではストレス状況での家族の支えの重要性、事業場外資源によるケアの領域では地域の医療・相談機関との連携の強化策なども大きな検討課題である。

　市町村の合併が進んでいる現在、職員のメンタルヘルス対策は、指針が出された時以上に重要となっている。職員の健康問題は、市町村合併のメリットの陰に隠れ、省みられることは少ない。しかし職員が健康でなければ公務の十分な遂行は不可能である。合併後の各自治体では、合併のデメリットを拡大しないためにも、指針が絵に描いた餅に終わらないよう、職員のメンタルヘルス対策にいっそうの努力をすることを期待したい。

## 注

1) 指針では、労働者の心の健康の保持増進のために事業者が行うことが望ましい基本的な措置を総称して「メンタルヘルスケア」と呼んでいる。
2) 本事例は実際の事例をもとに筆者が再構成したものであり、特定の個人の情報に基づくものではない。
3) 本来はセルフケアと事業場外資源によるケアについても検討すべきだが、紙数の関係で、上記の2領域のみを取り上げた。
4) 本事例は一自治体の事例だが、合併後の自治体にほぼ共通の問題をはらんでいると考えられる。
5) 毎日新聞 2006.3.24「合併ストレスで自殺は公務災害——栃木で認定」

## 引用・参考文献

熊倉伸宏、2004年『メンタルヘルス原論』新興医学出版。

栗原壮一郎、1995年「心の健康を大切にする組織づくり―リスナー活動を中心に」児玉隆治編『組織の健康―働く人のメンタルヘルス』現代のエスプリ332、至文堂。

メンタルヘルス一次予防対策研究会、2006年「メンタルヘルス一次予防対策研究会報告書」地方公務員災害補償基金。

メンタルヘルス教育研修等のあり方に関する研究会、2004年「メンタルヘルス教育研修等のあり方に関する研究会報告書」地方公務員安全衛生推進協会。

労働省労働基準局長通知、2000年「事業場における労働者の心の健康づくりのための指針」地方公務員メンタルヘルス対策研究会（2001）「地方公務員メンタルヘルス研究会報告書」地方公務員安全衛生推進協会：184-192。

社会経済生産性本部メンタル・ヘルス研究所編、2005年『産業人メンタルヘルス白書2005年版』社会経済生産性本部メンタル・ヘルス研究所。

地方公務員メンタルヘルス対策研究会、2001年「地方公務員メンタルヘルス対策研究会報告書」地方公務員安全衛生推進協会。

梅垣和彦、1991年「自治体メンタルヘルス」公務職員研修協会。

梅垣和彦、2005年「インタビュー・合併を自己発展の機会ととらえ、前向きの姿勢で取り組もう」『地方公務員安全と健康フォーラム』第54号、地方公務員安全衛生推進協会。

# 第15章　住民参加型在宅福祉サービスの実践
## ——「まごころヘルプ」の活動を通してみる住民参加活動の意義

渡邉　敏文

## はじめに

　全国社会福祉協議会・全国ボランティア活動振興センターの調べによると、2004（平成16）年度現在、全国の住民参加型在宅福祉サービス団体数は2,203団体になっている。1987（昭和62）年の調査では138団体であったので、18年間で約16倍に増加している。このような状況を踏まえ、新潟市における住民参加型在宅福祉サービス「まごころヘルプ」の実践活動を見ていく中で、分析、考察し、住民参加型在宅福祉サービスの意義を考察する。

## 1.　住民参加型在宅福祉サービスとその実際

### (1) 住民参加型在宅福祉サービスと社会福祉協議会

　「住民参加型在宅福祉サービス」は、全国社会福祉協議会が1987（昭和62）年の報告書の中で概念規定し、これからの福祉活動を担う新しいタイプとして位置づけた。18年後の「平成16年度住民参加型在宅福祉サービス団体活動実態調査」では、「住民参加型在宅福祉サービス団体とは、地域住民の参加を基本として、①営利を目的とせず、②住民相互の対等な関係と助け合いを基調として、③有償・有料制、あるいは時間貯蓄制度、点数預託制度によって行う家事援助、介護サービス（ホームヘルプサービス）等を中心とした在宅福祉サービスである。こうしたサービス（活動）を行う団体を住民参加型在宅福祉サービス団体といい、住民の自主組織として組織されているものの他、市区町村社会福祉協議会、生活協同組合、農業協同組合、福祉公社・事業団、

社会福祉施設等が運営するものがある。また、同団体は、上記の助け合い活動とともに、介護保険制度や障害者自立支援法等に基づくサービスをあわせて実施する場合もある。」としている。その運営形態として、①住民互助型、②社協（社会福祉協議会）運営型、③生協（生活協同組合）型、④ワーカーズコレクティブ、⑤農協（農業協同組合）型、⑥行政関与型、⑦施設運営型、⑧ファミリーサービスクラブの8形態に分けている。この1970年代から始まった住民参加型在宅福祉サービスは、福祉ニーズを身近に知っている住民が自発的に参加して、様々な活動を行うという新しい動きとして発展してきた。平成16年度実績の「住民参加型在宅福祉サービス団体活動実態調査」報告書（平成18年3月）によれば、住民参加型在宅福祉サービス団体の運営形態は、住民の自主的組織の住民互助型が全体の55%、社協運営型が31.7%、ワーカーズコレクティブが3.5%、農協型が3.3%、生協型が3.2%、行政関与型が1.3%、施設運営型が0.7%、ファミリーサービスクラブが0.5%となっている。住民互助型と社協運営型を合わせると、86.7%となり、この両者で9割弱を占めている。

　運営形態で住民互助型の次に多い割合を占めている社会福祉協議会は、1951（昭和26）年に制定された社会福祉事業法においては社会福祉事業関係者の連絡調整が主な役割であるとされていたが、2000（平成12）年に全面的に改正された社会福祉法では、第109条、第110条において、市町村社会福祉協議会、都道府県社会福祉協議会を「（次に掲げる）事業を行うことにより地域福祉の推進を図ることを目的とする団体」と明記された。そして、市町村社会福祉協議会及び地区社会福祉協議会は、「社会福祉を目的とする事業を経営する者又は社会福祉に関する活動を行う者から参加の申出があったときに、正当な理由が無ければ拒んではならない」としている。つまり、社会福祉協議会は、住民を含めて地域のさまざまな福祉関係者とともに地域福祉の事業を担う団体に改められたと言える。

### (2)「まごころヘルプ」とは

　「まごころヘルプ」を創設したのは、河田珪子氏である。大阪の特別養護老人ホームで勤務していたが、義母の介護のため、新潟に戻り、「夜間は義

母の介護、昼間は住民参加型のサービスを利用しながら働こうと思っていたが、新潟県内には当時、そのようなサービスが一つもなかった」。そこで、自ら、有償の介護システム創設の活動を始めることを決意した。しかし、新潟には誰も協力してくれる者がいなく、在宅福祉の現状も理解できていなかった。

そのような状況の中、河田氏は、システムを創るにあたり、様々なボランティア活動を行いながら、在宅福祉のノウ・ハウをつかんでいった。また、国の政策動向を注視すると同時に、県・市町村段階でどのように具体化しようとしているのか、情報把握にも努めた。大阪の元同僚も様々な情報を提供してくれるなど、協力してくれたが、当時は「有償」ということがなかなか理解されず、受け入れられなかった。このような中で、地元新聞が「おんな40代」というコラムに、河田氏の思いや、同志やボランティアと活動している記事を掲載すると、共感の言葉や問い合わせが殺到するなど大きな反響を呼び、これらはネットワーク作りを進めていく大きな原動力になった。一方でボランティア活動や行政サービスを後退させるなどと、批判を浴びることもあった。

河田氏は、大阪での介護業務の経験をもとに、「まごころヘルプ」創設以前の1990（平成2）年の1月〜4月にかけて研修会を重ね、設立後も会員研修の充実を図った。県・市職員からの研修を始め、保健所からは褥瘡について、在宅介護の実践については「在宅介護の心」に重点を置いていた日本赤十字社の「家庭看護」を学び、福祉施設における利用者の日中と夜間の状況の違いを知るため、特別養護老人ホームでの宿泊研修も行った。また、事例検討の研修も多く取り入れ、具体的な介護事例を学んだ。当時は、理論と実践の融合がなく、現場は現場という考え方が強かったが、これらの研修はその統合を図っていくという流れにも繋がっていった。

「まごころヘルプ」は、新潟で初の有償非営利住民参加型在宅福祉サービスとして、1990（平成2）年4月17日に設立総会を行い、会員8人で民家の一室を借り「新潟まごころヘルプ」という名称でスタートした。当初は毎日、4〜5件の相談やサービス依頼に応えていた。入会金は、8,000円、年会費2,000円で、提供・利用のどちらの会員にもなることができ、利用料は利用者が頼

みやすい金額ということで、日常家事援助・介護が１時間600円を基本にした。重介護の場合800円、土曜日・日曜日・祝日は100円増、交通費は実費で利用者負担とし、利用料の内100円は「まごころヘルプ」事務所を維持するための事務費とした。

　日常の活動を行うとともに、行政にも、「土・日でも介護する家族がいない、昼間も夜間も介護の手が足りない、難病指定を受けていない人の介護ニーズ」など、ニーズ状況の報告を行った。介護に対する捉え方も、介護を受けることが本人の屈辱であると感じ、介護は家族で行うのがあたりまえのような考え方も根強くあったが、「まごころヘルプ」の活動をきっかけに潜在化していたニーズが顕在化していった。在宅福祉サービス以外にも様々な活動を展開し、1990（平成２）年７月に三好春樹氏の講演会開催、８月には「新潟まごころヘルプ活動だより」の第１号を発行し、広報活動も開始した。これらの活動は、マスコミでも取り上げられた。このようにして、「まごころヘルプ」の活動は子育てを終え社会参加をしようとする主婦たちを始め、大勢の人たちの賛同を得、創意工夫しながら在宅で暮すことを重要な視点に、活動を展開していった。

　「まごころヘルプ」の沿革は、次の通りである。

　　1990（平成２）年　「新潟まごころヘルプ」発足
　　1993（平成５）年　財団法人　新潟市福祉公社　参画
　　　　　　　　　　　ホームヘルパー養成研修（3級課程）指定
　　　　　　　　　　　身体障害者ガイドヘルパー派遣事業受託開始
　　1994（平成６）年　「まごころヘルプ」事業推進員会発足
　　1995（平成７）年　ホームヘルパー養成研修（2級課程）指定
　　　　　　　　　　　配食サービス開始
　　　　　　　　　　　市内各地域で定例会開催
　　1996（平成８）年　賛助会員制度創設
　　1998（平成10）年　「市民健康福祉まつり」に参加
　　1999（平成11）年　「地域の茶の間」事業開始
　　2001（平成13）年　「助け合い活動団体情報交換会」開始

2002（平成14）年　全国社会福祉協議会　住民参加型在宅福祉サービス団体幹事
2005（平成17）年　新潟市社会福祉協議会に統合

　民間で立ち上がった「まごころヘルプ」は、1992（平成４）年に新潟市から福祉公社への参画の提案があった。福祉公社になることで安定した運営ができるという考え方と、民間というところに意義を見出すという考え方で意見が分かれ、福祉公社の体勢がこのままの体制で活動するか議論がなされた。最終的には利用者のためのヘルプという判断から、財団法人新潟市福祉公社へ参画することになった。現在、「まごころヘルプ」が活動しているのは、新潟市社会福祉協議会の地域福祉課で、新潟市総合福祉会館内に事務所を置いている。住民参加の助け合い活動のもと、手助けが必要な人と手助けできる人がそれぞれ利用会員、提供会員になり、有償で支え合っている。そして、その活動に賛同する賛助会員も力となっている。
　「まごころヘルプ」は、理念として「介護しつつ自分の人生を大切にしたい、介護される側の人生も大切にしたい、そんなシステムをつくりたい」を掲げ、2006（平成18）年度は「住み慣れた地域で暮らし続けられる安心をお届けすること」を目的にしている。基本的にどのような相談も受け入れ、断ることを前提に話を聞くということはしない。受けられない相談については、そのケースやニーズにあった他機関に繋ぎ、まごころヘルプで相談が途切れてしまうことがないようにしている。直接、相談・援助する中で、「解らないことはあいまいな返事をせず、きちんと調べてご返事をする」ことを基本的な態度としている。また、安心して利用することができるよう「会員はプライバシーを侵さない。会員はヘルプ活動中に、政治・宗教・販売行為は行わない。まごころヘルプを政治・宗教・販売等に利用することを禁じる。お茶、お菓子および物品はいただかない（その為に有償にしている）。医療行為は行わない」[1]ことを念頭においている。
　年会費は、利用会員・提供会員が1,500円。賛助個人会員が2,000円、賛助団体会員が10,000円で１年間有効となる。「まごころヘルプ」の運営は、会費の他に、新潟市からの補助金で行っている。マンパワーの面では、会員とともに、事務処理やコーディネイトなどの運営管理を行う体制として、非常勤

表1　平成17年度　まごころヘルプ活動状況

| 職員体制 | 非常勤嘱託職員 | 9人 | 室長、チーフコーディネーター、地区担当コーディネーター4人　事務員3人 |
|---|---|---|---|
| | 臨時職員 | 2.6人分 | 地区担当コーディネーター8人　事務所サポートスタッフ24人（2.6人分を32人でワークシェアリング） |
| 会員数 | 利用会員 | 1,104人 | 内初めての入会数254人 |
| | 提供会員 | 1,091人 | 内初めての入会数160人 |
| | 賛助団体会員 | 21団体 | 内初めての入会数2団体 |
| | 賛助個人会員 | 254個人 | 内初めての入会数26人 |
| まごころヘルプ | 活動件数 | 21,417件 | 利用の約70％が家事援助。子育て支援、通院介助の依頼も多い。 |
| まごころ夕食 | 配食数 | 22,537食 | 7月から坂井輪地区で土曜日も開始 |
| 地域の茶の間 | | 24回 | |
| 研修 | 訪問介護員養成2級研修 | 3回 | 170人 |
| | （受託事業）3級研修 | 1回 | 34人 |
| | （受託事業）視覚障害者ガイド研修 | 2回 | 57人 |
| | 会員研修 | 3回 | |
| | 公開講座 | 1回 | |
| | ガイドブック | 24回 | |
| 地域懇談会（定例会） | | 52回 | |
| 助け合い団体等情報交換会（ごちゃまぜネット） | | 3回 | 登録団体70団体 |
| コーディネーター研修会・学習会 | | 7回 | |

注）平成18年3月24日作成資料の為、一部見込みで算出。
出典）「まごころヘルプ」提供資料より。

　嘱託職員9人と臨時職員2.6人分を32人でワークシェアリングするという方法をとっている（**表1**）。

　「まごころヘルプ」の会員数について**図1**に示した。創設した1990（平成2）年度は、提供会員91人、利用会員122人の合計213人であったが、1996（平成8）年度から賛助会員も加わり、年々増加し、合計の会員数では2003（平成15）年度が最も多く、2,860人である。提供会員をみると2000（平成12）年度が1,521

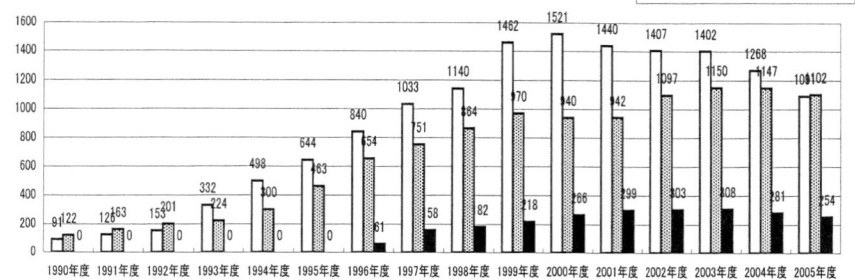

**図1　まごころヘルプ会員の推移**

出典）「まごころヘルプ」提供資料より。

人で最も多く、その後は減少傾向にある。利用会員は、2003（平成15）年度が、1,150人で最も多く、その後は減少傾向である。また、提供会員と利用会員を対比すると、創設した1990（平成2）年度からの3年間は利用会員の方が多く、4年目の1993（平成5）年度から2004（平成16）年度までは提供会員の方が多くなっている。2005（平成17）年度には、再び利用会員の方が多くなっている。

　これら会員数の動きについては、公的制度と関係があると考えられる。特に、2000（平成12）年度から介護保険制度がスタートし、公的サービスの普及とともに減少してきているのではないか。また、提供会員については、高齢化が進んでおり、若い世代の引き継ぎが充分できていないと思われる。

## (3) ヘルプ活動の実際

　事業の内容は、市民相互の有償による助け合いである「まごころヘルプ活動」、配食サービス（まごころ夕食）、地域の茶の間、研修・人材育成（訪問介護員養成研修2級課程）、普及啓発事業、調査研究開発事業、福祉サービス相談事業、在宅福祉サービス推進事業、ガイドヘルパー等養成研修受託事業である。

　普及啓発活動は「がんばりすぎていませんか？」と、呼びかけを中心に、いろいろな団体・機関に協力を得ながら、パンフレットや「活動だより」を置いている。調査研究開発事業は、まごころヘルプ活動を通じながら必要な新たなサービスを創りあげていく活動である。さらに、調査研究も行ってい

る。在宅での日頃の暮らしの中で困っている人には、相談に応ずる福祉サービス相談事業を行い、在宅福祉サービス推進事業としては、様々な助け合い活動団体と情報交換会を開催したり、日頃の活動の中でも連携を図っている。研修や公開講座も実施している。提供会員向けに、安心してヘルプや配食活動ができるようガイドヘルプ研修を月2回開催しているのを始め、一般市民を対象としたヘルパー2級研修を年3回ほど開催している。また、会員や一般市民に対して正しい知識や技能を身に付けてもらうための活動も行っている。

「まごころヘルプ」の活動は有償による助け合いで、日常の家事援助、介護、介助、子育て支援、通院介助等の活動を行い、利用料は、1時間880円（2時間目以降30分毎に300円）、交通費は利用会員負担の実費となっている。この利用料（利用謝礼）はまごころヘルプ室で一旦預かり、提供会員に支払われるという流れになっている。現在は、「まごころヘルプ室」で事務費等を徴収してはいない。交通手段については、公共交通機関を利用することが原則となっている。

2005（平成17）年度において、最も多い活動月は6月で1,935件、最も少ない月でも1,590件の利用があり、月平均約1,500〜1,900件のヘルプ活動を行っている。月別のばらつきはあまりみられず、一日平均、約60件の活動数である。ヘルプ活動は土・日曜日も含め毎日行われており、事務室である「まごころヘルプ室」は、平日は8:30〜17:15、土曜日・日曜日・祝祭日は8:30〜12:30の間、365日開いている。

地区別のまごころヘルプの会員状況は、**表2**に示す通りで、西地区が最も多く利用会員、提供会員合わせて709人となっている。中央地区は商業地区、東地区は工業地区なのに対して、西地区は新潟市の西部で住宅地区となっている。まごころヘルプの活動は住宅地区での活動が活発であることがわかる。提供会員の活動率は**表3**の通りであるが、男性、女性とも中央地区の活動率が高い。提供会員の平均年齢は**表4**の通りであるが、2005（平成17）年度で55.2歳となっており、年々高くなってきている。

具体的なサービス活動は、次のようなものである。子育て支援として、父子家庭の子どもの保育、双子保育の手助け、出産前後の保育園の送迎・家事

第15章　住民参加型在宅福祉サービスの実践　221

### 表2　会員の地区別状況（賛助会員除く）

2006年3月31日現在（単位：人）

| 地区 | 中央<br>（3区の一部） | 東<br>（1区、2区、3区の一部、4区の一部） | 西<br>（6区の一部、7区、8区） | 江南<br>（3区・4区の一部、5区、6区の一部） | 市外 | 合　計 |
|---|---|---|---|---|---|---|
| 利用会員 | 259 | 280 | 377 | 187 | 1 | 1,104 |
| 提供会員 | 156 | 417 | 332 | 177 | 9 | 1,091 |
| 合　計 | 415 | 697 | 709 | 364 | 10 | 2,195 |

※ここでの地区の区分けは新潟市の行政区画とは異なる。まごころヘルプの区分による。
※2005（平成17）年8月30日に「行政区画の編成及び区役所の位置」について、2006（平成18）年3月28日には「新潟市の行政区の名称」についての答申が出されたが、（　）内の区はその区割に基づいた区を表す。

### 表3　2005（平成17）年度 提供会員の活動率

| 性別<br>地区 | 女性 | 男性 | 計 |
|---|---|---|---|
| 中央 | 55% | 70% | 56% |
| 東 | 36% | 56% | 38% |
| 西 | 53% | 54% | 53% |
| 江南 | 43% | 47% | 43% |
| 計 | 45% | 55% | 46% |

出典）「まごころヘルプ」提供資料より。

### 表4　提供会員の平均年齢

| 年　度 | 年齢 |
|---|---|
| 2001（平成13） | 53.6歳 |
| 2002（平成14） | 54.5歳 |
| 2003（平成15） | 54.2歳 |
| 2004（平成16） | 54.6歳 |
| 2005（平成17） | 55.2歳 |

出典）「まごころヘルプ」提供資料より。

援助などを行っている。高齢者支援においては、家事援助を中心に、ごみ捨て、玄関先の除雪、犬の散歩、灯油の給油、植木鉢の移動や簡単な手入れ、水やりなどがある。徘徊の見守り、昼食を一緒に食べながらの話し相手、入退院の手助け、季節の変わり目における衣類の入れ替え、病院内の買物など、ちょっとしたことではあるが、してくれる人がいないと困ることがたくさんある。その他、グループホームや施設を利用（入所）している方のお楽しみの介助、具体的には、利用施設先からの墓参り、食事に出かける、宝くじを買いに行く、喫茶店にコーヒーを飲みに行く、買い物をする、美容院へ行く、自分史を書くための口述筆記をするなどもある。

　「地域の茶の間」は、「誰かとお茶を飲みたい」、「誰かとお話ししたい」、「1人でいるのが淋しい」など、子どもからお年寄りまで、好きな時にやってきて、好きな事をして、好きな時に帰って行く、自由な場所である。「まごころヘ

ルプ室」の半分のスペースが、「毎日型・地域の茶の間」となっている。毎日約10〜15人くらいの参加がある。お茶を飲みながらの手作りの作品づくりも行っており、秋には、作品展やバザーも開催している。地域の子どもからお年寄りまで、様々な人が、そこでふれあうことができる。「地域の茶の間」は毎月第2木曜日と第3水曜日には、新潟市総合福祉会館近くの万代シティバスセンター2階の「リターナ」でも行っている。参加費は、食事付きが500円、茶菓のみの参加は200円で、地元商工連合会商店街振興組合の青年部との共催で行っている。参加者が飲むコーヒーは精神障害者通所授産施設で焙煎しているものを使い、精神障害者との交流も積極的に行っている。

「まごころ夕食」は有償の配食サービスで、運転ボランティアとお届けボランティアの二人一組で活動する。食事を届けるということだけでなく、利用会員とのふれあいも重要なサービスの一環となっており、弁当は1食710円で新潟市内の配食拠点から、2005（平成17）年度で22,537食の配食をしている。弁当業者が各拠点に配達して、それを提供会員が各利用会員に配達し、利用者とのふれあいや安否確認なども併せてなされている。

### (4) 利用者の状況

　2005（平成17）年度「まごころヘルプ」の利用者年齢割合、利用者家族状況、利用者ニーズ状況を図に示した。**図2**に示した通り、年齢割合は65歳以上が72％、64歳以下が28％となっており、高齢者の利用がほとんどである。それを地区別に示してみると**図3**の通りとなり、3区、7区が多い。その理由は「まごころヘルプ」の活動は旧新潟市内を基本として活動していることと、次の区においては、まごころヘルプと同じような活動をしている団体が存在することも原因として考えられる。1区には「にこにこヘルプ」、2区・4区は「生協にこにこ」、4区は「ボランティア亀田」・「リボンの会」、5区は「新津ふれあいの会」・「ＪＡほほえみの会」、6区には「まごころ白根」がある。

　利用者の性別は女性70％、男性30％で、女性が男性の2倍以上である。**図4**は利用者の家族状況を示しているが、独居が37％、夫婦のみが22％、子どもと同居が36％、施設利用者が5％である。これらの数字から、65歳以上で独居や夫婦のみで生活している女性の利用が多いことがわかる。**図5**は利用

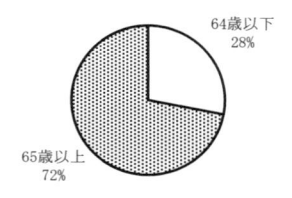

第 15 章　住民参加型在宅福祉サービスの実践　223

**図2　利用者（利用会員）の年齢割合**

64歳以下 28%
65歳以上 72%

出典）「まごころヘルプ」提供資料より。

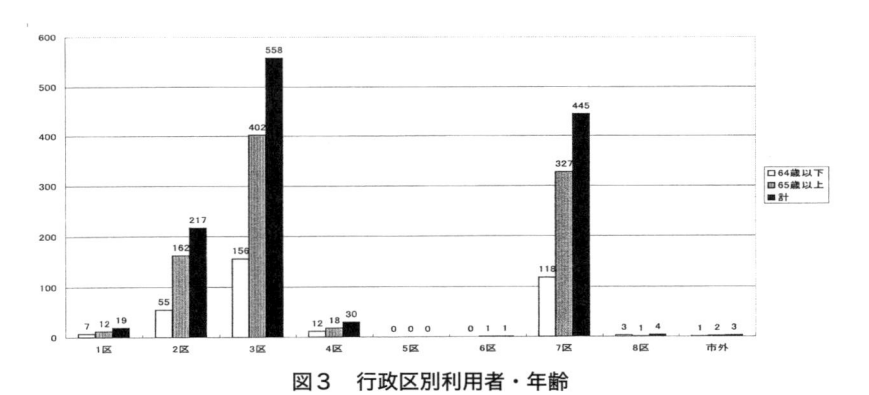

**図3　行政区別利用者・年齢**

| 行政区 | 64歳以下 | 65歳以上 | 計 |
|---|---|---|---|
| 1区 | 7 | 12 | 19 |
| 2区 | 55 | 162 | 217 |
| 3区 | 156 | 402 | 558 |
| 4区 | 12 | 18 | 30 |
| 5区 | 0 | 0 | 0 |
| 6区 | 0 | 1 | 1 |
| 7区 | 118 | 327 | 445 |
| 8区 | 3 | 1 | 4 |
| 市外 | 1 | 2 | 3 |

（まごころヘルプ利用会員1,104名の利用状況と利用相談173件による）

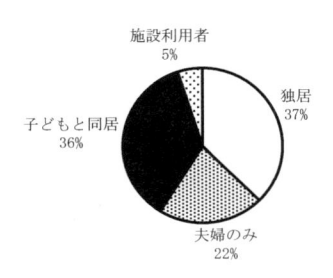

**図4　利用者の家族状況**

施設利用者 5%
独居 37%
夫婦のみ 22%
子どもと同居 36%

出典）「まごころヘルプ」提供資料より。

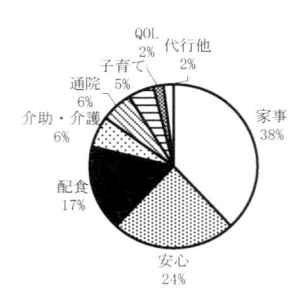

224　第Ⅲ部　保健・医療・福祉の現状と課題

**図5　利用者ニーズの割合**

出典)「まごころヘルプ」提供資料より。

者のニーズの割合を示している。家事が全体の38％、安心が24％、配食が17％で上位を占めている他、ヘルプと配食の重複利用は10％である[2]。最後に、介護保険と重複ヘルプ利用は、28％、支援費と重複ヘルプ利用率は5％となっている。

## (5) 提供会員になるために

「まごころヘルプ」の提供会員になるためには、まごころヘルプの理念を始め、介護や提供活動の基本などを学ぶ必要がある。会員の心がまえとして、次の16項目が挙げられている。

『①まごころヘルプの趣旨を理解し、会則・ガイドブックに基づいて行動すること。あらかじめ決められた範囲で活動すること。(提供会員からたとえば「入浴しましょう」等と云わないこと)。②会員のプライバシーを厳しく守ってください。お互いに興味本位に聞き出したり立ち入らない。ヘルプ活動に出掛けて知りえた事柄は絶対に他言しない。③常に相手の立場を思いやり、自分の考えを押し付けることをしない。④ヘルプの内容は、あらかじめ決められた範囲内に限ること。⑤ヘルプを利用するときも提供するときも、"お互いさま"の心を忘れないこと。きちんと「〇〇さん」と呼び、気持ちのいい関係づくりに配慮すること。⑥服装、みだしなみに注意を払い、香水、装飾品、マニキュア等も気をつけましょう。⑦言葉づかいに気をつけること。「おじいちゃん」「おばあちゃん」と呼ばずに「〇〇さん」と呼び、会話もていねい語

を心がけましょう。⑧金品のやりとりはしないこと（気兼ねなく利用できるように活動謝礼をいただいています）。⑨「これはどうしますか？」等と、相手の意向を尋ねながらやりましょう。⑩時間を有効利用しようとセカセカ行動し、相手のペースを無視することのないようにしましょう。⑪医療行為につながることはできません。⑫提供会員さんの身体の安全が守れない時はお断りください（レントゲン室に一緒に入る、点滴等で血液に直接触れるなど）。⑬ヘルプ内容に変更がある時は、必ず「まごころヘルプ室」に連絡すること（「まごころヘルプ室」を通さない場合は、事故保障その他で責任をもてません）。⑭ヘルプ活動に自家用車を使用することはできません。提供先の往復に車やバイクや自転車を使用しても、「まごころヘルプ」が加入している保険では支払われません。自分の保険を使うことになります。公共交通機関を利用してください。⑮留守宅でのヘルプ活動はできません。⑯活動に慣れると指示的になったり独断的な行動になりがちです。いつか自身が手助けを受ける身であることを常に心におき、活動しましょう。』[3)]

　「まごころヘルプ」の研修は、サービス利用者との関わりにおいて、「まごころヘルプ」の提供会員一人ひとりが活動を継続することができるための要件ともなっている。提供会員が、初めて利用会員宅を訪問する場合は、コーディネーターが同行する。また、非常時に対応できるよう、賠償責任保険と傷害保険にも加入している。

　交通費は、公共交通機関のあるところは実費が支払われるが、利用が困難なところは、徒歩の場合、概ね15分から20分の場合は路線バス郊外線の最低料金、概ね20分のところについては、均一区間料金となっている。自転車で対応の場合は、概ね自転車で20分以上のところについては、路線バス郊外線の最低料金となっている。私有自動車は、ヘルプ活動の場所に法律上問題とならない駐車場が確保できることを条件に、「私有自動車登録申請書」「私有自動車使用許可書」の申請をして使用することになっている。私有自動車で対応の場合は自己申告で1Km、20円の交通費が支払われる。

　このように組織的体制は整っているが、最近の傾向として、定期的な利用に加え緊急的な利用も増えてきていることや、家族と本人の意向が違うケース、子どもや施設利用者のニーズの増加など、新しい課題にも対応すること

が必要になってきている。その対応として研修制度の充実や介護支援専門員（ケアマネジャー）、地域包括支援センターなど、専門の職種や機関との連絡を密にすることなどが必要になってきている。

### (6) 利用会員として

「まごころヘルプ」利用にあたっての約束事として「まごころヘルプ」ガイドブックには「①ヘルプ活動の約束の時間に提供会員が訪問しても留守の時は帰らせて頂きます。②まごころ夕食を配食した際に留守の時は持ち帰らせて頂きます。③活動中に判断に困った場合家族の指示を仰ぎます。④活動中の緊急時に、家族・緊急連絡先に連絡が取れない場合は、隣家の方に協力頂くことがあります（例・訪問したら倒れていた時）。⑤一人暮らしの方がまごころヘルプを利用した時、その日のうちに身内の方から安否確認のお電話をして頂くことがあります。⑥祝祭日等でヘルプが不要の時は、事前に、出来るだけ早くお知らせください。連絡を頂かなかった場合、提供会員が通常どおり訪問することになります。」[4]の6項目を挙げている。

利用会員が「まごころヘルプ」を利用したい時は、「まごころヘルプ室」に連

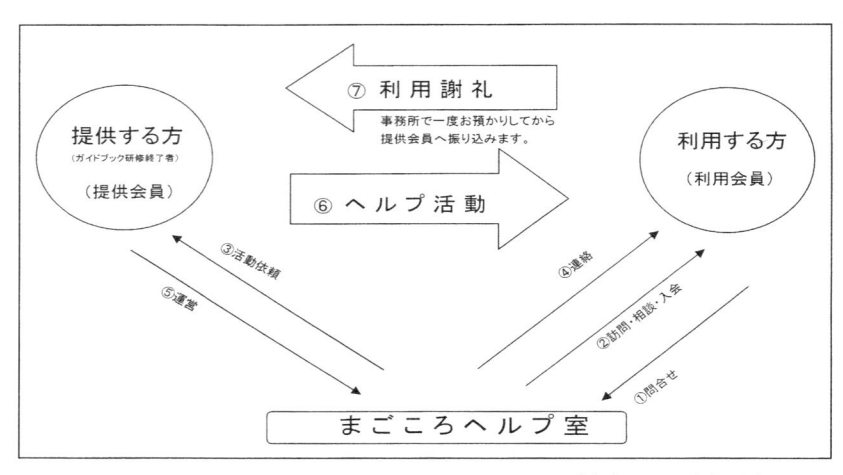

「まごころヘルプガイドブック」より

図6　まごころヘルプ活動の流れ

第15章　住民参加型在宅福祉サービスの実践　227

絡をすると、コーディネーターが訪問して活動内容・時間などの希望を聴く。次に、約束事や緊急連絡先などを確認したうえで、利用登録書に署名・捺印をする。提供会員は、原則、距離的に利用会員に近い者が配属されることになっている。

## 2．会員の声にみるヘルプ活動の意義と有償の意味

　「まごころヘルプ」の会員の提案によって、2002 (平成14) 年に『あゆみ―まごころヘルプの十二年―』記念誌が発行された。その中に、138人の提供会員、38人の利用会員、5人の賛助会員、1人の提供会員・利用会員の声が掲載されている。この節では、これをもとに、提供会員・利用会員になった理由を図7、図8にそれぞれ示し、「まごころヘルプ」の特徴、活動の意義、さらには有償の意味を考察する。

### (1) 提供会員の意識

　記念誌において提供会員になった理由について記載している人が83人いた。その中で、「社会に貢献したい」という理由で提供会員になった人が34人、「生きがい・やりがいとして」提供会員になった人が15人、「理念と実践に共感して」提供会員になった人が9人、「まごころヘルプ」が行っている「ヘルパー研修を受講した」のがきっかけになった人が8人、「身内を介護した経験から」提供会員になった人が6人、「自分が将来利用する時のため」・「人生設計のため」・「自分の介護体験を活かすため」・「居場所を作るため」の理由で提供会員になった人が各2人、「まごころヘルプ」の「存在を知ってもらいたい」・「人との交流を求めて」・「室長と一緒に活動していたので」という理由で、提供会員になった人が各1人ずついた。退職後、何か社会にお手伝いしたいと思ったなどの社会貢献と、自分の生きがい・やりがいとして提供会員になったという二つの理由で6割を占める。(図7)

　提供会員を継続している理由には、「心が通う居心地のよさ」、「癒しの場」、「仲間づくりの場」、「ストレス解消の場」、「お互い様の気持ちが伝わってきて、自分が少しでも役に立っているという気持ちが持てる」、「様々なことを学

228 第Ⅲ部 保健・医療・福祉の現状と課題

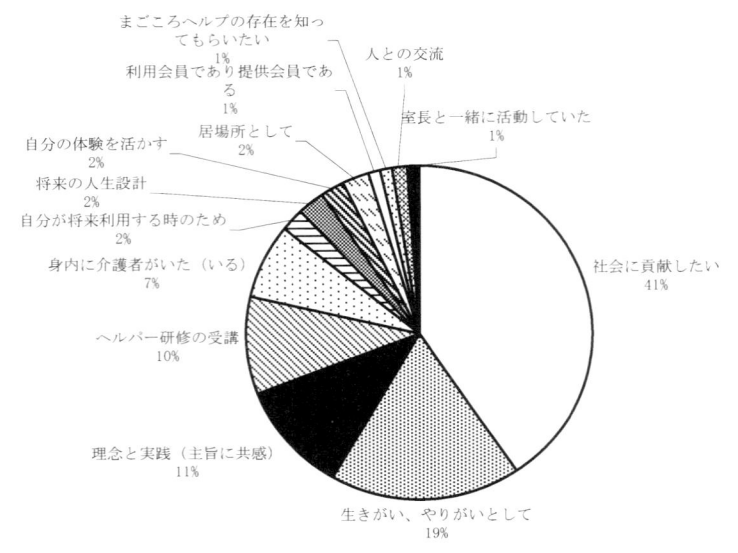

**図7 提供会員になった理由**

- 社会に貢献したい 41%
- 生きがい、やりがいとして 19%
- 理念と実践（主旨に共感）11%
- ヘルパー研修の受講 10%
- 身内に介護者がいた（いる）7%
- 自分が将来利用する時のため 2%
- 将来の人生設計 2%
- 自分の体験を活かす 2%
- 居場所として 2%
- 利用会員であり提供会員である 1%
- まごころヘルプの存在を知ってもらいたい 1%
- 人との交流 1%
- 室長と一緒に活動していた 1%

出典）筆者作成。

ぶことができる」、「いろいろな方との出会いがある」、「自分を知ることができる」、「生きがい・やりがいがある」、「大勢の人との出会い」、「ヘルプ活動で得られるたくさんの満足感・感動と体験、趣味を活かせる」、「理念がしっかりしている」、「可能性をいっぱい秘めた不思議な魅力がある」などが挙がっている。

提供会員が心がけていることは、「ヘルプの基本を大事にしながら」、「利用される方々の気持ちを大切にする」、などの声が挙がっている。

### (2) 利用会員の意識

利用会員になった理由について記載している人は34人いた。「家事援助が必要になり」利用会員になった人が12人、「家族の介護が必要になり」利用会員になった人が7人、「自分の身の回りの介護が必要になり」利用会員になった人と、この他「地域の茶の間」の利用会員の場合には「自分の生きがいとして」利用会員になった人が、それぞれ5人ずつ、「心の安定」と「話し相手を求めて」利用会員になった人が、それぞれ2人ずつ、みられた。「留守番をお

願いするため」利用会員になった人が1人となっている。割合にしてグラフで表すと図8の通りである。また、「家事援助が必要」になった人の具体的な理由の内訳は、「一人暮らしで腰が痛い」、「脳出血をおこし左半身麻痺となった」、「視力障害があり買物・料理・掃除ができない」、などの理由で家事ができない人が約3分の1、次いで「母や妻の介護を行わなければならなくなった」ため約5分の1で、この二つの理由で半分以上を占める。

利用会員を継続している理由としては、「人の優しさを感じる、楽しい、人としての繋がりが持てる」などの声が挙がっている。

### (3) 有償と住民参加型在宅福祉サービスの意味

これまで見てきた「まごころヘルプ」は、子どもからお年寄りまで、誰でも利用できる。そして、どんなことでも困ったことや心配があれば対応するという姿勢がある。対応という意味は、すべてそこで解決するということではなく、専門的なことが必要であれば専門職に、地域的に別なサービス提供機関を利用した方がよいという場合には、他機関に繋ぐということである。従って、これらの活動は地域における社会資源のネットワーク作りを始め、コミュニティの形成において欠かせない要素となっている。フォーマルサービスとの関係で言えば、介護保険が利用できないケースにおいては、利用者にとって大変助かるサービスとなるなど、存在そのものが地域住民の安心感に繋がっており、フォーマルサービスの限界とインフォーマルサービスの役

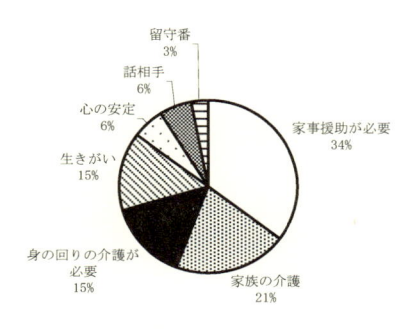

**図8 利用会員になった理由**

出典）筆者作成。

割を見ることができる。

　住民参加型在宅福祉サービスにおいて、サービス利用者の立場からすると、有償の意味は、組織化された団体から継続的にサービス提供を受ける場合に、利用料を支払うことで納得のいくサービスを受けられることである。そして、ボランティアは「遠慮や気遣いで利用できない」という人が、たくさんいる中で、有償であることにより、お礼や茶菓の心遣いが必要なく気軽に利用できるという利点がある。サービス提供者の立場からは、いくらかの見返りを得ることで責任あるサービスを提供するということになる。「利用者の負担にならない程度の利用料」により両者は結びつけられ、提供会員と利用会員が対等な立場に立てるのである。

　活動に焦点を当て、その意味を考えてみると、これらの活動に参加する人は活動を仕事として捉えているのではなく、自分のライフサイクルの中で社会参加をするという思いを持ち、活動している。

　住民参加型在宅福祉サービスの持つ基本的理念として捉えた時、サービス活動は、サービス提供者側からではなく、利用者側からの「ニーズに対応する活動」という見方ができる。無償のボランティア活動や公的サービスとの関係についていえば、それらとの違いを明らかにし、自らの担う役割と意義を明確にしておくことは、ボランティア活動や公的サービスとの共存を容易にする。

　人間は本来、社会的な存在であり、人から認められたい、評価されたい人のために役立ちたいという意識がある。そして、その人間関係のなかで、自分らしく生きたい、人間らしく生きたいと思っている。福祉は人間対人間の関係性のなかで成り立ち、心と心の結びつきが基本になっているが、住民参加型在宅福祉サービスは、気軽に活動に参加し、その心のこもったサービスを提供者も利用者も享受できるところにその本質がある。

## おわりに

　本研究に際して、「うちの実家」代表河田珪子氏、社会福祉法人新潟市社会福祉協議会「まごころヘルプ室」室長横尾三代子氏から多大なご協力を得ま

した。この場を借りて、お礼申し上げます。

**注**
(1)「まごころヘルプ」ガイドブックより。
(2)「まごころヘルプ」提供資料より。
(3)「まごころヘルプ」ガイドブックより。
(4)「まごころヘルプ」ガイドブックより。

**参考文献**
村田幸子・小林雅彦編、2002年『住民参加型の福祉活動―きらめく実践例』ぎょうせい。
新潟市福祉公社まごころヘルプ編、2002年『あゆみ―まごころヘルプの十二年―』新潟市福祉公社まごころヘルプ室まごころヘルプ会員。
社会福祉法人全国社会福祉協議会、2006年『住民参加型在宅福祉サービス団体活動実態調査報告書(平成16年度)』全国社会福祉協議会。
園田恭一、1999年『地域福祉とコミュニティ』有信堂高文社。
宅老所グループホーム全国ネットワーク小規模多機能研究会著・編『宅老所・グループホーム白書2006』。
豊田保、2005年『福祉コミュニティの形成と市民活動』萌文社。
山手茂、1996年『福祉社会形成とネットワーキング』亜紀書房。

# 第16章　広域地方自治体における福祉政策形成過程に影響を及ぼす諸要因
―― 政策形成過程における透明性の確保に向けて ――

塩見　義彦

## １．はじめに

　地方分権が推進され、地方自治体の責任による地域福祉の拡充が図られる今日、自治体間における福祉政策の形成能力に大きな格差が生じてきていると言われている。こうした傾向は自治体の政策全般に言えることで、まさに競争の時代に入り自治体の存在価値を左右するものとなってきている。しかし、地方自治体は長年中央集権型行政システムの下に、好むと好まざるにかかわらず行財政両面にわたり国の施策に依存してきた経緯がある。しかしこれからは、地方自治体もいわゆる分権型行政システムへの対応を速やかに図り、その地域の歴史、文化、自然条件等の個性を生かした多様で活力あふれる地域作りを進め、地域住民のニーズにこたえうる独自性豊かな地域福祉政策の形成とその実行が強く求められていくものと思われる。また、そうした姿こそが福祉における住民自治であり、地方公共団体としてではなく、いわゆる自治体としての存立基盤であると言える。

　地方自治体における福祉政策あるいは施策、事務事業は、第一義的にはその担当者及び担当課職員の能力に大きく左右されるわけであるが、それ以上に、自治体の財政力、知事・市長等の福祉観・政治姿勢、首長と議会・議員との力関係、その他、地域社会の風土や各種団体の活動状況、マスコミの動向等さまざまな要因が複雑に絡み合って形成されていく。

　こうした政策形成過程に影響を与える各種要因について総合的に分析・検討を行い、非効率的部分やより説明責任を求められる部分等政策形成過程の本質的実態を明らかにすることが必要であると考えられる。本章においては、

これらを前提に、広域地方自治体における福祉政策形成過程に影響を及ぼす各種要因とその影響度合いの現状と意味するものを概括的に述べてみたい。

## 2．政策形成過程における各種影響要因

　最初に、「政策」、「施策」、「事務事業」といった用語の定義・使用上の立場を明らかにする必要があるが、地方行政現場において、これら用語は前述の歴史的経緯等もありさほど厳密に定義して使用しているわけでなく極めて多義的概念として用いられており、概念整理がいまだなされていない状況にある。これに対し総務省は「行政評価」の中で定義づけをして、『「政策」とは大局的な見地から地方公共団体が目指すべき方向や目的を示すもの、「施策」とは政策目的を達成するための方策、「事務事業」とは施策目的を達成するための具体的な手段』としている。ただ、行政現場の実態を考えれば、加藤良重の「狭義の政策」（ポリシー）、「施策」（プログラム）、「事業」（プロジェクト）の重層的構造を持つものとする広義の「政策」も親しみを感じる。(加藤 2006: 59)

　本章は、定義そのものが検討の対象でないので、一応、総務省の概念整理にしたがうこととするが、定義は明快であるけれども、いかにも限定的で発展性がないため、必要に応じて広義の意味合いで「政策」という用語を使用することとする。なお、「福祉政策の形成過程」という表現であるが、これは、時間の経過と共に様々な修正が加えられて一つの政策として形成されていくものであるという意味を含ませたものである。包括的に、意志決定の過程を意味する政策の作成過程でもある。また、ここでいう「福祉政策」とは、自治体の責任領域における福祉にかかわる諸課題解決の方向性に関して、知事、地方議会等の調整を経た方針や方向性といった意味で使っている。

　次に、広域地方自治体における、福祉政策形成過程とその実行段階に至るまでの影響要因を模式図的に表すと次の図のようになる。

　行政執行部内における担当部・課における原案作成段階から考察する事とする。(なお、職名については、自治体の規模等により様々である。)

　**図1**は、起案文書が決裁を受ける過程を中心に模式図化したものである。財政的負担が比較的少ない計画であれば通常、担当係・課内で様々な資料を

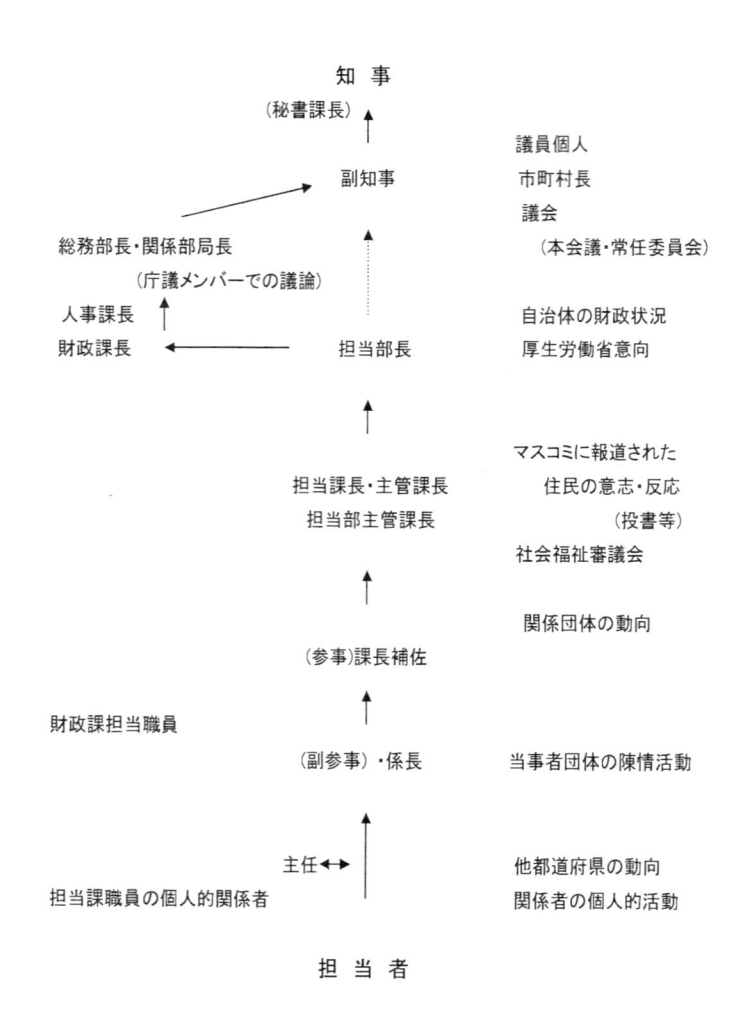

```
                            知　事
                          (秘書課長)　↑
                                  │
                                  │           議員個人
                         ┌──────→ 副知事       市町村長
                         │                    議会
       総務部長・関係部局長│                        (本会議・常任委員会)
          (庁議メンバーでの議論)
                                  ↑
       人事課長   ↑                             自治体の財政状況
       財政課長   ←──────── 担当部長           厚生労働省意向

                                  ↑

                                                マスコミに報道された
                         担当課長・主管課長       住民の意志・反応
                         担当部主管課長                (投書等)

                                                社会福祉審議会

                                  ↑           関係団体の動向

                         (参事)課長補佐

       財政課担当職員
                                  ↑
                         (副参事)・係長          当事者団体の陳情活動

                                  ↑
                            主任 ←→            他都道府県の動向
       担当課職員の個人的関係者                  関係者の個人的活動

                            担　当　者
```

図1　福祉政策形成過程における影響要因

収集準備して充分議論した上、担当部長・部主管課長と協議して、課長からのゴーサインで担当が起案という流れになる。ただ、高額の総事業費と数年に亘る大事業の場合、その多くは一部庁議メンバーレベルの協議がなされトップダウンで方針の指示があり、事務段階で検討した上で実行に移されることが多い。こうした重要施策の場合、時系列的に見れば実際はそれ以前の段階にこそ、政策形成の本質的部分があると言える。それは権力者同士の闘いであり、自らの発言の重みの実証と正当性の主張であり、ひいては政治家として自ら正しいと信ずる信念の実現欲であり、権力の誇示であるとも言える。こうした部分にこそ政策形成の本質が窺えるものであるが、ただ、これらの分析は正確な具体的資料が得がたく、可測性の問題もあり特殊事例を除き限界があると言える。自治体の長である知事の福祉観・政治姿勢は言うまでもなく政策形成の最大影響要因である。多くの住民の支持を得て就任した知事の意思は、自治体の統括責任者として政策形成の前提条件となる予算配分に端的に現れるとも言える。

　自治体行政は文書行政でもあり、全ての案件は起案文書として、関係者への回議（合議）・決裁を得ていくわけであるが、その際、職位が上位にある者は、常に部下職員の起案を修正する権限がある。逆に修正をしないことによる瑕疵が生じた場合は、後にその咎を受けることになる。ただ、大きな政策・事業の場合は、事前に課内はもとより、主管課、部長を含めて、充分な議論をしてからの起案であり形式行為である。

　この事からも分かるとおり、政策立案にあたって起案担当者を始めとする係の係長、課長補佐、課長といった担当者の行政施策形成能力としての、その自治体行財政全般を見渡したバランス感覚、情報・知識量、福祉哲学といったものが施策の善し悪しに大きく関わっているということができる。とりわけ起案担当者の計画案の文字の一つ一つがベースになる。その意味では、担当者の課題認識、調査分析力、福祉ビジョン等全てが政策形成の出発点となる。

　担当者は、常に国を始め他都道府県の福祉動向、保護者団体等関連団体の要望や上司の意向、さらには自治体の財政状況等幅広く配慮しながら作業する。特に、関係団体や保護者会の生の意見を聞くことに努力が払われている。

大きな政策方針の決定については、多くの場合、担当者案をたたき台として課長、課長補佐、担当係の係長、主任、それに庶務係長が加わってより多くの目で問題点を指摘しあい意見交換がされる。ただ、自治体という組織の中での議論の段階では誰もが比較的フランクに意見表出できるが、常に職階制上位者の意見が強く反映されがちである。

政策形成の基幹的部分をなすものは、前述の担当者の課題認識等と行政調査結果の分析、福祉関係当事者団体等との常日頃の話し合いや要望・意見である。ただ、様々な関係団体があり、いずれも軽視できないものであるが、どの意見が施策に反映されていくかは、団体の大小強弱でなく、その内容がいかに担当者の課題意識の琴線に触れるかである。例えば、弱小団体であっても、会長がしばしば担当課を訪れ、お茶を飲み、雑談をしながらも自らの主張・意見をうまく的確に伝えている団体がある。理由の一つとして考えられることは、自治体勤務経験者等で、計画立案担当者達と共通の用語・言い回し、論理の展開をしていることが最大の要因であると考えられる。

このように従来は、主に当事者団体の要望を中心に政策課題が検討されてきたが、社会福祉をどう捉えるかにも拠るが、社会政策の補充に視点を置くのではなく、一般住民を主体とした社会に組み込まれた不可欠の制度と捉えるならば、住民は主権者として自治体を形づくっていることを重視する必要がある。議員代表制による間接民主主義にとどまることなく、一般住民の直接参加、むしろパートナーシップといった概念の導入により、政策形成プロセスに、より積極的住民参加が可能となる制度を組み込む必要があると考える。

また、他都道府県の福祉政策の進展状況も、いろんな意味で影響を与えている。特に事業段階で、施設整備数や利用者一人当たりの補助基準面積等快適住環境レベルをどこに置くのか等、具体的検討の際には慣習的に他都道府県の状況を参考にする例が多い。とりわけ財政的に余裕のない自治体にあって新規施策を検討する際には、独自のあるべき水準を模索するというよりは、同規模の人口や財政力の近隣自治体の状況を調査し参考にしている。このことが結果的に「画一的横並びの仲良しクラブ」に陥っているとの批判を受け、「前例踏襲型の施策」になる。社会の変化に対応した良質の施策が改めて求

められる所以である。

　次に、財政課の担当者である。いわば国の主計官にあたり、様々な新規計画は財政担当の意向が強く反映されるが、大規模計画になると査定室で直接、財政課と担当課の直接交渉が行われる。財政課は当該自治体の財政状況を考え、例え理屈のとおる優れた事業計画であっても却下する権限がある。財政状況は政策形成以前の背景として隠然たる影響要因であると言える。政策形成の上で知事の意向と共に組織内部の要因として最も強い影響力の一つであるといえる。

　次に、外部影響要因である新聞報道の威力もまた絶大である。福祉政策も住民の関心が高まり、ニュースバリューがある。知事のわずかな発言も新聞報道され、県民がそれを読み一方的に解釈される傾向がある。仮に、後に新聞報道のニュアンスと別の方針を出したとすれば、前言との齟齬を指摘され、知事発言にブレがあるとして政治力に影響を与えかねない。次に、新聞投書欄の投書内容も軽視できない。ある意味客観性を失いかねない程の連日の過熱報道の中にあっても、一部読者は、比較的冷めた目で見ている。投書は冷水を浴びせるほどのインパクトがあることがある。

　行政に対するマスコミの影響力が強い理由の一つは、報道の印象いかんによっては政策の評価を左右しかねないことにある。そのことは担当部長の評価につながり、ひいては知事の政治力に影響を与える事になる。ある政策が好意的に度々大きく新聞報道されているとすると、関連事項で裏目に出た場合も同程度以上のニュースバリューを持って報道される。そのギャップも大きく次期首長選に与える影響も軽視できなくなり組織の一員としては懸念することとなる。

　同じマスコミ報道であっても、テレビ報道は新聞報道ほどの影響力はないように思われる。TVニュース報道は、比較的価値観を交えずにただ事実の短い報道に終始すると同時に、多くは"一過性"で再度見直すことが困難な点も原因の一つであると思われる。報道特集番組を組むこともあるが、その多くはすでに新聞報道済みの内容が多い。

　次に影響力として検討されなければならない要因は、自治体議会である。本来議会と知事・事務当局は、それぞれ独立の機関で、権能・役割が明確に

区別されており、相互の牽制と調和によって公正な行政を確保するというもので、チェック・アンド・バランスの機能を生かして住民のための行政を推進しようとするものである。議会の議論の場は、主なものとして常任委員会と本会議があるが、常任委員会の議論は一問一答方式であり、しかも事前に質問内容を執行部に通告する義務もなく、再質問も自由であるため、本会議より細かく生々しい議論がなされ、本来的に有効な機能であると言える。議会は議員と執行部との真剣勝負の場であり、議会開会中は庁内に緊張感が走る。提案内容は事務当局サイドにとって、十分検討を重ねてまとめ上げた案であり議員との論戦に負けるわけにはいかないという意気込みがある。また、長年にわたって執行部側提出案に瑕疵がないことを主張することが行政への確固たる信頼感を育ててきたとも言える。ただ、議会の場における議論は、与野党を通じて、一部議員を除き勉強不足の感が否めない。政策形成への最も大きな影響要因であって然るべき自治体議会は、当面の課題に対して重要な影響要因とはなり得ていないのが実態である。しかし、議員との論戦はその後の政策に様々な強い影響を与えている。

　ただし、議会という場を離れて、市町村長、地方・国会議員個人の影響という問題については別次元の検討が必要である。議員・市町村長個人となると知事と同じ政治信条を持つとか選挙の際の協力関係等々いわゆる政治的要素が関与してくるため、その影響力は判断しかねる部分である。特に、知事等への市町村長の陳情活動は厚いベールの中なので、その前後関係の情報は推測の域を出ないが、多くの市町村長や議員は知事や部・局長へ陳情に訪れている。その際には事業担当課にも顔を出す例が多いが、実力市町村長には、事業担当課長はもとより部局長さえも省略する首長等がいるのも事実で、こうした事例では全く状況がつかめないと言える。陳情も、例えば、施設整備地域の順番づけ等に微妙に影響しているものと思われる。こうした点に政治家の活躍する部分があり、調査は困難であるが決して軽視し得ない影響要因であるといえる。

　次に、社会福祉審議会の存在である。審議会は、行政に学識経験者等の民意を反映させ、より良い自治を進めるため出発した制度であり、本来、行政にとっては不可欠な存在であるはずであるが、現状は形式的な審議機関に

なっている。審議会の委員は、各界を代表する多彩な顔ぶれであるが、普段この分野の仕事内容に精通している委員は少ない。知事や行政担当者が一方的に決めたとなると、住民の反発も強くなる内容であっても、学識経験者や社会的地位の高い人たちが審議したという形式をとれば住民も納得する。いわば行政を推進する上での隠れ蓑、緩和機関的存在となっており、ほとんどの場合、提案内容はすんなり通る。そもそも審議会委員は行政の社会福祉担当主管課が人選を進めるわけであるが、行政にとって好ましくない人物は委員人選の際に入れないであろうことは容易に想像がつく。こうした実態を考えると大きな影響要因とはなりえていないといえる。地方自治半世紀を経た現在、審議会の在り方そのものを洗いなおす時期にあるといえる。

　一方、最近の施策策定の背景には常に行政のスリム化と効率化という命題がある。この「行政のスリム化と効率化」という考え方はあらゆる場面で重要なキーワードとなっている。財政状況が厳しくなるにしたがってますます行政のスリム化と効率化は求められてきている。また、三重県の「事務事業評価」を始めとする「行政評価」は全国の自治体に広がりを見せているが、厳しい財政状況下においては当然の成り行きであると思われる。こうしたPlan-Do-Seeの要因も今後政策形成の過程において重要な要因になると思われる。そのためにはまず「政策」の概念整理からはじめる必要があるが、施策ないし政策が地域住民にとって実際にどれだけの成果・効果があったのかの評価は今後とも重視する必要がある。同時に事務事業と福祉コストに関する情報公開は今後ともさらに進め納税者の納得を得る努力が、福祉政策形成の観点からも必要となる。

　こうした施策形成の背景となるものとしてもう一つ見逃してはならないものに、ＩＴ化に伴う最新情報の共有化の問題である。世界の福祉理念や動向は、国政に影響を与えるだけでなく県政や市町村政にも多かれ少なかれ刺激を与え続けることになるであろう。社会福祉の国際化の波は同時進行的に地方自治体の福祉政策形成に影響を与えることとなると思われる。

　最後に福祉政策形成過程に及ぼす影響という観点で考えなければならない点は、自治体が置かれている地域の長い歴史や環境の中で形成されてきた住民の生活意識、精神風土である。派手な存在ではないが根深く隠然と影響力

を及ぼす存在である。

## 3．諸要因の関連と今後の課題

　政治も行政も多義的概念で、様々な定義があるが、政治がその自治体の意志を決定し、行政はその執行機関であるということに異論を挟む余地はない。しかし、現実は行政が果たす機能は著しく肥大化している。この現象は決して地方自治体のみに言えるものではなく、国の行政官庁においても同じ現象が長年続いてきた。中央政府同様、地方自治体における政策の形成過程においても、行政は単なる執行機関としての機能を超えて、政策策定の基本的部分を担っている。本来的に政治の分野にまで行政がカバーしてきているとも言えよう。

　執行機関である行政の長である知事もまた、議員同様、直接選挙で選ばれた住民の代表であり、強大な権限を持っている。予算編成権、人事権、各種許認可権、さらに条例案の提出権や議会が提出した条例案などに対する再議権など実に強大な権限が与えられている。にも拘らず、実態として知事の権限が事実上大きく制限されてきた主な理由の一つは、自主財源がとぼしく地方債発行額が増加して、国からの地方交付税交付金や国庫支出金に依存しているためである。行財政両面において国に大きく依存してきたことが、今日まで地方自治体における政策立案能力を育んでこなかった原因の一つとなっている。一方、議会が政策課題や政策形成能力をしっかり持って執行部と対等の力関係にあるならば、両者の議論を踏まえての立案とか、修正ということが充分考えられるが、極端な言い方をすれば、現状においては、執行部は議会の意見のほとんどを退けるべく理論武装して、議会が口を挟む余地がないのが実情である。これは結局、知事と議会の政治的力関係と同時に、機能・役割という観点から見ても、本質的に知事という職が議員より優位に立っている事の結果でもあろう。さらに多くの知事が議会与党と政治的に同一の基盤に立つことも一因であるといえる。いわば行政と政治の棲み分け・線引きが曖昧になっている。これは議会が特別委員会を別にすれば、年四回ほどしか開会されないことも大きな要因であろう。同時に議員諸氏よりも行政に携

わる職員集団のほうがより地域の実情(その大部分は出先機関、市町村及び関係団体を通じての情報)を始め、国からの行政執行上欠かせない各種法令・通知や福祉関係情報等さまざまの情報を活用することができる立場にあることに起因する。そうした情報量の多さが、結果的に行政執行部職員の的確な状況判断を可能にしている。行政執行部職員と議員の意欲、情報量と常日頃の研鑽の差によるところが大きいと考えられる。結果として、与党議員は官僚に依存してぬくぬくと安住する存在であり、野党は昔も今も相変らず教条主義的で、質の低い資料に基づいて、攻撃することそのことを目的化しているかのような議会活動を続けている。

　本来、地方議会は、自治体首長と協調しあるいは対抗しながら、自治体の政策を形成する機関である。しかし、議会の与野党を通じて政策形成に関わる発言や行動に比較的重みを欠いている感を否めない。議員の質問は、一部を除いて、多くの場合は内容的にいっそうの充実が期待される。1995年の「地方分権推進法」の制定により始まった地方分権の流れは、99年に「地方分権一括法」が採択され、不充分ながら実現した。だが、いかに制度的な条件が整備されても、肝心の議会活動が分権と地方の時代にふさわしく機能しない限り空洞化する。

　現代社会においては、人々の価値観や生活様式が多様化し、一つの枠によって問題を解決することは困難になってきた。施策の決定に関しても常に多様な意見への対応が求められ、そして、関係者間の利害損得が激しく対立する。こうした対立の調整と合意の形成もまた議員・議会の役割・機能でもある。議会は、地域住民の集約された要望の代弁・意思表明の場であり、それらの意志・要求や要望を政策課題として政治の場で表明することが求められている。地方議会の機能は行政部の統制と住民諸権利の調整にあるわけで、公開の場で議論して、その優先順位を付けることは、議会の責務であるとも言えよう。また、坂田周一も「これらが、暗黙のうちに行われると不公正を招くので、優先順位(プライオリティ)を表明した計画の形式による明示的な政策表現が重要になる。こうしたラショニングを特徴とする社会福祉供給において、目的にかなったものとして、公正な配分となるように利害を調整できる供給体制を計画することは社会福祉政策問題の焦点である。」と述べている

（坂田 2003:17）。その意味において、市町村長や議員個人の知事への陳情活動は、ベールの中のいわゆる政治活動として従来容認されてきたが、これらもやはり公開の場での議論が優先されるべきである。

　次に、政策形成・実行の過程において、その政策を一般住民はどのように見ているか、どう評価しているかという事は、政治家・首長が最も関心のあるところである。マスコミが住民世論を形成する側面もあるが、住民の評価が端的に表明されるのがマスコミ報道であり、その論調である。マスコミの行政に対する非難・批判は比較的ストレートに出てくるが、よく考えられたバランス感覚のある良識派の意見は、多くの場合、行政批判もその極に達したと思われる頃にようやく出てきているように思われる。別の言い方をするならばマスコミもまた大衆迎合型の一営利企業であるということである。このいわば良識派の意見が出てこなかったとしたら、読者の信頼を失うことになると同時に、目の前の損得にのみ目を奪われ、将来を見越した施策は講じられないこととなる。新聞紙上に載った投書やマスコミの論調は、政策形成過程に極めて大きなインパクトを与えるといえる。

　最後に福祉政策形成過程に及ぼす影響という観点で考えなければならない点は、自治体が置かれている地域の長い歴史や環境の中で形成されてきた住民の生活文化、生活意識であり精神風土である。ジョン・C・キャンベルは、その著書の中で「日本政府は、アメリカやその他の国と比較して、問題の大小にかかわりなく、方向転換をめったにしないように思われる。全会一致主義などがその理由の一部であろうが、政策転換の提案の相当数が、実行力に欠ける。行政機関が推進役になっていることがより重要な理由である。」（J.C.Campbell 1992=1995 : 550）と国際比較の視点で日本の国政における官僚の特性について述べているが、地方においても同様のことが言える。それと同時に、施策を受け入れる側の精神風土の特性といったものもあると考えられる。例えば、農村地帯特有の共同体的ムードがあるとすればそれは大きな影響要因となる。新しい建設的意見・考え方が提示されてもすぐには受け入れず、周囲の様子をうかがいながら結局は利己的な結末に持っていこうとする風潮などである。政策形成過程にその地域の精神風土と言った要素も微妙に、しかし、しぶとく影響をあたえているという事が言える。

いずれにしても福祉政策の形成過程にその時代時代の経済状況・社会状況が大きく反映しているように思われる。経済状況があり、人権や権利に対する住民の意識レベル等の社会状況があり、施策があり、それを合理化する理念が生まれてくる。本来、理念が先であると言う見解があるが、現実にはさまざまの意見・理念が以前より泡のごとく多く出ていて、それが時代状況に合わせて、その時代にあったものが大きく成長して世の中に浸透していくともいえよう。政策が形成され、その背景となる理念が相互に影響しあいながら定まってくる。こうしたさまざまの要素が力動的に絡み合いながら、同時進行的にその時代、時代に適合した形で動いているわけで、福祉政策も他の行政変化等の影響を受けながら社会にあった型で修正をされ社会に定着していると言える。

## 4．おわりに

　1980年代の土光臨調・行革路線以降、社会福祉の分野にも個人の自己責任を重視し、国家による社会政策を最小限にしようとする、いわゆる「小さな政府」を目指してさまざまな施策が打ち出されてきている。社会福祉基礎構造改革の名のもとに、行政責任に基づいた「措置」から当事者の責任によって契約する「利用制度」になり、さらには市町村・都道府県に地域福祉計画や老人福祉計画の策定義務づけをしてきている。こうしたことは地方自治体にとって一時期苦しみを伴うことではあるが、このことは結果として、真の草の根民主主義を育み、地域に根付いた福祉を育てていくであろうと思われ意義深いものと考える。

　従来、財政事情が厳しい地方自治体にとって、独自の理念を持った地域福祉政策を打ち出すことは現実問題極めて困難なことであった。結局は国の福祉政策枠内での施策となる以外に生きるすべはないのが実態であった。しかし、ようやく地方分権の時代に入り、これからは簡素で効率的な行政システムを確立し、住民ニーズに的確に対応した施策を効果的に提供し、福祉の豊かさを実感できる政策を実施できる時代になったといえる。そして地方自治体の福祉政策は、その施策形成過程には様々な要因が複雑に絡み合い、かつ

牽制し合いながら時代に適合するかたで形成されていくのである。今後は、こうした影響要因をできるだけ明らかにして、不要なもの、不適切な動きは排除していく必要がある。公明性を確保して全ての部門、機関が充分機能しバランスを得て策定された政策こそが、真の意味で住民の福祉向上に結びついていくものと思われる。

**引用・参考文献**

「地方公共団体における行政評価の取り組み状況」総務省　http://www.soumu.go.jp/click/jyokyo_20060101.html

John Creighton Campbell 1992 *How Policies Change : The Japanese Government and the Aging Society* Princeton University Press =1995年、三浦文雄・坂田周一監訳『日本政府と高齢化社会』中央法規。

阿部志郎・井岡勉編、2000年『社会福祉の国際比較』有斐閣。

秋山智久・井岡勉・岡本民夫・黒木保博・同志社大学社会福祉学会編、2004年『社会福祉の思想・理論と今日的課題』筒井書房。

蟻塚昌克、1998年『社会福祉行財政論』中央法規。

加藤良重著、2006年『自治体福祉政策』公人の友社。

坂田周一著、2003年『社会福祉政策』有斐閣。

宇山勝儀、2003年『新しい社会福祉の法と行政 第2版』光生館。

新自治用語辞典編纂会、2000年『新自治用語辞典』ぎょうせい。

# 第IV部　保健・医療・福祉研究の方法と理論

# 第17章　健康・保健と社会制度

園田　恭一

## 1．健康・保健と日本国憲法

### (1) 国民の権利と国家の責務

　本章では、日本において、健康や保健ということが、医療や福祉との関連で、あるいは社会制度全体の中で、どのような位置を占め、役割を果たしてきているのかについて検討していくこととしたい。

　まずはそれを、法的規定の上から、現行の日本国憲法よりみてみると、その第25条には以下のような条文がある。

　　　「第25条　すべて国民は、健康で文化的な最低限度の生活を営む権利を有する。
　　　　国は、すべての生活部面について、社会福祉、社会保障及び公衆衛生の向上及び増進に努めなければならない。」

この条文からすると、健康ということは国民の権利として明確に挙げられているが、それに対しての国（家）の責務となると、社会福祉、社会保障、公衆衛生ということで、保健や医療などは文言としては登場してこない。

　これらの点を、この日本国憲法、とりわけそこでの国民の権利や国の社会的使命などに関しての条文の作成や成立などの経緯をさかのぼって検討してみると、そこには第2次世界大戦後の占領下にあって、連合国側、とりわけアメリカ総司令部側の意向や力が大きく働いていたことが浮かび上がってくる。

　具体的には、「『言論、宗教および思想の自由並びに基本的人権の尊重は、確立せられるべし』ということは、ポツダム宣言の掲げる要求の一つの大き

な眼目であった」(高柳・大友・田中 1972: 146)とされ、それは、日本側とも種々の折衝の結果、新憲法の条文としては、「国民の権利および義務」の「総則」として、「第11条　国民は、すべての基本的人権の享有を妨げられない。この憲法が国民に保障する基本的人権は、侵すことのできない永久の権利として、現在及び将来の国民に与へられる」として盛り込まれることとなったといわれている。

　そしてまた、「この憲法によって日本国民に与えられ、保障される基本的人権は、人類の多年にわたる自由獲得の努力の成果である。これらの権利は、時と経験のるつぼのなかでその永続性について苛烈な試練を受け、それに耐え残ったもの」であって、「この憲法が宣明した自由、権利および機会は、国民の絶え間ない警戒によって、保持されるものである」こと、そしてまた、「これらの自由、権利および機会は、国民の側に、これに対応する義務、すなわち、その濫用を防止し、常に共同の福祉のために用いる義務を生ぜしめる」ということも強調されたのである。(高柳・大友・田中1972: 150-152)

　そしてこれらは、日本政府とのやりとりや議論を経て、憲法の条文としては、「第13条　すべて国民は、個人として尊重される。生命、自由及び幸福追求に対する国民の権利については、公共の福祉に反しない限り、立法その他の国政の上で、最大の尊重を必要とする」と表現されたのである。

　ちなみに、最終的には「公共の福祉」(public welfare)という用語で結着した表現については、「この条文の第2次試案には、『共同の福祉』(common welfare)という文言があり、総司令部案では、それが『共同の善』(common good)という表現になり、また他の条文においては、以下にみるように、『公共の福祉』(public welfare)、『一般福祉』(general welfare)、『公共の利益』(public good)という文言も用いられているのであるが、日本政府に提示されてから、この条文をはじめとしてすべて『公共の福祉』という文言にされたのである」という経緯も伝えられている。(高柳・大友・田中1972: 153)

　他方、社会的権利および経済的権利に関しての「国の社会的使命」ということでは、「社会の福祉の実現に関する規定を憲法に入れることは、近来のヨーロッパ諸国の憲法に広く認められるところであり、国家が国民の福祉に対して責任を負うという観念を新しく日本において一般に行きわたらせるた

めには、これを憲法の上に掲げることが特に必要であるという主張がなされた」が、議論の末、総司令部のホイットニー局長の「憲法には、社会立法について詳細にわたって規定すべきでないが、社会福祉のための立法がなされるべきであるとする一般的な規定を設けるのがよい」との意見も出され、結局は先にも紹介した第25条の後段の「国は、すべての生活部面について、社会福祉、社会保障及び公衆衛生の向上及び増進に努めなければならない」という条文にまとめられたのである。

　なお、この第25条の前段の「すべて国民は、健康で文化的な最低限度の生活を営む権利を有する」という規定は、「衆議院の審議の段階で」「新しく第一項として加えられることに」なったという経緯は、特記として、留意されてよいことといえるであろう。(高柳・大友・田中 1972: 175)

## (2) 衛生、保健と生存権、健康権

　このように現在の日本国憲法は、連合国総司令部側と日本国側の相互の主張や、やりとりの結果まとめられたものであり、それらの過程での英文草案や最終の英文表記が残されている。それらのうちから、第25条に係るものをみてみると、それは以下のように表現されている。

　　" Article 25. All people shall have the right to maintain the minimum standards of wholesome and cultured living.

　　In all spheres of life, the State shall use its endevores for the promotion and extension of social welfare and security, and of public health."

　そこでみられるように、「健康で文化的な最低限度の生活」の部分の「健康」は "health" ではなく "wholesome" が、そして「社会福祉、社会保障及び公衆衛生の向上及び増進」の箇所の「公衆衛生」は "public hygiene" ではなく "public health" という用語が使われていることが目につく。

　そこでまず、wholesome の意味内容を手許の英和辞書で調べてみると、「健康[衛生]によい、体によい運動[食べもの]、健康そうな、健全な、ためになる」(研究社)、「健康に良い、健全な、有益な」(三省堂)と説明されていて、心身の、というよりは全体的な、そして病気でない、とか、具合が悪いところがないというよりは、良い、とか、健全な、といった積極的な面を持っている用語

であることが分かる。

　他方、hygiene（衛生）と health（保健）とを比べてみてみると、前者が、行政や医師などの専門職が主体となって、病気や悪い環境から一般の人々の「生命や健康を衛る、守る」といった意味あいが強いのに対し、後者は、一般の人々自身の日常の取り組みをも含めて、生活の良い状態としての「健康を保つ、伸ばす」といった内容ももっているともいえよう。なお、これらについては次項以下で、medicine（医学、医療）なども含めて改めて取りあげることとしたい。

　いずれにせよ、この日本国憲法での「基本的人権」（第11条）や「健康で文化的な最低限度の生活を営む権利（第25条）などをめぐっては、後に就労や解雇、あるいは生活保護水準や最低生活問題などでの争いや裁判などを通して、かなり具体的に議論がされたり、理解されるようになってきたが、それらは思想や宗教の自由や生存権保障などが中心となって、健康や健康権、あるいは健康に関しての国の役割や責任などをめぐっては、あまり取りあげられたり、深められたりはされていないということが課題として残されているといえるであろう（唄 1973）（下山 1979）。

## 2．健康・保健と社会保障

### (1) 社会保障の枠組み

　次には、健康や保健と社会保障や社会福祉との関係をみていく上で、まずは社会保障そのものについて改めて検討しておくこととしたい。

　ところで、この日本における社会保障の意味や内容を具体的に整理したものとされている1950（昭和25）年に出された社会保障制度審議会よりの「社会保障制度に関する勧告」によれば、それは次のように説明されている。

　「社会保障制度は、疾病、負傷、分娩、廃疾、死亡、老齢、失業、多子その他困窮の原因に対し、保険的方法又は直接公の負担において経済的保障の途を講じ、生活困窮に陥った者に対しては、国家扶助によって最低限度の生活を保障するとともに、公衆衛生及び社会福祉の向上を図り、もって、すべての国民が文化的社会の成員たるに値する生活を営むことができるようにす

ることをいうのである」。

　そしてさらに、このうちの「社会福祉」については、「国家扶助の適用をうけている者、身体障害者、児童、その他援護育成を要する者が、自立してその能力を発揮できるよう、必要な生活指導、更生補導、その他の援護育成を行うことをいうのである」と規定している。

　そしてこれらを受けて、その後の厚生労働省関連の出版物などでは「この規定では、社会保障は、社会保険・国家扶助（公的扶助、具体的には生活保護）・公衆衛生（医療を含む）・社会福祉の4部門の上位概念として位置づけられている」、「わが国では、社会保障制度審議会が戦後いち早く規定した上記の枠組みが60年を経た今日でもなお維持されてきているといってよい」との説明を行っている。（(財)厚生統計協会国民の福祉の動向 2005: 47）

　以上の説明を若干の補足を加えていま一度まとめておくと、

①社会保障というのがより包括的な上位概念で、その下に社会保険、生活保護、社会福祉、公衆衛生の4部門が位置づけられるという枠組みとなっていること。

②社会保険は、年金、医療保険、失業保険、介護保険など、老齢や疾病や失業や要介護などの状態になった人に対し、保険料や税金によって徴収した費用から給付を行う経済的保障であるとされていること、

③生活保護は、公費を用いて行う生活困窮者に対しての国家扶助であるということ、

④社会福祉は援護や支援を必要とする人々に対してのさまざまな生活上の施策や社会サービスであるといわれていること。

⑤公衆衛生は医療も含むとされているように、前項でも紹介したような欧米での public health に対応する公共の、社会的保健といった位置づけや広がりで理解されるのが妥当であろうこと、等々である。

　なおここで、この最後の点に関連して、欧米での health と medicine を日本での保健と医学・医療とで対比させてみてみると、欧米、とりわけ近年のアメリカなどでは、Health Center や Health Sciences の下に Medical School や Dental、Nursing あるいは Public Health などが置かれているのが多いというように Health の方が Medicine に対してより包括的に用いられているの

に対して、日本では医学部保健学科とか公衆衛生学教室、あるいは医療技術大学保健学部等々というように、医学や医療が上位に置かれて、その一部や下位に保健や公衆衛生が属するという形となっているところが多く、いわば「逆転」しているということも、日本での保健や衛生と医学や医療などを議論する際に重要なポイントとなることといえよう。

## (2) 社会保障給付費と健康、保健

　以上にみてきたような、健康や保健と医療や社会福祉、あるいは社会保障等々との位置づけや枠組みの議論を踏まえて、次には、費用の支出や金銭の配分の面から、それらの関係や構造を捉え直してみることにしたい。

　まずはそれらを厚生労働省の現役スタッフらが執筆者となって作成されている数点の刊行物から取りだしてみてみると以下のようなデータや記述がまとめられている。

　「社会保障給付費とは、公的に行われる医療・年金・福祉・労災保険・雇用保険等の社会保障制度の給付の総額をILO（国際労働機関）の定めた国際比較のための基準に基づいて計算したものである。

　我が国の社会保障給付費は、高齢化の進行に伴い年金・医療・老人福祉に要する費用を中心として急激に増大し、平成15年度には84兆2,668億円で、これは国民所得の22.9％に相当する。また、国民1人当たりでは約66万円となっている。

　社会保障給付費のうち、年金が44兆9,845億円と過半数（53.1％）を占め、医療が26兆6,154億円（31.6％）となっており、年々、年金の占める割合が増大してきている」（社会保障入門編集委員会 2006: 33）。

　なお、社会保障給付費を、収入、制度、部門、機能、対象者別にまとめたものとしては、この２年前の2001（平成13）年度の数字では、**図１**のような結果となっている（(財)日本公衆衛生協会 2004: 44）。

　さらに、費用や財源を租税によって賄われていることが多い、生活保護、社会福祉サービス、保健衛生関係への支出を一般会計予算（平成17年度）、厚生労働省予算（平成17年度）、などからみておくと、それは各々**図２**、**図３**、**表１**のようになっている。

　以上の説明やデータから、日本の社会保障費をめぐっての特徴や問題点な

第 17 章 健康・保健と社会制度 253

(単位：兆円，%)

| 収入 | 制度 | 部門 | 機能 | 対象者 |
|---|---|---|---|---|
| 保険料 55.7 [61.9]<br>　被保険者拠出 27.3<br>　事業主拠出 28.5 | 社会保険 74.1 (91.0)<br>　医療保険 14.8<br>　介護保険 4.1<br>　年金保険 40.6<br>　雇用保険 2.7<br>　業務災害補償 1.0<br>　老人保健 10.8 | 年金 42.6 (52.3) | 高齢 39.0 (47.9)<br><br>保健医療 26.2 (32.2) | 高齢者関係給付費 56.0 (68.7)<br>　年金保険 40.6<br>　老人保健医療分 10.7<br>　老人福祉等 4.6 |
| 公費 26.7 [29.7]<br>　国 20.7<br>　地方 6.0 | 家族手当・社会福祉・生活保護 5.2(6.4)<br>公衆衛生 0.6(0.7)<br>恩給・援護 1.5(1.9) | 医療 26.6 (32.7)<br><br>福祉その他 12.2 (15.0)<br>　うち介護対策 4.1 | 遺族 6.0(7.4)<br>失業 2.7(3.3)<br>家族 2.6(3.1)<br>障害 1.9(2.3)<br>生活保護その他 1.9(2.2)<br>労働災害 1.0(1.3)<br>住宅 0.2(0.3) | 高齢者関係給付費以外の給付費 25.4(31.3)<br>　うち老人保健以外の医療 15.9<br>　うち児童・家族関係 3.0 |
| 資産収入・その他 7.6 [8.4] | 管理費等 7.4<br>収支差 1.0 | 管理費等 7.4<br>収支差 1.0 | 管理費等 7.4<br>収支差 1.0 | 管理費等 7.4<br>収支差 1.0 |

社会保障給付費

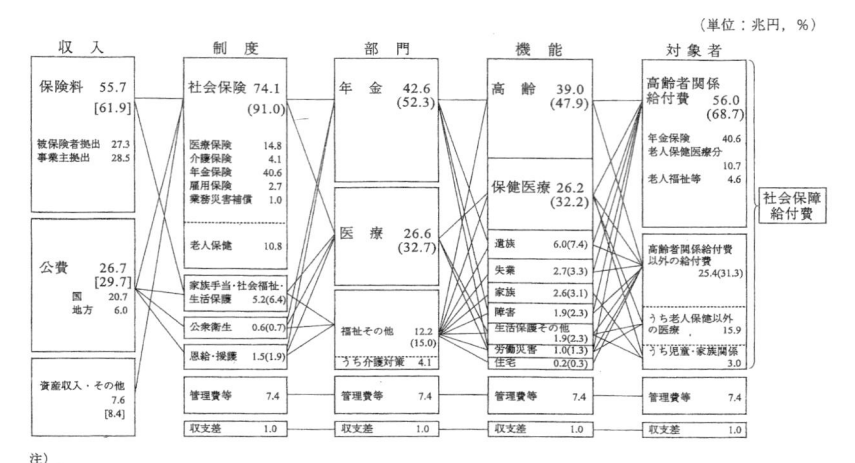

注)
1.「児童・家族関係」は、社会保障給付費のうち、医療保険の出産育児一時金、雇用保険の育児休業給付、保育所運営費、児童手当、児童扶養手当等である。
2. 平成13年度の社会保障収入は90.0兆円（他制度からの移転を除く）であり、[ ] 内は社会保険収入に対する割合。
3. 平成13年度の社会保障給付費は81.4兆円であり、( ) 内は社会保障給付費に対する割合。
4.「収入」から「制度」の「管理費等」、「収支差」への矢印は省略した。

**図1　収入、制度、部門、機能、対象者からみた社会保障給付費（2001（平成13）年度）**

出典）(財)日本公衆衛生協会、2004年『衛生行政大要・改訂20版』、44頁。

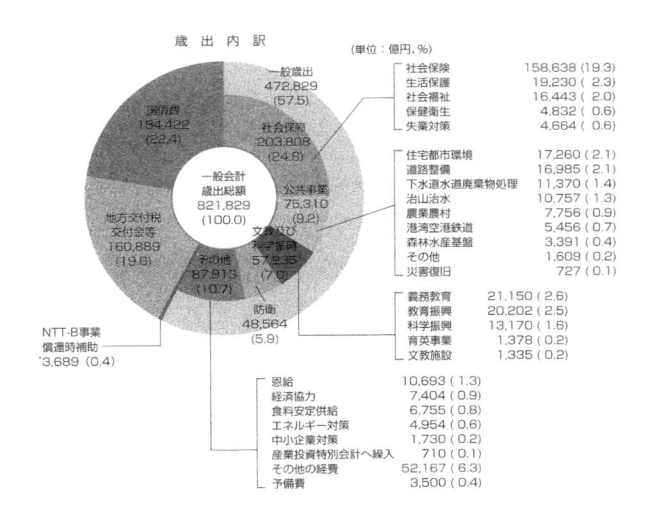

歳出内訳 (単位：億円、%)

一般歳出 472,829 (57.5)
　社会保険 203,808 (24.6)
　　社会保険 158,638 (19.3)
　　生活保護 19,230 (2.3)
　　社会福祉 16,443 (2.0)
　　保健衛生 4,832 (0.6)
　　失業対策 4,664 (0.6)
　公共事業 75,310 (9.2)
　　住宅都市環境 17,260 (2.1)
　　道路整備 16,985 (2.1)
　　下水道水道廃棄物処理 11,370 (1.4)
　　治山治水 10,757 (1.3)
　　農業農村 7,756 (0.9)
　　港湾空港鉄道 5,456 (0.7)
　　森林水産基盤 3,391 (0.4)
　　その他 1,609 (0.2)
　　災害復旧 727 (0.1)
　文教科学 57,235 (7.0)
　　義務教育 21,150 (2.6)
　　教育振興 20,202 (2.5)
　　科学振興 13,170 (1.6)
　　育英事業 1,378 (0.2)
　　文教施設 1,335 (0.2)
　防衛 48,564 (5.9)
　その他 87,913 (10.7)
　　恩給 10,693 (1.3)
　　経済協力 7,404 (0.9)
　　食料安定供給 6,755 (0.8)
　　エネルギー対策 4,954 (0.6)
　　中小企業対策 1,730 (0.2)
　　産業投資特別会計へ繰入 710 (0.1)
　　その他の経費 52,167 (6.3)
　　予備費 3,500 (0.4)
国債費 184,422 (22.4)
地方交付税交付金等 160,889 (19.6)
NTT-B事業償還時補助 3,689 (0.4)
一般会計歳出総額 821,829 (100.0)

**図2　平成17年度一般会計予算の内訳**

出典）社会保障入門編集委員会、2006年『社会保障入門』、235頁。

(単位：億円、％)

| 社会保障関係費 | 202,240 | (97.1) |
|---|---|---|
| 　生活保護費 | 19,230 | (9.2) |
| 　社会福祉費 | 16,443 | (7.9) |
| 　　社会福祉諸費 | | |
| 　　社会福祉施設整備費 | | |
| 　　婦人保護費 | | |
| 　　身体障害者保護費 | | |
| 　　老人福祉費 | | |
| 　　児童保護費 | | |
| 　　児童扶養手当給付諸費 | | |
| 　　特別児童扶養手当給付諸費 | | |
| 　　国立更生援護機関 | | |
| 　社会保険費 | 157,088 | (75.5) |
| 　　児童手当国庫負担金 | | |
| 　　介護保険推進費 | | |
| 　　老人医療・介護保険給付諸費 | | |
| 　　健康保険組合助成費 | | |
| 　　国民健康保険助成費 | | |
| 　　農業者年金実施費 | | |
| 　　厚生年金基金連合会等助成 | | |
| 　　国民年金基金等助成費 | | |
| 　　社会保険国庫負担金 | | |
| 　　厚生年金保険国庫負担金 | | |
| 　　国民年金国庫負担金 | | |
| 　保健衛生対策費 | 4,819 | (2.3) |
| 　　保健衛生諸費 | | |
| 　　原爆障害対策費 | | |
| 　　結核医療費 | | |
| 　　精神保健費 | | |
| 　　国立病院経営諸費 | | |
| 　　国立ハンセン病療養所費 | | |
| 　　検疫所費 | | |
| 　失業対策費 | 4,660 | (2.2) |
| その他 | 5,938 | (2.9) |
| 　文教及び科学振興費 | 1,078 | (0.5) |
| 　恩給関係費 | 573 | (0.3) |
| 　公共事業関係費 | 900 | (0.4) |
| 　経済協力費 | 106 | (0.1) |
| 　中小企業対策費 | 39 | (0.0) |
| 　改革推進公共投資事業 | 599 | (0.3) |
| 　償還時補助等 | | |
| 　その他の事項経費 | 2,642 | (1.3) |
| 厚生労働省予算額 | 208,178 | (100.0) |

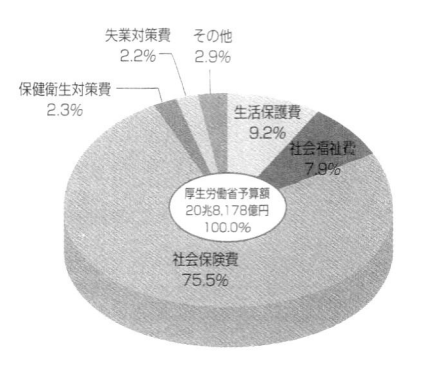

（注）計数は、それぞれ四捨五入によっているので、端数において合計と合致しないものがある。

**図3　平成17年度厚生労働省予算の概要（主要経費別）**

出典）社会保障入門編集委員会、2006年『社会保障入門』、234頁。

## 表1　厚生労働省予算の主要事項

(単位　百万円)

| | 平成17年度('05) | 16('04) | | 平成17年度('05) | 16('04) |
|---|---|---|---|---|---|
| 第1 生涯にわたり元気で活動的に生活できる「明るく活力ある社会」の構築～健康フロンティア戦略の推進 | | | 第6 障害者の自立支援の推進と生活保護制度の適正な実施 | | |
| 1 「働き盛りの健康安心プラン」による生活習慣病対策等の推進 | 4940 | | 1 障害者の地域生活を支援するための施策の推進 | 657661 | 615350 |
| 2 「女性のがん緊急対策」による女性の健康支援対策の推進 | 4349 | | 2 精神障害者保健福祉施策の充実 | 95561 | 80609 |
| 3 「介護予防10カ年戦略」による効果的な介護予防対策の推進 | 69762 | | 3 障害者の雇用・就労支援及び職業能力開発の充実 | 26057 | 23904 |
| 4 「健康寿命を伸ばす科学技術の振興」 | 23633 | | 4 年金を受給していない障害者への特別給付金の支給 | 10101 | |
| 第2 次世代育成支援対策のさらなる推進 | | | 5 生活保護制度の適正な実施 | 1936570 | 1748858 |
| 1 地域における子育て支援対策の充実 | 343706 | 316980 | 第7 安心・安全な職場づくりと公正かつ多様な働き方の実現 | | |
| 2 多様な保育サービスの推進 | 341015 | 345626 | 1 安心して安全に働ける環境づくり | 31000 | 33641 |
| 3 子育て生活に配慮した働き方の改革 | 3649 | 2714 | 2 多様な働き方を選択できる環境整備 | 1900 | 1969 |
| 4 児童虐待への対応等に要保護児童対策等の充実 | 11649 | 11311 | 3 公正な働き方の推進 | 1823 | 1741 |
| 5 子どもの健康の確保と母子保健医療体制等の充実 | 25755 | 28066 | 第8 安心で質の高い医療の確保等のための施設の促進 | | |
| 6 母子家庭等自立支援対策の推進 | 335137 | 311563 | 1 安心で質の高い医療提供体制の充実 | 49819 | 53701 |
| 第3 若年者を中心とした「人間力」強化の推進 | | | 2 新臨床研修制度の円滑な推進 | 19981 | 18824 |
| 1 若者人間力強化プロジェクトの推進 | 17728 | 12633 | 3 感染症・疾病対策の推進 | 183908 | 180121 |
| 2 若者自立・挑戦プランの推進 | 19458 | 18988 | 4 安定的で持続可能な医療保険制度運営の確保 | 8072313 | 8123766 |
| 3 企業ニーズ等に対応した職業能力開発の推進 | 22798 | 24301 | 第9 国民の安全のための施策の推進 | | |
| 4 キャリア形成支援のための条件整備の推進 | 4927 | 4896 | 1 医薬品・医療機器の安全対策等の充実 | 12198 | 12794 |
| 第4 雇用のミスマッチの縮小のための雇用対策の推進 | | | 2 国民の健康保護のための食品安全対策の推進 | 15703 | 15881 |
| 1 地域の雇用創造に取り組む市町村等に対する総合的な支援の実施 | 368 | 1876 | 3 安全で良質な水の安定供給 | 90171 | 96522 |
| 2 地域に密着した産業雇用の再生・強化 | 13697 | 14882 | 4 麻薬・覚醒剤等対策の推進 | 924 | 1442 |
| 3 民間や地方公共団体との共同・連携による効果的な職業紹介、情報提供の推進 | 3121 | 1914 | 5 医薬品・医療機器産業の国際競争力の強化 | 17893 | 5559 |
| 4 求職者の個々の状況に的確に対応したハローワーク等の就職支援の充実 | 39676 | 35348 | 6 健康危機管理体制の強化 | 213 | 72 |
| 第5 高齢者が生きがいを持ち安心して暮らせる社会の実現 | | | 第10 その他 | | |
| 1 持続可能な介護保険制度の構築と関連施策の推進 | 2090044 | 2053535 | 1 国際社会への貢献 | 26866 | 27100 |
| 2 高年齢者等の雇用・就業対策の充実 | 85419 | 87607 | 2 戦傷病者・戦没者遺族の援護等(戦後60周年関係事業の実施) | 57025 | 60702 |
| 3 持続可能で安心できる年金制度の構築 | 10703153 | 5824632 | 3 中国残留邦人等の支援 | 1572 | 1655 |
| 4 安定的で効率的な年金制度の運営の確保等(加入適用、保険料徴収、年金給付及び年金相談の実施等) | 532362 | 566667 | 4 原爆被爆者の援護 | 156641 | 157090 |
| | | | 5 生活衛生関係営業の指導及び振興の推進 | 1707 | 1770 |
| | | | 6 「食育」の推進 | 497 | 559 |
| | | | 7 ホームレスの自立支援等基本方針を踏まえた施策の推進 | 3197 | 3018 |

(注)項目別に整理しているため、一部重複している額がある。
(出典)(財)厚生統計協会、2005年『国民衛生の動向 2005年』、15頁。

どを要約してみると次のようなことが指摘できるであろう。

　①社会保障関係経費の収入ということでは日本は保険料からが6割、公費からが3割となって保険料への比重が高い。

　②部門別の社会保障給付費の支出先ということでは、年金が5割強、医療が3割強、福祉等が1割5分となっているが、福祉等には生活保護や介護関係も含まれているので、社会福祉サービス関連への支出はさらに低いものとなっている。

ちなみにこの福祉等への給付費が少ないことについては、社会保障給付費の国際比較を行った結果からも次のように指摘されている。

「我が国の社会保障給付費の対国民所得比は22.9％であり、主要な先進諸

表2　社会保障給付費の国際比較

(単位：%)

|  | 日本 (2004年度) | 日本 (2010年度) | 日本 (2015年度) | 日本 (2025年度) | 日本 (1998年) | アメリカ (1998年) | イギリス (1998年) | ドイツ (1998年) | フランス (1998年) | スウェーデン (1998年) |
|---|---|---|---|---|---|---|---|---|---|---|
| (対国民所得比) |  |  |  |  |  |  |  |  |  |  |
| 社会保障給付費 | 23.5 | 25.5 | 27.0 | 29.0 | 20.4 | 18.4 | 33.2 | 39.4 | 40.9 | 47.8 |
| 年金 | 12.5 | 13 | 13.0 | 12.0 | 9.9 | 8.4 | 14.4 | 16.6 | 17.6 | 14.3 |
| 医療 | 7.0 | 8.0 | 9.0 | 11.0 | 7.7 | 7.4 | 7.3 | 10.5 | 10.1 | 9.3 |
| 福祉等 | 3.5 | 4.5 | 5.0 | 6.0 | 2.8 | 2.6 | 11.5 | 12.3 | 13.2 | 24.2 |
| うち介護 | 1.5 | 2.0 | 2.5 | 3.5 |  |  |  |  |  |  |
| (対GDP比) |  |  |  |  |  |  |  |  |  |  |
| 社会保障給付費 | 17.0 | 18.5 | 19.5 | 21.0 | 15.1 | 15 | 25.3 | 29.3 | 29.5 | 34.1 |
| 年金 | 9.0 | 9.5 | 9.5 | 9.0 | 7.3 | 6.8 | 11 | 12.3 | 12.7 | 10.2 |
| 医療 | 5.5 | 6.0 | 6.5 | 8.0 | 5.7 | 6.0 | 5.6 | 7.8 | 7.3 | 6.6 |
| 福祉等 | 2.5 | 3.0 | 3.5 | 4.0 | 2.1 | 2.1 | 8.8 | 9.2 | 9.6 | 17.3 |
| うち介護 | 1.0 | 1.5 | 2.0 | 2.5 |  |  |  |  |  |  |

注) 2004年度以降の日本の数値は、0.5%刻みの端数処理をしている。
　OECD基準は、「社会保障の給付と負担の見通し」で推計しているILO基準に比べて、施設設備整備費などが含まれており、範囲が広くなっている。例えば、1998年の日本の場合は、OECD基準で対国民所得比で20.4%、対GDP比で15.1%となっているが、ILO基準では対国民所得比で19.0%（▲1.4%）、対GDP比で14.0%（▲114%）となっている。
出典) 社会保障入門編集委員会、2006年『社会保障入門』、34頁。

国と比較していまだ低い水準にある。

　社会保障制度は各国ごとに異なるため、その差の要因を正確に分析することは困難であるが、これらの国々と比べ、社会福祉サービス、生活保護などの『福祉等』の対国民所得比が低いこともその一因である」(**表2**参照)。(社会保障入門編集委員会 2006: 33頁)

　　③保健衛生関係費は社会福祉関係よりもさらに少なく、原爆障害、結核医療、精神保健等を含めたものでも54億円に達せず、年金、医療、福祉等と比べると「桁違い」の少額にとどまっている。

## 3. 健康、保健と法制度・行政組織

### (1) 健康、保健と制度の歴史的展開

　次には、行政や教育や実践の場面において、健康や保健ということがどのような位置づけで扱われてきたのかということを、行政組織や関連する法規の、名称の変化に着目をしてみていくこととしたい。

日本では、明治の開国にあたっては、当時の急務であり、課題とされた伝染病対策や外科手術などを進めるために、西洋医学を全面的に導入することとなり、関連する行政の仕組みも、欧米の衛生行政や医事・医務、医療行政を採り入れることとなった。

　具体的には1872（明治5）年に、まずは文部省内に医務課が設置され、それを翌年には医務局に昇格させ、そして1874（明治7）年には、日本におけるこれらの分野の枠組みや位置づけを明確に定めた「医制公布」が発せられた。そしてさらに、明治8年には、医事衛生行政を医学教育と分離して内務省に移管して第7局（翌年には衛生局に名称変更）とするという医学教育と衛生行政の二本立ての体制が定められた。そしてこの国の制度に倣い、地方の（都）府県には衛生部、さらに市町村には衛生課や係や窓口を置くという体制が次第に整備されていったのである。

　とはいえ、日本の衛生行政の沿革を略述した（財）厚生統計協会刊の『国民衛生の動向』でも記されているように、明治初頭や中期の「この時期においては、衛生行政の最大の課題は伝染病対策であり、地方衛生行政が警察行政に組入れられる一方、各種の環境衛生に関する法規も整備されていった」のであった。

　そして、明治後期から大正期、昭和初期にかけては、「急性伝染病に対する施策が成果を上げた後、結核、性病などの慢性伝染病や、精神障害に対して種々の法規の制定と施策の実施が行われた。また、地域に密着した保健指導の必要性も次第に強調されてきた」。

　かくして「このような情勢から、昭和12年に（旧）保健所法が制定され、翌13年に厚生省が設置されるなど、行政組織の体制強化が図られた」。

　とはいえ、「しかしながら、当時の衛生行政には健民健兵の思想が強く反映しており、必ずしも国民の福祉の向上を第一としたものでなかった」（（財）厚生統計協会 1993: 12）とこれらをまとめた厚生省関係の執筆者も述べているように、内務省からの厚生省の分離独立にあたっては、異なる別の大きな流れや力が作用したのであった。

　それは、強力で精鋭な軍隊を作るには国民の体位や体力の向上が不可欠だとした軍部からの「衛生行政」拡充の要請、そして、生活問題や社会問題の拡大や労働運動や農民運動などの激化を抑える社会政策としての「民生行政」

の整備などへの期待などであった。

　このようにして新に設置されることになった省の名称も、当時の内務省衛生局長であった狭門茂の回想では、「衛生というと何だか消極的なように思えるので、やはり保健省にしようと相談を持ちかけた」ということなどもあったとされるが、後にとりまとめられた『厚生省五十年史』の記述では次のように総括されている。

　「省の名称については、当初、衛生省、社会保健省、社会省等の諸案があり、結局『保健社会省』に落ち着いたわけであるが、枢密院においては、当時の国内情勢に照らし、『社会』という文字を不適当とする委員、他省なみの二字にまとめたほうがよいとする委員、『保健』の語句が保険と混同されやすいという委員等異論が続出し、協議の結果『厚生』を適当と認め、これを政府に勧告するに至った」(厚生省五十年史編集委員会、1988: 387)

　かくのごとくして、健康や保健ということが、日本の行政組織や法制度の名称や中味にまで登場し、広がりをみせるに至るまでには、第2次世界大戦の敗戦後、そしてまたそれも高度経済成長の爛熟や、負の拡大や、停滞や後退が始まった1980年以降の時期まで待たなければならなかったのである。

## (2) 健康、保健と法制度

　この日本において、健康や保健ということが、法律の名称や内容として、正面から掲げられ、採り挙げられた最初のものとしては、1982 (昭和57) 年に制定された老人保健法であるといわれている。

　この老人保健法は、同法が制定された10年前の1973年に、老人福祉法の一部改定を通して実施された、従前の老人医療費のうちの3割の自己負担分を公費で支給するという、いわゆる「老人医療費の無料化」の施策が、医療費とりわけ高齢者の医療費の急激な増大をもたらしたこと、合わせて、これも同法制定の10年前に発生した中近東戦争により生じた石油の禁輸や高騰に伴っての経済成長の終焉や景気の後退による国家財政の赤字や危機が深刻なものとなってきたこと、などへの対策として構想され、打ち出されたものであった。

　そして同法により「老人医療費の無料化」の打ち切りを行うと共に、「医療

等以外の保健事業」を区分けをして位置づけ、一本の柱として掲げたのである。

この間の事情を、当時厚生省の地域保健課長を務めていた大谷藤郎は、後に刊行された『厚生省五十年史』に、次のような回想文を寄せている。

「このプロジェクトは、昭和四十年代後半の老人医療費支給制度の創設によって老人医療費総額が年々増大し、国保に対する国からの繰り入れの増加とあいまって、国庫負担が膨大なものとなってきたので、その構造的要因を抜本的に解決する方法を模索しようとしたものであった。考え方としては、老人医療を別建てとして抜き出し、その赤字部分に対する財源を考えるというものであった。」「議論の途中で、治療費の手当てを考えるだけでなく、予防としてのヘルス事業の導入を出したところが、意外に賛成される方が多く、」「老人医療システムの中にヘルス事業を組み入れることが具体的に検討されたのは、このときが初めてであった」(厚生省五十年史編集委員会 1988: 1910)。

そして、このようなヘルス事業、保健事業の具体的な項目としては、健康手帳の交付、健康教育、健康相談、健康診査、機能訓練、訪問指導などが採り上げられて実施に移された。とはいえ、これらの名称や名前としては保健や健康を付けた事業も、それらの具体的な中味や内容ということでは、病気や医療に関してのものとなり、とりわけ予算的にもこれらの事業のうちの大半を占めた健康診査が、次第に地元医師会などに委託されて、疾病や症状や異常などの「早期発見」や「早期治療」に傾斜して、本来の課題や目的であった日常の健康管理や行動変容や生活指導などとは結びついていない進め方が一般的となり、結果的にはむしろ医療需要を増大させ、医療費を増加させる要因ともなっていることが指摘されるようになってきている。

これらと比べると、保健や健康ということがその本来の発想や内容の強化や拡大と結びついて展開されているのが精神の分野であるといわれている。

それは具体的には1987 (昭和62) 年の精神保健法の成立となって現れた。この法律はその37年前の1950 (昭和25) 年に制定された精神衛生法の改定として登場したものであり、衛生法では「精神障害者は専ら医療及び保護の対象、精神病院への収容を通しての社会防衛や治安対策に重点」が置かれてきたのに対して、保健法では「入院治療中心の医療体制から地域におけるケアを中

心とする体制へ、精神医療における人権の確保、社会復帰の促進、国民一般の精神的健康の保持増進」というように、医療からケア、人権や社会復帰などが前面に掲げられるようになってきている。

そしてこの精神保健法は、その8年後の1995 (平成7) 年には、精神保健及び精神障害者福祉に関する法律、とさらに改められ、福祉施策の充実や結びつきをより強化するものとされてきているのである。

これらの他にも、1987 (昭和62) 年の医療法の改正を通じて、「概ね人口30万人程度の日常生活圏としての第2次医療圏を単位として作成する」地域保健医療計画が盛り込まれるようになったり、1990 (平成2) 年の老人保健法の改正を機に「老人保健福祉計画」の策定が全市区町村に義務づけられたり、さらには同じく1990年の社会福祉事業法の一部改正では、在宅福祉事業を第二種の社会福祉事業として明確化し、第3条の2が新に置かれ「医療、保健その他関連施策との有機的連携を図り」という項目が加えられたというように、保健ということが、医療や福祉と用語の上では並んで使われるようにはなってきている。

その後の、健康や保健を冠したり、正面に掲げた法律は、1994 (平成6) 年の、地域保健対策の強化ということで旧保健所法を改めた地域保健法の成立、2002 (平成14) 年の、従前の栄養改善法を廃止して、国民健康づくり運動を盛り込んだ健康増進法の制定、2005 (平成17) 年の、健全な食生活を実践できる人づくりを目標とした食育基本法などが続々と増える様相を示している。

### (3) 健康、保健と行政制度

今度は行政組織の方の変化に眼を転じると、こちらでも1980年代に入っての84 (昭和59) 年に行われた、厚生省医務局、公衆衛生局、環境衛生局の、いわゆる「厚生省衛生3局」が、健康政策局、保健医療局、生活衛生局に組織改革されたことが目につく。これはまさに、明治7年の「医政公布」、そして昭和13年の「厚生省創設」以降続いてきた組織の大変革ともいえるものであった。

最後の医務局長と最初の健康政策局長を務めた吉崎正義は、後に『厚生省五十年史』で次のような一文を寄せている。

「健康政策局は、まずまずというより非常によかった、大きな名前を付けたじゃないかという冷やかしもありましたが、沢鴻先生もほめてくださいましたし、英語にしてもヘルスポリシーでぴったりですし、世間でも健康という言葉を使うことが増えてきていると感じています」(厚生省五十年史編集委員会 1988: 1912)。

　また、これらに先立つ2年前の1982(昭和57)年には、当時の厚生省公衆衛生局に老人保健部が設置され、それが1988(昭和63)年には老人保健福祉部となって厚生省大臣官房に移り、そしてさらに1992(平成4)年には老人保健福祉局という独立の局に昇格するようになってきている。

　これらの中央省庁での変化は、地方の行政組織にも大きな変動をもたらしている。それを日本公衆衛生協会刊の『衛生行政大要・改定第20版』(2004年)からみてみると次のように記されている。

　「昭和40年代半ばから各都道府県の衛生担当部局内に公害問題を担当する課等が設置されるようになり、名称を環境保健部等へ変更するところが多く出てきた。さらに、近年では、衛生行政と福祉行政との一体化という観点から保健福祉部(福祉保健部)や健康福祉部といった名称も目立つようになってきている」((財)日本公衆衛生協会 2004: 9)。

　以上、健康や保健ということを、法律や行政組織との関連でみてきた。それらを検討したところ、1980年代以降になって急速に衛生から保健がとって代わるようになったり、保健が医療や福祉と並ぶ3本柱の1つといわれたりするようになったり、3者の連携の重要性が主張されるようになってきたりしているとはいえ、事業の予算面などからみてみると、医療や福祉、あるいは年金などと対比すると、一桁も二桁も少ないマイナーな、弱体な存在にとどまっているということが改めて浮かび上がってきた。これからは、理念や内容も含めての健康や保健の強化や拡大が望まれ、必要とされているといえるであろう。

**引用・参考文献**

　厚生省五十年史編集委員会、1988年『厚生省五十年史』中央法規出版。
　(財)厚生統計協会、1993年『国民衛生の動向 1993年』厚生統計協会。

（財）厚生統計協会、2005年『国民衛生の動向 2005年』厚生統計協会。
（財）厚生統計協会、2005年『国民の福祉の動向 2005年』厚生統計協会。
社会保障入門編集委員会、2006年『社会保障入門』中央法規出版。
下山瑛二、1979年『健康権と国の法的責任』岩波書店。
髙柳賢三・大友一郎・田中英夫、1972年『日本国憲法制定の過程 Ⅱ 解説 －連合国司令部側の記録による－』有斐閣。
（財）日本公衆衛生協会、2004年『衛生行政大要改定第20版』、（財）日本公衆衛生協会
唄孝一、1973年「『健康権』についての一試論」『公衆衛生』37-1 医学書院。

# 第18章　現物給付の給付機構にかんする一考察
## ──医療保険を中心に

横山　和彦

## はじめに

　小論の目的は、現物給付（サーヴィス給付）の給付機構のあらすじを、文字どおり大まかに描くことにある。現物給付の給付機構の制度体系の素描を意図した制度論である。

　現物給付給付機構の必要性に気がついたのは、医療保険研究をはじめた頃であった。現物給付は、現金給付と異なり、給付機構が必要である。現金給付の場合、国家は、直接給付を行いうる。しかし、現物給付の場合、それは不可能である。その訳は、現金給付が従事者の労働そのものであるからである。そこで給付機構が不可欠となるのである。

## 1．現物給付の特殊性

### (1) 社会保障給付の種類

　社会保障給付は、大別すると、疾病、消費生活能力の低下・喪失などに対応する現物給付と、所得の中断・喪失、支出の増大、収入と支出との乖離などに対処する現物給付とがある（**表1**参照）。

　現物給付には、文字どおりの現物と従事者の労働そのもの＝サーヴィスとがある。文字どおりの現物は、救貧制度のもとでは中核給付であった。今日では、それは消費者選択の自由をまもり、基本的人権を確保するため現金給付化している。

　このように現物給付は、縮小化の傾向にある。現物給付には、つぎのよう

表1　現物給付と現金給付の相違

| | 現物給付 | | | | 現金給付 | | |
|---|---|---|---|---|---|---|---|
| 制度 | 社会保険 | | 公的扶助 | 社会福祉 | 社会保険 | 家族手当 | 公的扶助 |
| | 医療保険 | 失業保険 | 医療扶助 | | 所得保険 | | 生活扶助 |
| 給付の主体 | 医療従事者 | 職業紹介従事者 | 医療従事者 | 社会福祉従事者 | 国家(保険者) | 国家 | 国家 |
| 受給資格者 | 被保険者　被扶養者 | 被保険者 | 資力調査ずみのもの | 必要調査ずみのもの | 被保険者 | 子女の養育者 | 資力調査ずみのもの |
| 給付の開始 | 事故の発生 | 事故の発生 | 困窮・事態の事実 | 生活不能の事実 | 事故の発生 | 子女の養育の事実 | 困窮の事実 |
| | 規格におうじて特定の事態に | | 必要におうじて特定の所得・事態に | 必要におうじて特定の事態に | 規格におうじて特定の事態に | | 必要におうじて特定の所得 |
| 給付内容 | 医療 | 職業紹介 | 医療 | 援護 | 現金 | | |
| | | 非確定的 | | | 確定的 | | |
| 給付水準 | 最高水準 | 最適水準 | 最高水準 | 最適水準 | 従前所得の一定割合 | 養育費の一部 | 最低水準 |
| 給付期間 | 事故により長期・短期・有期・無期のいずれか | 無期 | | | 事故により長期・短期・有期・無期のいずれか | 長期・有期 | 無期 |

な積極面もある。第1は、受給が容易になることである。現物給付は、受給時に費用負担しないですむ。したがって、受給しやすいのである。医療においては、早期受診・早期治療による早期治癒というよい結果が期待できる。第2は、ニードが十二分に充足される。費用の心配なく、必要なものを必要量だけ保障される。

サーヴィス給付の1つは、中心的な医療従事者による医療サーヴィス、2つは社会福祉従事者による社会福祉サーヴィス、3つは少数であるが、厳密な意味での生存権保障につながる職業紹介所従事者による労働機会の提供、そのための職業の斡旋、職業訓練などの職業紹介サーヴィス、4つはより少数である公的扶助による救護施設などのサーヴィスがある。

社会福祉サーヴィスは、年齢別（児童、母子・父子、老人）、障礙（身体障礙、精神薄弱）ごとに、つぎのようになっている（医療サーヴィスは独立してとりあげるので除外）（**表2**参照）。

児童福祉サーヴィスは、敗戦直後の要保護児童サーヴィスの養護から現代の次世代育成支援対策の保育にうつっている。母子・父子家庭サーヴィスは、母子の場合は就業支援策、父子にとっては養護が中心となっている。老人福祉サーヴィスは養護、身体障礙者サーヴィスは治療および養護、ついで訓練、職業の斡旋、精神薄弱者サーヴィスは家事がそれぞれの柱となる。

表2　現物給付の種類

|  | 児童 | 母子（父子） | 老人 | 身障者 | 精薄者 | 公的扶助 |
|---|---|---|---|---|---|---|
| 養護 | ◎ | ◎ | ◎ | ○ | ○ | ○ |
| 保育 | ◎ | ○ | − | △ | △ | − |
| 家事 | ○ | ○ | ○ | ○ | ◎ | − |
| 訓練・治療 | ○ | − | ○ | ◎ | ○ | ○ |
| 教護 | ○ | − | − | △ | △ | ○ |
| 健全育成 | ○ | − | − | △ | △ | − |
| 授産 | − | − | − | △ | △ | △ |
| 宿所 | − | ○ | − | − | − | △ |
| 就業 | − | ○ | − | △ | △ | − |

## (2) 現物給付の特殊性

　現物給付の特殊性の１つは、社会保障の政策主体である国家が給付の主体となれないことである。給付の主体は、それぞれの給付におうじた従事者である。国家は、いわば間接的な給付の主体にしかなれない。国家の責任は、各従事者を質および量の両面で確保し、適正に配置することになる。現物給付は、一定の技術を必要とする。そこで、まず、従事者の養成、ついで、配置、そして実施機関がなければならない。現物給付は、これらが社会化された形がととのえられたときに、初めて円滑に行われうるのである。

　２つは、受給調査がなされることである。公的扶助では資力調査（ミーンズ・テスト）、社会福祉では必要調査（ニード・テスト）である。資力調査は、所得調査＋奢侈的耐久消費財の保有の有無の２点が調査される。生活水準をフローとストックの両側面で評価する極めて過酷なテストである（通常、貧困はフローのみで判断する）。必要調査は、ニードが個人または世帯の能力をこえ、社会的にニードに対処しなければならないかを調べる。必要調査は、一般に、所得調査をふくんでいる。しかし、最近の老人福祉の傾向に顕著である所得調査を含意しないことがある。これまでのニードの発生→貧困→給付開始という基本的範式に、ニードの発生→給付開始という新しい範式がみとめられるようになっている。

　３つは、給付開始の要件である。社会保険は、保険事故の発生、規格におうじて特定の事態である。公的扶助（医療扶助）は、困窮・事態の事実、必要におうじて特定の所得・事態である。社会福祉は、生活不能の事実、必要におうじて特定の事態である。

　４つは、給付内容である。現金給付が確定的であるのに対し、現物給付は事態が解消するまで、ニードが満たされるまで給付しつづける非確定的となっている。

　５つは、給付水準である。各従事者の労働そのものが給付内容である現物給付の水準は、最高水準、最適水準である。現物給付の代表である医療サーヴィスにおいては、最低水準とは反対の最高水準である。このことは事実をみない「いも辞典」レヴェルの硬直化した社会保障論で説明しえない。最適

水準は、社会福祉サーヴィスと職業紹介サーヴィスなどにみられるものである。

給付水準は、国民経済、国民生活の変動にあわせて調整する必要がある。現金給付は、賃銀、消費者物価の推移にあわせて調整する。医療サーヴィスは医学、薬学の進歩にみちびかれる医療水準に、社会福祉サーヴィスは国民生活の実態に、職業紹介サーヴィスは生産技術と雇傭状況にあわせて調整しなければならない。

### (3) 給付の必要度の変遷

①必要度の決定要素

社会保障給付の必要度をライフ・サイクルにしたがいしめすと、つぎのようになる（**表3**参照）。まず、人の一生を年齢3区分し、必要度の変遷をおってみよう。0～14歳人口（年少人口）、15～64歳人口（生産年齢人口）、65歳以上人口（老年人口）にわける。年少人口は、高等学校、大学への進学率を考慮すると20歳までとする。したがって、生産年齢人口は、20歳からとなる。また、老年人口は、10歳きざみにオールド、オールド・オールド、スーパー・オールドと細分する。

社会保障は、医療、家事の現物給付と所得（年金で代表させる）の現金給付に限定する。

医療給付の必要度は、絶対的なもので、任意需要はない。必要度は、生涯医療費の状況で決める。人は、まず、誕生時に医療を必要とする。現在、98％の者が、医療機関で誕生している。国民皆保険体制発足直前の1960年以

**表3　社会保障給付の必要度の変遷**

| | 年少人口 0歳～15（20） | 生産年齢人口 15(20)～65 | 老年人口(65～) | | |
| --- | --- | --- | --- | --- | --- |
| | | | オールド（65～） | オールドオールド（75～） | スーパーオールド（85～） |
| 医療 | × | △ | ▲ | ○ | ◎ |
| 家事 | ★　扶養 | ★ | ▲ | ○ | ◎ |
| 所得 | ★　扶養 | ×　賃銀 | ◎ | ◎ | ◎ |

注：必要度◎6、○5、▲4、△3、×2、★1

生産年齢人口となるのは、実際には20歳

降、医療施設における出産が大半をしめるようになった。10〜14歳ごろが、医療需要の最低年齢である。それ以後、加齢とともに医療需要の必要度を高めていく。75〜80歳代に最高の必要度をしめす。死期を病院のベッドの上でむかえ、病名がついて死ぬのである。自宅で畳の上では死ねないのである。老衰はきわめて稀になっている。

　家事の必要度は、ライフ・サイクルにしたがって変動する。絶対的必要の乳幼児期から成長するにつれ必要度を落としていき、必要最低の少年期から次第に必要度を高めていきながら、青年期、壮年期をすごす。そして、老年人口期になると健康状態にしたがい、その必要度は最高値となる。やがて絶対依存状態となり、死ぬ。介護にしめされる家事保障の必要度は、家庭環境に左右される度合いが高い。老年人口期の家事保障の必要性は、蓋然性の高いものである。それは健康状態とパラレルとなる場合が多い。

　年金給付は、現金給付の代表で、老年人口期に老齢年金として集中する。例外的に、遺児年金、障礙年金など年少人口期、生産年齢期にみられる年金給付もある。医療給付、家事給付は、有料である。必要な給付を受けるためには年金額が、それらの費用を支払いうる水準であることが必要であることはいうまでもない。

　②年齢による必要度の特徴

　給付の必要度は、年齢によって大きな変動がある。年少人口期の生活は、依存度がライフ・サイクル中もっとも高い。なかで依存度を一番早く下げるのは医療である。医療の必要度の推移は極端である。一生涯をつうじて最高の誕生時・乳幼児期から最低の10〜14歳期にと劇的に変化する。家事は、成長するにつれ完全依存状態から自分で処することができるように順次必要度を下げていく。所得は、年少人口期であるかぎり必要が継続する。しかし、それは親による扶養に委ねられており、例外的に、社会保障による保証が顕在化する。

　生産年齢人口期は、必要度がもっとも低い。医療の必要度は、相対的に低く、しかも、短期間にとどまる。家事は、まず、必要ない。所得は、雇傭されておれば不要である。失業すれば、その期間必要となる（失業保険の給付期

間は、世界的にも2年程度の比較的短期間の有限である)。しかも、3つの給付のうちいずれか1つを短い期間必要とするという特徴をもつ。

　これに反して、老年人口期は、生涯のうちでもっとも高く、継続的・長期的、包括的に必要とする。年金は、退職と同時に受給はじめ、終生つづく。医療は、生涯医療費の漸増に見られるように必要度を持続的に上昇させていく。家事は、健康状態に支配されて必要となり、しだいに必要なものになっていく。

　人は退職すると年金を受給し、持病をもち、身の回りの世話＝家事を必要とするようになり、やがて介護されるようになり、死を迎えるのである。今日の社会保障は、所得保証、医療保障、介護保障の順に高齢者を保障していく。社会保障は、高齢者保障となっているのである。このことは、所得再分配調査が証明している。

## 2．三角錐モデル (trigonal pyramid model)

### (1) 三角錐モデルの必要性

　現物給付の構成要素は、つぎの3つである。第1は、医療の医療技術、家事の社会福祉などの技術である。これら技術は、現物給付の種類と水準を決定する。医療技術は、治療指針が確立しており、治癒が期待できる水準であることが求められている。社会福祉技術は、歴史的・社会的平均の生活が可能である水準であることが望まれている。

　第2は、教育機関と実践機関とからなる供給制度である。技術水準があるレヴェルに達し有効であると、それを享受し、生活を維持したい願望が定着する。すると、組織的に技術教育をおこなう機関が誕生し、従事者が養成される。大学医学部、社会福祉系大学などである。そうして、習得した技術を必要とするものに施す施設が建設される。病院、社会福祉施設などである。供給制度は、このように人と機関とからなる。

　第3は、技術を病院、社会福祉施設または家庭で必要とするものに保障する、医療の場合は医療保険、家事の場合は社会福祉などの社会保障制度である。

　現物給付は、三要素の三位一体化、統合を必要とする。それは、第1に、

現物給付の積極面の維持・促進のためである。第2に営利化の進行を阻止し、公共性の回復のためである。そうして第3に、国家が給付の主体になれない弱点を補完するためである。

　第1は、現物給付が、技術、人と機関からなる供給制度、それを支援する保障制度が、一体となった場合に、初めて、実施できるものであるからである。第2は、技術が供給制度に主導され商品化していることの弊害を防止するためである。技術は、本来中立、公開（オープン）、非営利なものである。ところが、医療は完全に「医療商品」として商品化している。医療の商品化は、確固なものになっており、医療保障の最大のガンである。家事の場合は、必要とするものの所得能力を反映して、これまでは商品化していなかった。しかし、1980年代ころからシルヴァー産業ということで、商品化傾向が顕在化している。（介護付）有料老人ホームの超高額の入居料、利用料にみとめられる利用者の財産を禿げ鷹のように狙った営利化の動きがある。

　現物給付三要素を三位一体にすることは、現物給付を確実に、スムーズにおこなうだけにとどまらない。三位一体化は、私的な存在のものを共同的な存在のものに変えるという社会化の要素もふくんでいる。商品化により失われた公共性をとりもどし、国民の福祉の向上に寄与する副産物も期待できる。第3は、国家が給付の担い手になれないことで派生する難点を穴埋めできることになる。現金給付は、政策主体の国家が、保険者になろうと地方公共団体に機関委任しようが、直接給付できる。それは国家と現金とが、別々の独立した存在であるからである。したがって、現金給付には、特別な給付機構はいらない。

　これとは違い、従事者の労働そのものが給付である現物給付には、従事者の存在が絶対に必要となっている。現物給付においては、政策主体である政府は、給付の主体になれない。したがって、従事者を受給者と政府との間に配置しなければならない。

　これまでの先行研究は、この点にかんしてまったく関心をしめしていない。現物給付の場合でもまるで現金給付のように国家が、給付の主体になれ、他のものの力を借りずに給付がスムーズに行えるかのように無関心である。

## (2) 三角錐モデルの構造

三角錐モデルの構成は、底面を構成する技術、供給制度、保障制度と、頂点に位置する国民とからなる。底面は、三角形の頂点に技術が、両サイドに供給制度と社会保障制度が位置する（**図1**参照）。それは技術がもたらすものが、現物給付の中核であるからである。供給制度、保障制度は、技術を支える役割をになうもので底辺におく。現物給付を円滑に、確実におこなうためには、これら三者は同格・平等の関係にあることが求められる。

医療技術は、医学的、経済的、社会的要素でなりたつものである。そのうえ、医学の進歩、国民経済の水準およびそれらの社会性によって変動する性質をもっている。さらには医療の担い手にも左右される。

医療技術の内容は、単に治療のみならず、疾病の予防のための措置およびリハビリテーション、アフター・ケアをふくんだ包括的医療に対応できるものでなければならない。社会福祉技術は、経済的、社会的要素で成立するものである。とりわけ経済情況の水準、変化が強い影響をあたえる。

三位一体化を指向する三角錐モデルは、なんといっても技術の確立を絶対的要件としている。医療技術は、国民の健康を維持したいという願望を充たす水準にあることが必要である。医療需要の特性のひとつとして、医療技術が進むと医療需要は低下せず、むしろ増加し、より高度の医療水準を求める、

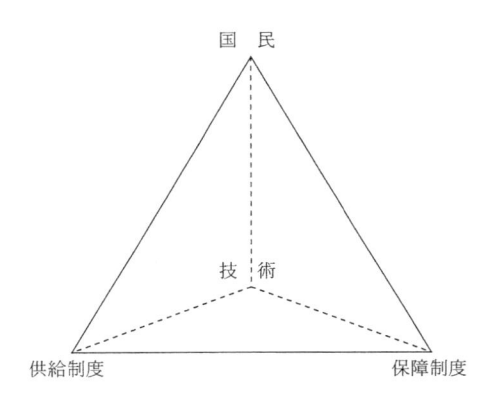

**図1　三角錐モデル**

というものがある。医療技術には最終ゴールはないのであるといえよう。

　社会福祉技術水準は、まだ、開発途上にある、といってよいだろう。日常の身の回りの世話には、最低も最高もなく、最適が求められる。その最適を具体的に判定する規準はない。国民生活の水準が、歴史的・経済的・社会的に決定することになる。

　医療を提供する体制は、医療の担い手と医療を提供する施設とからなり、医療制度とよばれる。医療の担い手は、医療にかんして高度の知識や技術を習得し、実践的能力を有していなければならない。その養成は、大学医学部でおこなわれる。大学は、本来、研究機関である。したがって、大学の研究水準が、医療技術の水準を決めることになる。大学医学部においては、研究と養成が一体化することが必然となっている。

　医療技術を実践する場である医療供給施設は、全国的に適正配置がはかられていることが、医療保障の１つの前提である。給付の主体になれない国の責務は、国民に対し良質かつ適切な医療を効率的に提供する体制が確保されるよう努めなければならないことになる。

　社会福祉にあっても、ほぼ同様なことが考えられる。ただ、社会福祉系大学は、1980年代後半から社会福祉士国家試験施行にともない専門学校化している。このことは、大学全般にいえることでもある。技術の研究は、どこでおこなうのであろうか。

　底面を構成する３者のうち、沿革から技術を体現する者と、その者に所属する実施機関は、連繋していることが多い。とくに、技術が商品化し、中立性を失っているときは、その傾向がみられる。

　自由開業医制のもとでは、医療技術と医療供給施設は営利化している。そこに非医療という悲劇が生まれる危険がひそんでいる。そこで、営利性に対応するために営利性をそのままに医療保険が創設されたのである。

　医療保障制度は、すべての国民にたいし必要な医療を提供する組織ないしは制度の総称である。その制度体系は、２つある。１つは、より進んだもので、医療機関の公営化という社会化の結果、無償となった医療を保障する国民保健サーヴィスである。実施国は、連合王国など少ない。２つは、医療機関の公営化という社会化をおこなわずに有償の医療を保証する医療保険体系

である。この体系は、複雑で、中核は医療保険で、これを補完する医療扶助の二重構造となっている。さらに、この二重構造を補充する社会的防衛医療（伝染病）、社会福祉的医療（育成医療）、医療費負担軽減医療（難病）、そうして賠償的医療（原爆医療、公害健康被害補償）などからなる。実施国は多数をしめ、日本もこの体系にぞくしている。最近では、オランダ、ドイツ、日本では介護保険もくわわっている。

　社会福祉は、日本の場合、年齢別に若いほうから児童福祉、母子・父子福祉、老人福祉からなる保障制度がある。障礙別に、身体障礙者福祉、精神薄弱者福祉などが制度化されている。

　これら社会保障制度は、三角錐モデルに最後にくわわった。次第に、とくに医療の世界では自由開業医制の問題点に対処するようになっている。社会保障制度は、国民生活に不可欠なものに成長し、ある程度供給側を規制する力をもつようになった。

## 3．医療保険の三角錐モデルの特徴

### (1) 医療商品の特殊性

　医療は、自由開業医制のもとで「医療商品」となっている。商品化した医療のもとでは患者と医師の関係は、単なる商品の消費者と生産者という経済関係に転落する。そこで、「医療商品」の特殊性を考察してみよう。

　患者側からの特殊性は、つぎの4点である。第1点は、医療本来の絶対性を反映し支払い能力をこえての購入の必要性である。ここに医療保険などの医療保障の創設の必要性がある。こうした対策がなければ非人道的なことが発生する。第2点は、やはり、医療の絶対性をうけての非代替性である。第3点も医療の絶対性と関連しての緊急性である。そうして第4点は、消費者選択の自由がないことである。患者は、自分の疾病について医療知識をもっていない。医師にまかせざるをえないのである。

　医師側からみると、7点もある。第1点は、注文生産である。第2点は、供給独占である。医療供給の特殊性から発生する特殊性である。第3は、生産・供給の義務である。第4は、生産・供給の緊急性である。これら2点は、医

療の絶対性から生ずるもので、患者の求めに対応することからうかびでるものである。第5点は、非貯蔵性である。医師の労働が「医療商品」となっているので、人間の労働がストックできないように貯蔵性がない。第6点は、医療圏の成立である。労働がためおきできないことに由来する特殊性である。医療圏という流通市場に制限が生じると、これに対処しなければならない。医療制度の適正配置をはからなければならなくなる。最後第7点は、「医療商品」の価格決定機構が存在しないことである。その特殊性からして、「医療商品」は、需要・供給で価格を決定する市場メカニズムが働かないのである。

### (2) 医療保険の脆弱さ

多くの国では医療保障の中核は、医療保険である。医療保険は、制度体系が複雑になることはすでにしめした。本体のほうはどうであろうか。医療保険には、つぎに指摘するような制度的限界がある。第1は、給付の主体になれないことである。医療保険は、被保険者と保険者の2者だけで、保険関係を完結できない。保険関係者以外の第3者(医師)を患者となった被保険者と保険者のあいだに介在させないと完結しないのである(**図2**参照)。医療保険においては、保険者が被保険者に約束している給付は、保険者の能力ではで

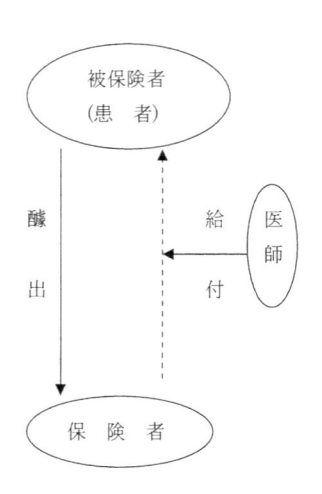

**図2　被保険者、保険者、医師との関連**

きない。図にしめすように点線となっている。これを実線にするために医師を介在させねばならないのである。

　第2は、保険事故、疾病の発生と解決の不明確さである。疾病の発生は、被保険者の個人的・主観的判断にまかされている。解決は、やはり被保険者と医師の判断にゆだねられている。保険者は、まったく、かかわれないのである。

　第3は、給付内容の非確定性である。給付内容は、医療本来の性格である個別性を尊重し、医師の主体的・主観的判断で決められる。

　第4は、算出と給付の関係がないことである。社会保険といえども収支のバランスは、大事である。しかし、個人レヴェルでは、なんの制約もない。したがって、全体でも両者の相関関係は、制度としてはとれなくともいたしかたない。結果として両者が、釣合うことがある、という関連になっているのである。

　第5は、医療保険と自由開業医制のもとでの供給制度は、慣行料金をある程度社会化した診療報酬支払制度のみで連繋しているのである。診療報酬支払制度は、本質は経済的なものである。実際は、過分に政治的要素をふくんだものである。

　三角錐モデルで三位一体化が、はかられた場合にのみ国民の健康はまもられる。けれども、医療保障中心である医療保険は、上にみたような多くの欠陥を内在している。三角錐モデルにしめされた医療保障モデルは、まことに、脆弱な体質をもったものである。

## 参考文献

宮本忍、1969年『医療の原点』勁草書房。
中川米造、1964年『医学の弁明』誠信書房。
沢瀉久敬、1971年『医の倫理』誠信書房。
佐口卓、1964年『医療の社会化』勁草書房。
社会医学研究会編、1926年『医療の社会化』同人社書店。
横山和彦、1978年『社会保障論』有斐閣。

# 第19章　保健医療福祉分野におけるマルチレベル分析の意義と可能性

濱野　強

## 1．マルチレベル分析への潮流

### (1) マルチレベル分析とは

　マルチレベル分析とは、「個人の帰結を、個人変数および環境変数、すなわち集合変数 aggregate variable の両者で説明する解析手法であり、生態学的錯誤 ecological fallacy を防ぐ」と定義されており（西 2001）、主として、教育学、人口統計学、社会学などの分野において発達してきた統計手法である（Diez-Roux 2000）。そこで、本章においては、教育学での先行研究を例としながら保健医療福祉分野におけるマルチレベル分析の適用について論じる。

　学校やクラスにおける生徒の習熟度の差異は、なぜ生じるのであろうか。こうした問に対して、教育学においては、生徒の学習に対する関心や興味、動機などのいわゆる生徒の属性による影響（構成効果：compositional effect）に関して検討が進められてきた一方で、このような生徒の属性とは異なる別の次元の要因、具体的には生徒が属する文脈的状況の影響（文脈効果：contextual effect）に対しても検討がなされてきた。

　大学への進学率が学校間において異なっている場合において、たんに在籍している生徒の属性、たとえば学習能力やモチベーションの差からのみ学校間の差が生じているとするのが compositional effect の影響を考慮した考え方であり、それに対して生徒個人の学習能力やモチベーションのみならず、学校全体の何らかの要因も学校間の差に寄与しているとするのが contextual effect の影響を加味した考え方である。

　事実、以下で述べる通り、compositional effect のみでは生徒の習熟度の

差を説明できないことが明らかになってきており、こうした点がcontextual effectという個人を超えた何らかの集合的特性への関心を喚起してきた背景が存在するのである。

このcontextual effectについては、同様の調査データを用いて検証を行ったBennett (1976) とAitkin (1981) の研究が興味深い結果を示している。Bennettは、通常の授業スタイル、通常ではない授業スタイル、そして両者の混合という三つの教育スタイルと生徒の習熟度との関連性について、集団性 (クラス) を考慮しない分析モデルを用いて分析を行った。具体的には、上記の三つの教育スタイルによって生徒をカテゴリー化し、そのカテゴリー間における習熟度の比較を行ない、通常の授業スタイルで授業を受けた生徒は他の授業スタイルで授業を受けた生徒に比べて、習熟度が高いという関係性を示した。

その一方で、Aitkinの研究においては、各生徒が属している集団性 (クラス) を、授業スタイルと習熟度の関係に加味した分析モデルを用いて検討を行っている。すなわち、一般的に優れているといわれている教育スタイルであっても、クラスによっては生徒の習熟度に対して必ずしも有効であるとは限らない。たとえば、クラスにおける良好な人間関係の醸成という要因は生徒の学習への動機づけや学習行動に対して影響を及ぼすであろうし、さらにクラスの学習への雰囲気もまた、各生徒の学習への動機づけに影響を与えることが考えられる。こうした点をふまえAitkinは、同一の授業スタイルにおいても集団性 (クラス) のありようが生徒の習熟度に及ぼす影響に違いがみられること、すなわちクラスにおける何らかの文脈的な効果であるcontextual effectが影響を及ぼしている可能性があることを明確に指摘したのであった。

このように、Bennettの研究は生徒の集団性 (クラス) を考慮しておらず、その一方でAitkinは図1に示したとおり生徒が個人レベルより高次のレベルである各集団 (クラス) に属していることを仮定しているのである。こうした状況をうけて、集団間での生徒の習熟度の差異、及びそれらに影響を与える授業クラス特有の影響、すなわちcontextual effectを明らかにするために、個人が属する集団性を仮定していない従来の重回帰分析や多重ロジスティック回帰分析などに代わる新たな統計手法への関心が高まり、マルチレベル分

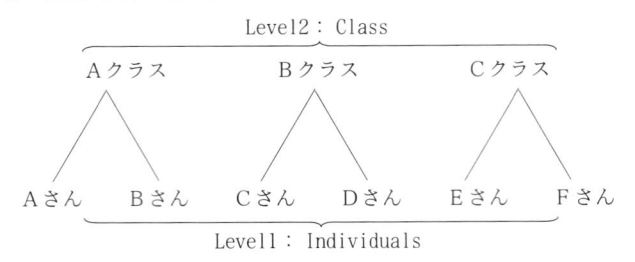

```
                    Level2 : Class
         ⌢―――――――――――⌢―――――――――――⌢
       Aクラス        Bクラス        Cクラス
        /\           /\           /\
      Aさん Bさん    Cさん Dさん    Eさん Fさん
         ⌣―――――――――――⌣―――――――――――⌣
                    Level1 : Individuals
```

**図1　階層化されたデータ構造**

析は階層化された (nest された) データを扱うことが可能となる分析手法として関心が高まってきたと言える。

### (2) 保健医療福祉分野におけるマルチレベル分析

特定疾患の罹患率が地域により異なっている場合には、その要因として何が考えられるのであろうか。一方では、特定疾患に罹患する特性を有する者の割合が地域によって異なることが考えられ (compositional effect)、他方では地域特有の何らかの要因が個人の特定疾患への罹患に対して影響を与えている (contextual effect) ことが考えられる。

こうした集団を対象とした問いに対して、保健医療福祉分野の研究を概観した場合には、生態学的研究 (ecological study) 手法が用いられていることが少なくない。生態学的研究 (以下、エコロジカル研究とする) とは、分析の単位を個人レベルではなく地区、市町村、都道府県などの集団レベルとした手法であり、データの入手が手軽であること、低コストでの研究が可能であることなどから、新たな仮説の検証や保健医療福祉政策の企画・立案の場などにおいて多く用いられている手法である (Spasoff 1999)。ただし、エコロジカル研究においては、「集団レベルで認められた変数間の関連は、必ずしも個人レベルで存在する関連を表すものではない」という生態学的錯誤 (ecological fallacy) が生じる可能性を有していることから (Last 1995)、得られた知見が compositional effect により生じているのか、もしくは contextual effect により生じているのかに関しては明らかにすることができないのである。

ここでは、市町村を分析単位として、肺がんの罹患率と喫煙率の関係性に

ついて考えてみる。喫煙率が高い地域ほど肺がんへの罹患率が高い結果が示された場合においては、必ずしも喫煙している個人が肺がんに罹患していることを意味するものでない。すなわち、地域における肺がんの罹患率の差異が単に喫煙している者の割合が多いために生じているのか、喫煙している者の割合の差異ではない地域特有の要因、たとえば大気汚染による影響により生じているかについては、エコロジカル研究においては明らかにすることはできないのである。

　こうしたエコロジカル研究における結果の解釈については、実証的な検討も試みられている（Robinson 1950）。米国の国勢調査のデータを用いて人種と識字率との関連性について分析を行ない、州レベルを分析単位とした結果が個人レベルを分析単位とした結果とは一致しないことを定量的に示し、集団レベルにおける知見を個人レベルへ適応することに対して警鐘を促したのである。つまり、この研究での指摘は、**図2**に示すとおり地域A、地域B、地域Cという集団の平均でみた場合にはxとyに一定の関係が示されているが、こうした集団性を考慮せず個人レベルでみた場合においては必ずしも同様の傾向を示しておらず、むしろ逆の関係性が生じている。また、**図3**に示すよ

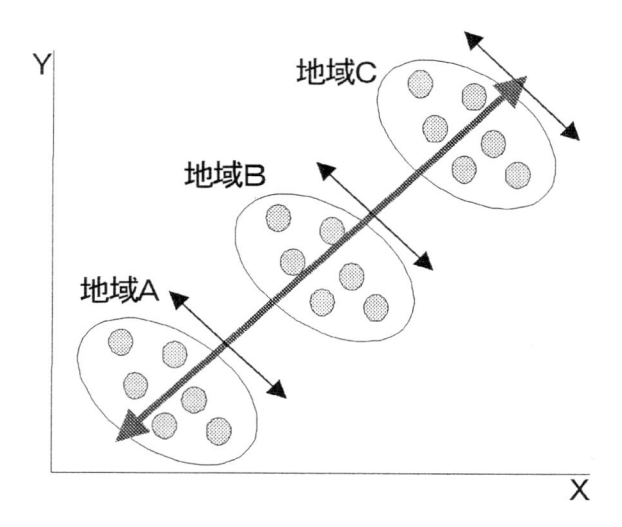

**図2　生態学的錯誤について(1)**

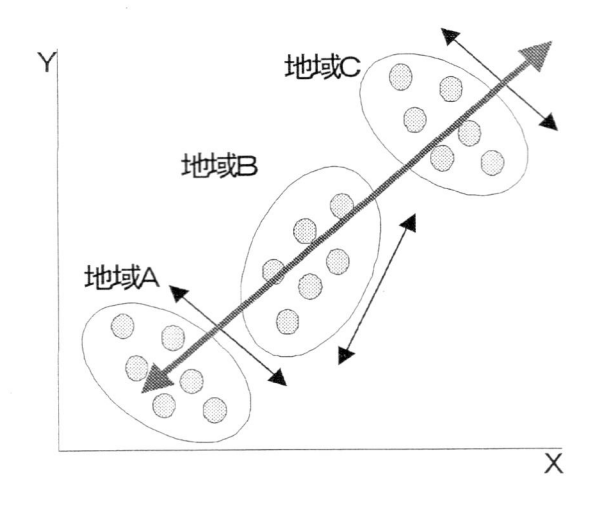

図3 生態学的錯誤について(2)

うに個人レベルでみた場合においても、個人が所属している地域集団を考慮した場合では、地域A、地域Cと地域Bを比較すると分布の傾向が異なる関係性を示していることが分かる。

したがって、従来のエコロジカル研究には限界が存在する。つまり、集団レベルにおいて地域要因間に一定の関係性が見られた場合でも、具体的な個人へのそうした地域要因の影響を検討することが出来ないのである。また、エコロジカル研究では、「集団レベルの要因が個人レベルの要因を調整したうえで、個人のアウトカムに影響を与えるのか」という個人レベルと集団レベルの両方の要因を加味したモデルの検証が難しく、この点を克服するためにはデータが階層構造に基づくマルチレベル分析モデルが求められるのである。

さらに、マルチレベル分析が保健医療福祉分野において注目を集める背景としては、健康の地域格差を巡る問題への関心の高まりがあると考えられる。健康の地域格差はBlack Reportなどにおいても指摘されてきた問題であり（Townsend et al 1988）、それは特定地域に居住する人々の健康の問題とし

て関心を集めてきたが（Hann et al 1987; Ben-Shlomo et al 1996）、こうした健康の地域格差の要因に関して社会的かつその文脈的特質（contextual characteristics）への着目がここ10年あまり高まりを見せている（Shouls et al 1996; Sampson et al 1997）。

　地域における社会的かつ文脈的特質とは、先に述べた生徒の習熟度に対する集団性（授業クラス）と同じ位置づけにあるのだが、ある地域における何らかの特質や傾向のうち、その地域に居住する人々の社会的特質に起因するものとは異なる、いわゆるその地域に内在化する社会的特質のことを示す。したがって、健康の地域格差との関連で述べるとするならば、その差異の要因をそこに居住する人々の個々の社会経済的な特質に求めるのではなく、地域固有の社会的特質に求めるものであるといえる。

　こうした地域における社会的かつ文脈的特質への着目は、保健医療福祉分野における一定の地理的空間性における地域の特性の重要性を把握する際に非常に重要であり、かつ政策的にも地域を対象とした介入を検討する際に重要となるといえる。それでは、以下では研究デザインより分析手法を概観しながらマルチレベル分析の特徴について具体的に述べるものとする。

## 2．マルチレベル分析の実際

### (1) Individual study、Ecological study、Contextual study

　データのレベルによって研究デザインを区分した場合には、**図4**のように示すことができる（Blakely and Woodward 2000; Subramanian and Jones 2006）。縦軸は目的変数を示しており、yは個人レベルの目的変数、Yは集団レベルの目的変数を示している。横軸は説明変数を示しており、xは個人レベルの説明変数、Xは集団レベルの説明変数を示している。なお、本章で述べる個人レベルの変数とは一般的な調査により得ることが可能である個票データを意味しており、集団レベルの変数とは個票データの集合変数（比率、平均値、中央値など）、地域レベルでの環境について観察した環境変数（大気汚染の濃度や日照時間など）、グループや場所の性状を示すグローバル変数（人口密度など）を意味する変数である（Spasoff 1999）。

| 目的変数＼説明変数 | x | X |
|---|---|---|
| y | (y, x)<br>Traditional risk factor study | (y, X)<br>Contextual Study |
| Y | (Y, x) | (Y, X)<br>Ecological Study |

**図4 変数のレベルと研究デザイン**

　図4においては、目的変数と説明変数のレベルに応じて、3つの研究デザインを示している。第1に、左上に位置しているのは目的変数及び説明変数が個人レベルの研究（individual study）であり、このタイプの研究は従来の疫学研究において多くみられる研究デザインである。たとえば、個人を分析単位として健康関連アウトカムである肺がんの罹患に影響を与えるリスクファクターとして考えられる喫煙習慣に関して、重回帰分析や多重ロジスティック回帰分析などの統計手法を用いて検証を行う研究が考えられる。

　第2に、右下に位置しているのは目的変数及び説明変数が集団レベルの研究であり、このタイプの研究は先に述べた生態学的研究（ecological study）に該当する研究デザインである。たとえば、都道府県を分析単位として1人あたり国民医療費と平均在院日数・医師数・病床数に関して、相関分析や回帰分析などの統計手法を用いて検証する研究が考えられる。

　第3に、右上に位置しているのは目的変数が個人レベル、説明変数が集団レベルの研究であり、このタイプの研究はcontextual studyに該当する研究デザインである。たとえば、地域の社会的要因であるソーシャル・キャピタルが個人の主観的健康感に与える影響に関して、マルチレベル分析などの統計手法を用いて検証する研究が考えられる。

　このようにマルチレベル分析はContextual studyにおいて用いられる統計手法であり、集団レベルの変数（説明変数）が個人のアウトカム（目的変数）に与える影響を検証する分析モデルであることから、用いられる分析データについては階層構造を有しているのが特徴である。

## (2) マルチレベル分析モデルの実際

　まず、より高次の集合的特性を考慮しない一般的な個人レベルの回帰式を考えてみる。個人 i の目的変数を $y_i$ として、切片を $\beta_0$、偏回帰係数を $\beta_1$、残差を $e_{0i}$ とする。その場合には、$y_i = \beta_0 + \beta_1 x_{1i} + e_{0i}$（以下、式1とする）とあらわされる。

　式1は、個人 i が集団に属していることを仮定していない分析モデルを意味している。その一方で、マルチレベル分析においては、個人 i は集団 j に属していることを仮定した分析モデルであることから、個々の地域ごとに回帰式が作成されるのである。具体的には、目的変数を $y_{ij}$ として（$y_{ij}$ は地域 j に属する個人 i の目的変数を意味する）、偏回帰係数を $\beta_1$、切片を $\beta_0$、$u_{0j}$、残差を $e_{0ij}$ とした場合には、$y_{ij} = \beta_0 + \beta_1 x_{1ij} + (u_{0j} + e_{0ij})$（以下、式2とする）とあらわされる。

　さらには、**図5**に示すように一般的な回帰モデルである式1においては、y と x の関係性において集団間の差異を明らかにすることはできない。たとえば、地域変数としてのある集団特性がその地域内に居住する個人の主観的健康感に対する影響について考えた場合、その影響の程度を各地域において比較することはできないのである。したがって、いくつかの先行研究においては、個人レベルのデータを用いた回帰分析に地域レベルの変数を加える分析

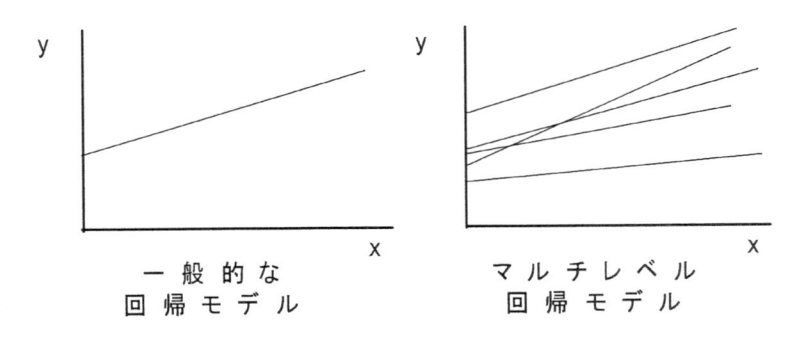

図5　マルチレベル分析のイメージ

モデル (marginal model) を用いているが、この場合においては個人が同じ集団に属しているという具体的な集団特性、たとえば特定の地理的空間性などを考慮しえないことから地域間による具体的な差異を検証することが難しいといえる。

その一方で、式2においては、各地域において例えばソーシャル・キャピタルと個人の主観的健康感の関係性の検証が可能になるとともに（図5のマルチレベル回帰モデルの例では全ての地域において正の関係性が示されている）、各地域におけるソーシャル・キャピタルが個人の主観的健康感に与える影響の程度について回帰式の傾きにより明らかにすることが可能になるのである。

## 3．保健医療福祉分野におけるマルチレベル分析の適用

地域精神保健福祉を例として考えてみる。わが国において精神的な疾患を有する者は増加傾向にあり、従来の画一的な精神疾患に関する正しい知識の普及・啓発（一次予防）や相談事業による早期診断・早期介入（二次予防）に代わる新たな施策提言が求められている。こうした状況下において、個人の精神的な状態を考えた場合には、生態学的・社会的環境における相互作用の影響を考慮せずに理解することが困難であり、精神的な疾患が個人の脆弱性と発症を促す日常生活における心理・社会経済的要因により生じている現状を考慮すると（厚生労働省 2004）、地域の特質を基盤とした新たな精神保健福祉活動の展開が現状の解決において、その一助になると考えられる。すなわち、個人が属する地域での相互関係の特質が個人の精神疾患の発症に何らかの影響（contextual study）を与えている可能性についてマルチレベル分析によって実証的に検証を行うことで、これまで個人に焦点をおいて検討されてきた精神保健福祉施策について社会的な要因を組み込んだ、より広い視座から再構築することが可能になるのである。

近年、保健医療福祉分野において個人のアウトカムに影響を与える社会的要因への関心が高まりつつあるなかで、今後、マルチレベル分析は従来のエコロジカル研究や個人レベル研究における限界を克服し、新たな知見を提起していくうえで有用な統計手法として多くの研究において用いられるであろ

う。その一方で、個人は学校、町内会、職場、スポーツクラブなど多様な集団に属していることから、contextual effect の影響に関して論理的な説明が困難であるとの指摘があるのも事実である（Diez-Roux 1998）。また、contextual effect に関しては、地理的空間性をどの程度の範囲に定義するかによっても、個人に与える影響は大きく異なることが予測できよう。しかしながら、マルチレベル分析は、従来、同一のレベルでしか得られなかった知見に関して、地域レベルの要因を加味した新たな仮説の検証が可能になる点において保健医療福祉分野の研究の発展に大きく寄与するものである。「学校－教師」「クラス－生徒」「地域－個人」「職場－労働者」「医療機関－医療従事者」など異なるレベルにおける様々な関係性が考えられるなかで、マルチレベル分析を用いた研究成果に基づく活発な議論が展開されることが期待される。

本章の執筆に際しては、国立保健医療科学院疫学部福田吉治先生、Harvard School of Public Health S. V. Subramanian 博士より多大なるご助言、ご支援を賜りましたこと、記して厚く御礼申し上げます。

なお、本研究は平成17年度科学研究費補助金（萌芽）「健康分野におけるソーシャル・キャピタル指標の開発とその予備的検討（研究代表者：藤澤由和）、平成18年度科学研究費補助金（若手A）「ソーシャル・キャピタルと健康の関係性に関する実証的研究基盤の確立とその展開の研究」（研究代表者：藤澤由和）の研究成果の一部を取りまとめたものである。

## 参考文献

Aitkin, M., Anderson, D., Hinde, J., 1981, "Statistical modeling of data on teaching styles (with discussion)," *Journal of the Royal statistical Society A*, 144: 148-161.

Bennett, N., 1976, *Teaching styles and pupil progress*, Open Books.

Ben-Shlomo, Y., White, I. R. and Marmot, M., 1996, "Does the variation in the socioeconomic characteristics of an area affect mortality?" *BMJ*, 312 (7037) : 987-988.

Blakely, TA., Woodward, AJ., 2000, "Ecological effect in multilevel studies," *Journal of Epidemiology and Community Health*, 54:367-374.

Diez-Roux, Ana V., 1998, "Bringing context back into epidemiology: Variables and fallacies in multilevel analysis," *American Journal of Public Health*, 88 (2) : 216-222.

Diez-Roux, Ana V., 2000, "Multilevel analysis in public health research," *Annual Review of Public Health*, 21:171-92.

Haan, M. Kaplan, George A and Camacho, T, 1987, "Proverty and Health: Prospective Evidence from the Alameda County Study." *American Journal of Epidemiology*, 125 (6) : 989-98.

厚生労働省心の健康問題の正しい理解のための普及啓発検討会,2004,「心の健康問題の正しい理解のための普及啓発検討会報告書」

Last, John M (ed)., 1995, A Dictionary of Epidemiology (3rd Ed.), Oxford University Press. (=2000, 日本疫学会訳『疫学辞典 - 第3版 -』日本公衆衛生協会)

西信雄,2001,「多重レベル分析の理論と実際」,日本循環器病予防学会誌,36 (2) :129-134.

Robinson, S., 1950, "Ecological correlations and behavior of individuals," *American Sociological Review*, 15:351-357.

Sampson, R. J., S. W. Raudenbush and F. Earls, 1997, "Neighborhoods and violent crime: a multilevel study of collective efficacy," *Science*, 277: 918-24.

Shouls, S., P. Congdon and S. Curtis, 1996, "Modelling inequality in reported long term illness in the UK: combining individual and area characteristics," *Journal of Epidemiology and Community Health*, 50 (3) : 366-76.

Spasoff, Robert A., 1999, *Epidemiologic Methods for Health Policy*, Oxford University Press. (=2003, 上畑鉄之丞監訳『根拠に基づく健康政策のすすめ方 - 政策疫学の理論と実際 -』医学書院)

Subramanian, SV., Jones, K., 2006. *Multilevel statistical models: concepts and applications*. Harvard Center for Society and Health.

Subramanian, SV., 2004, "Multilevel methods, theory and analysis," *Encyclopedia on Health and Behavior*, 2: 602-609.

Townsend P, N. David eds./ M. Whitehead, 1988, *Inequalities in health: The black report/ The health divide*, London: Penguin.

# 第20章　ソーシャル・キャピタルと保健医療福祉

藤澤　由和

## 1．はじめに

　　「ソーシャル・キャピタル概念の有効性はまさにそれが有している
　　広範な適応可能性にあるのである」

　このソーシャル・キャピタルという考えに対するGiddensの表現は、ソーシャル・キャピタル概念の特徴を端的に言い表したものであるといえる（Giddens 2000: 78）。Giddensがまさに言いえている、このソーシャル・キャピタル概念の広範囲な適応可能性こそが、ある種、昨今のソーシャル・キャピタル概念の隆盛を生じせしめている大きな要因であると考えられる。またOstromとAhnらによるWeb of Scienceを用いた調査によると、1990年代以前は、"Social Capital"をキーワードもしくは引用文献タイトルに頻出するキーワードとして用いている論文は僅か2つに過ぎなかったが、年を追うごとにその数は増加し、2001年の時点で累積論文総数は756に達しているとされる（Ostrom and Ahn 2003: XII）。

　こうした拡大を続けるソーシャル・キャピタルへの関心の高さは、学術分野のみならず政策領域においても、具体的には経済成長、教育、犯罪、健康、行政、国際開発といった領域においても広がりを見せている。例えば、世界銀行は1993年の段階でR. Putnamを含む学識経験者らによるソーシャル・キャピタルに関する専門家委員会を組織し、かつソーシャル・キャピタルに関する議論を開始している（Dasgupta and Serageldin 2000）。OECDもまた2000年に

開催された国際会議においてソーシャル・キャピタルを主要な議題の一つとし、その結果を2001年に公表している（OECD 2001）。また個々の国レベルにおいても、イギリス、アメリカ、オーストラリア、アイルランド、カナダなどの主としてアングロサクソン系諸国を中心に政府などによるソーシャル・キャピタルの重要性とその把握を様々な形で試みている。また日本においても、内閣府を中心にソーシャル・キャピタルに関する政策的調査研究が試みられている（内閣府 2003）（内閣府経済社会総合研究所 2005）。

このように多様かつ様々な領域で展開がみられるソーシャル・キャピタル概念であるが、具体的になにがソーシャル・キャピタルであるのかという点に関しては、未だ誰もが合意するような統一的な見解は提示されていないといえる。実際のところそれぞれの研究者や実践家らは、ソーシャル・キャピタルにおける要素や特徴の全てもしくは一部をソーシャル・キャピタルとして、かなり恣意的に定義し、それぞれの領域に対して適用している状況であると考えられる。

そこで本章においては、多様な展開を見せているソーシャル・キャピタルという考え方をどのように捉えるかという目的から、この考え方の理論的根幹がどのようなものであるかという点を、ソーシャル・キャピタルの初期からの理論展開を振り返ることを通して、さらにこの理論的な根幹に基づいて、保健、医療、福祉といった領域においてソーシャル・キャピタルという考え方がどのような可能性を持つものであるかに関して検討を行うこととする。

## 2．ソーシャル・キャピタルという考え方の源流

以下ではソーシャル・キャピタル概念における初期段階の発展に関する概要を検討することを通して、ソーシャル・キャピタル概念の定義とその特徴がどのような展開を見せてきたかに関して検討を行うこととする。

ソーシャル・キャピタルの理論的に源泉をどこに求めるかという問題は、ソーシャル・キャピタルとはいかなるものであるかという理解やその定義に大きく左右されるといえる。たとえばWoolcockのソーシャル・キャピタルの理論的流れに関する詳細な分析によると、ソーシャル・キャピタルとして

議論されているものは、Alfred Marshall や John Hicks そして Adam Smith といった古典派経済学にまで遡ることができるのみならず、これら古典派経済学における議論の影響を色濃く受けていた、いわゆるデュルケイム、ウェーバー、マルクスといった一連の古典的社会学の中心課題でもあったという点を指摘している（Woolcock 1998）。また Lin はソーシャル・キャピタルの歴史的流れをマルクス経済学をはじめとする、様々な資本に関する議論を中心に歴史的流れを概観している（Lin 2001）。

またこれまでのソーシャル・キャピタルに関する議論の流れを概観した Ostrom（Ostrom and Ahn 2003）らによると、いわゆるソーシャル・キャピタル概念の先駆け的地位に位置するものたちとして、de Tocqueville (1835)、Hanifan (1920)、Jacobs (1961)、Loury (1977)、Bourdieu (1986) らを指摘しており、さらにソーシャル・キャピタル概念の実質的な統合者として Coleman (1988, 1990) を、そしてソーシャル・キャピタル概念を広く一般的認知させた人物として Putnam (1993, 2000) を挙げている。そこで以下では、ソーシャル・キャピタル概念の構築に重要な役割を担った論者らを、その前史と実質的な展開者らとに分け、議論を行う。

## (1) Hanifan, Jacobs, Loury, Bourdieu

現在のソーシャル・キャピタル概念への高い関心を生み出した直接的な源流が、どの論者のどのような考え方にあるのかという問題は、それ自体が一つのソーシャル・キャピタル論として展開できるが、本節では少なくとも多くの論者の最大公約数的な意味での源流、なかでもその前史として、アメリカ、ウエスト・バージニアで活動をおこなった教育者かつ社会改良家である Lyda Judso Hanifan、都市研究者としてはいまだ関心を集めている Jane Jacobs、経済学者である Glenn C. Loury、そしてフランスの社会学者 Pierre Bourdieu らのソーシャル・キャピタルに関する考え方を検討することとする[1]。

まず Hanifan におけるソーシャル・キャピタル概念は、彼が勤務していたウエスト・バージニア地域における経験から、地域づくり（Community Building）を成功させるためには、ビジネスにおける活動と同様に、なんらかの資本（Capital）が必要であるとの認識に基づくものであったといえる

（Hanifan 1916, 1920）。

　だが彼が明言しているように、ここで彼が述べている資本（Capital）とは、通常の意味での資本（Capital）とは異なり、善意（good will）、仲間意識（fellowship）、共感（sympathy）、社交（social intercourse）といったものを指し、社会を構成している個人や家族の間に生じるものであるとする。またこうした資本（Capital）を欠いた状態では、地域づくり、とくに地域での教育活動はままならないものであると彼は主張しており、こうした地域における教育活動を成り立たせる基盤としての資本（Capital）を醸成するために、コミュニティ・センターの役割とその重要性を指摘している。

　こうした Hanifan の考え方は、現在のソーシャル・キャピタルにおける考え方と基本的には同じものであり、そのソーシャル・キャピタルという考え方の核心をつくものであると考えられるが、彼のこうした考え方自身から、ソーシャル・キャピタルが広がりをみせることはなかった。

　次いで Jacobs に関してであるが、Jacobs は都市計画の観点から、都市（City）、近隣（Neighborhood）、通り（Street）という一連のつながりのなかから、それらが機能するための重要性を検討している（Jacobs 1961）[2]。ソーシャル・キャピタルとの関連性では、都市の流動性という観点から議論を展開しているのであるが、具体的には都市、特に都市における近隣の重要性は、そのネットワーク（Network）にあるとする。またこのネットワークは都市特有の、その構成要素である住民の流動性という観点を加味したとしても、その流動性は緩やかなものであり、こうした近隣におけるネットワークはある種の集積性を帯びたものとして永続するとする。まさにこの集積性をおびて永続するネットワークこそが、Jacobs が捉えるソーシャル・キャピタルであるといえる。

　70年代に入ると経済学者である Glen C. Loury が、ソーシャル・キャピタルという考え方を用いて、アフリカ系アメリカ人が社会的な利害関係のつながりから排除されている状態、つまり奴隷制と彼らに対する差別のありようの分析を試みている（Loury 1977）。Loury のソーシャル・キャピタルに関する定義を端的に表すとするならば「標準的な人的資本の特徴の獲得を促進する、社会的なポジションの結果を表現するための概念」（金光 2003: 239）というも

のであるといえるが、より具体的には、Coleman が指摘しているように、ソーシャル・キャピタルをある種、個人の資源として捉え、人的資本を発展させる基盤として捉えている。

ただしこのソーシャル・キャピタルは誰にでも同様に等しく資源となるというのではなく、特定の状況にある人々にとってある種の資源として有用である点を指摘している。したがってソーシャル・キャピタルは特定の家族関係や地域社会に内在し、かつそこにある若者や子供らの人的資本の発展に有効性を持つという意味で意味をもつものとなるといえる[3]。ここから Loury はソーシャル・キャピタルを人的資本の基盤として捉え、かつその両者の関係性を差別の社会的構造という枠組みで捉えているといえる。また Loury におけるソーシャル・キャピタル概念はその譲渡不可能性といった面を持つことによって、通常の資本とは異なる性質を持つものであった (Loury 1987)。

さてフランスの社会学者 Bourdieu のソーシャル・キャピタルに関する考え方を、現在のソーシャル・キャピタル論におけるその影響の面でどのように評価するかという問題は、それ自体が一つのソーシャル・キャピタル論であるといえるが[4]、Bourdieu の一連の著作におけるソーシャル・キャピタルの位置づけと特徴としては次の二つの点が考えられる[5]。第一に、Bourdieu にはソーシャル・キャピタルにとどまらず、様々な資本 (Capital) を提示し、その中でも特に有力な資本の一つとして、ソーシャル・キャピタルを提示し、それら様々な資本論の一環としてソーシャル・キャピタル概念が検討されているということ。第二に社会構造 (より端的には社会的ヒエラルキー構造) との関連における (ソーシャル) キャピタルという考え方を理論的な枠組みとして、既存の社会理論との接合を目指した点である。

Bourdieu における資本論は、文化資本 (Cultural Capital) の側面が重要視されているが、文化資本論は必然的にソーシャル・キャピタルという別の資本に関わる議論の展開を導くこととなったといえる。というのも Bourdieu における資本の捉え方は、基本的に個人の属性的な側面を強く兼ね備えるものであり[6]、それらのまさに多用な資本関係が個人の社会的な地位や目的達成の難易度を決定していると考えるからである。

こうした考え方をより具体的に述べるとするならば、Bourdieu における

ソーシャル・キャピタルとは、ある種の特別な状況に付随し、その状況に位置する人間が利用しうるコネクションとでもいえるものであり、さらにこのコネクションからは、そのような状況に位置しなければ得られる便益であると考えられる。したがって、このコネクションの大きさは、個人とその個人の置かれている立場や状況によりかなり異なるものであり、したがってそれぞれの個人が属する社会階級によって、こうしたコネの大きさや性質が決まってしまうと Bourdieu は主張している。こうした意味で Bourdieu におけるソーシャル・キャピタルとは、所属する社会階級において、その階級に属する人々が利用でき便益をもたらすコネクションの量と質が規定され、この状態はさらにこの階級による有益なコネクションの量と質がさらに階級の差異を固定化するという一連のメカニズムを描くより関係性的な性質を帯びた個人の資本として描かれているといえる[7]。

### (2) Coleman、Putnam

現在のソーシャル・キャピタル概念を理論的なレベルで精緻化し、より実質的なソーシャル・キャピタル概念に関する議論の道を開いた James S. Coleman の重要性を無視しうることはできないといえるが、Coleman のソーシャル・キャピタルの考え方に対する評価には一定のバリエーションも存在するといえる。たとえば、Ostrom らは Coleman のソーシャル・キャピタル概念を合理的選択論の観点からその考え方を評価しているのであるが (Ostrom and Ahn 2003:XXVI)、その一方で Lin は Coleman のソーシャル・キャピタルに関する定義の曖昧さを指摘している (Lin et al 2001: 9-12)。

確かに Coleman のソーシャル・キャピタルに関する定義は完全に明確なものとは言いがたい面もあることは否定できない。Coleman がソーシャル・キャピタル概念を明確に展開し、その理論的な構築を行っているのは、1988年に American Journal of Sociology に発表された論文 "Social Capital in the Creation of Human Capital" と1990年に発表された大著 "Foundations of Social Theory" においてであるが (Coleman 1988, 1999)、以下ではこれらの議論に沿って Coleman のソーシャル・キャピタルに関する考え方を検討することとする。

Coleman は、方法論的個人主義の立場から、集合行動 (特にプラスになる

ような）を導く概念として、ソーシャル・キャピタルを想定しているのであるが、これはある種、フリーライダーや共有地の悲劇といった社会科学の長年の課題に対して、社会学者のコールマンが導き出したある種の回答であるといえよう。つまり経済学で想定されるような合理的な形で人間を想定することは、囚人のジレンマや、フリーライダーもしくは共有地の悲劇などと呼ばれる問題を克服できないのであるが、ソーシャル・キャピタルという考えを理論的に精緻化することにより、たとえ合理的な個人であっても、集団行動を起しうるメカニズムを描こうとしたといえる。

　こうした Coleman のソーシャル・キャピタル概念であるが、その特性が個人的なものであるのか、もしくはより集合的なものであるかに関しては、その表現には幾分曖昧さが存在している点は否定できない。具体的には、ソーシャル・キャピタルは、他の資本（形態）と異なり、具体的な形態を取るものではなく、あくまでも人々の関係性に埋め込まれたものであると主張することにより（Coleman 1990: 302, 304）、ソーシャル・キャピタルの特質は集合的なものであることを指摘している一方で、ソーシャル・キャピタルを社会構造の単なる要素として関係性そのものとしてのみ捉えるのではなく、個人にとっての資源として捉える必要があると主張している（Coleman 1990: 300）。

　こうした主張は、一見するとソーシャル・キャピタルの特質が集合レベルのものであるのか、個人レベルのものであるのかという点に関する Coleman の主張を曖昧にし、ソーシャル・キャピタルの論理一貫性をある種損なうものであるともいえるが、この点は逆に Coleman におけるこうしたソーシャル・キャピタルの考え方こそが、合理的個人であってもある種の集合行動が可能なことを示しうる鍵として機能しているといえる。

　つまり Coleman にとってソーシャル・キャピタルは、たしかに社会構造に埋め込まれた、ある種の社会関係に内在するものであるが、その影響や作用の帰結は、必ずしも集団ばかりではなく、個人にも及ぶもの、さらに個人に及ぶ点を重視しているのであるという点を考慮していることを考えると、Coleman における上記のソーシャル・キャピタルの議論はある種の一貫性を持つものといえよう。

　この点はソーシャル・キャピタルに関わる議論全体に関わる点であるが、

そもそもソーシャル・キャピタルが、個人レベルのものであるのか、集合レベルのものであるのか、また個人に属する資源であるのか、集団に属する資源であるのかといった議論は意味がないものであるといえる。なぜならば、ソーシャル・キャピタルのどの側面を、どのように捉えるかによって、ソーシャル・キャピタルの定義とそこから生じる議論は様々なものが考えられるからである。Coleman におけるソーシャル・キャピタルという考え方は、いわばソーシャル・キャピタルの諸側面を最大限に一つの理論に内包する形で捉えたものであり、ソーシャル・キャピタル自身は関係性の特質に内在化する、いわば集合的な資産であるが、その効果や帰結は、必ずしもそうした関係性にのみ立ち返るものではなく、その構成要素でもある個人にも影響を及ぼすものであるという意味で個人の資産でもあるとする立場である。前述のBourdieu におけるソーシャル・キャピタルは、このもっぱら個人への帰結や影響という点と特定のソーシャル・キャピタルと特定の個人との結びつきというものを、いわば社会構造に埋め込まれていると考えることにより、両者の関係性に自由度を認めない立場であり、それゆえソーシャル・キャピタルが個人的資源という特質を強く持たざるを得ないといえる。

　ソーシャル・キャピタル概念の現在の隆盛もしくは、その一般化をもたらした論者として Putnam が最も重要な論者であることは誰も否定できないことであろう[8]。Putnam のソーシャル・キャピタルに関する本邦での解説はすでに多くのものが出されているため、その点に関しては他に譲ることとするが[9]、そもそもパットナムは、彼に以前のソーシャル・キャピタル概念における、その抽象性や曖昧さという点を、よりシンプルな定義によって、ソーシャル・キャピタル概念を明確化し、より理解可能なものとしたといえるが[10]、その問題関心は、市民社会のありようをソーシャル・キャピタルという概念で操作化し、さらにこの概念を地域社会のパフォーマンスという集合レベルの被説明変数との関係で用いた点にあるといえる。

　これはつまり、Bourdieu におけるソーシャル・キャピタルの考えが、相対的に硬直的な社会構造上に内在化する社会的特質としてのソーシャル・キャピタルの個人への影響をかなり一方的かつ固定的なものとして捉え、もっぱら個人に焦点を合わせて、こうした点から個人的な資源という点に注意を

もっぱら払うものであり、またColemanにおけるソーシャル・キャピタルの考え方が、その集合的な特質を基本的なものとしながらも、その一方で集合的な要素の個人への影響を考慮するという理論前提のために、その説明図式としては幾分曖昧さを残さざるをえなかったものである一方で、Putnamのソーシャル・キャピタル論は、ある種これまで曖昧もしくはたぶんに記述的かつ哲学的であった市民社会の考えとその具体像を、ソーシャル・キャピタルという概念により、明確化し、かつ具体的な実証のレベルにまで議論を進めたものであったといえ、かつBourdieuおよびColemanが内包している理論的な複雑さを、市民社会のある種の指標としてのソーシャル・キャピタルという集合的な説明変数によって、地域社会のパフォーマンスという集合的な被説明変数を説明するという比較的明確な理論によって乗り越えるものであったといえる[11]。

　こうした理論図式の明確さは、Putnamのソーシャル・キャピタル論を広く学術分野のみならず、一般にも広げる重要な要素であったと考えられるが、さらにもう一つの重要な要素として、比較的簡潔なソーシャル・キャピタルの定義の仕方にあったと考えられる。つまりPutnamは、ソーシャル・キャピタルをともすれば過度に抽象的かつ時には記述のレトリックとして用いられがちな考え方を、具体的かつ端的に「社会的つながりは価値をもつ」という観点から明確な定義を与えたのであったといえる（Putnam 2000: 19）。さらにPutnamはソーシャル・キャピタルにおける社会的つながりと価値という両要素を市民活動への参加のありようや信頼および互酬性（reciprocity）という測定可能な指標へと発展させることにより、より実証的な議論への道を開き、より多くの研究者、政策立案者そして一般人のソーシャル・キャピタルへの関心を高めたといえる。

## 3．まとめ：ソーシャル・キャピタル概念の政策的含意

　以上のように、ソーシャル・キャピタルという考え方は、初期の萌芽的な考え方から、ある種の説明概念へと展開をみせ、さらにより明確な定義を与えられたことにより、実証的な観点から検討がなされるようになってきたと

いえる。確かにこうしたソーシャル・キャピタル概念の流れは存在するのであるが、ソーシャル・キャピタルに関心をもつもの全てが納得するようなソーシャル・キャピタルに関する考え方はいまだ存在しないのが現状であるといえる。

　だが Putnam が示すように、ソーシャル・キャピタルの本質を、その内部にいる者にとって何らかの影響が生じる社会的なネットワークであると捉え（Putnam 2002: 6）、かつソーシャル・キャピタルの多面性を様々な定義の組み合わせとして捉えるアプローチは、「なにが（正しい）ソーシャル・キャピタルであるか」というような問いを立てて、その正しさを示すよりも、その多面性を許容し、それぞれの研究者らが、それぞれの関心と専門領域からソーシャル・キャピタルという考え方に対してアプローチすることを許容するという意味でより生産的であると考えられる。

　さらにこのソーシャル・キャピタルという考え方が、重視する個人を超えた、個人を取り巻く社会的な環境の重要性とそのエビデンスこそが、様々な政策領域なかでも、保健、医療、福祉などの領域における新しい公共政策のあり方をも提示しうる可能性をもつものであると考える。たとえば現在、保健領域においては New Public Health と呼ばれる一連の動きに現れているように、個人の健康を考える際に、個人を取り巻く様々な環境要因、なかでも社会的環境要因を重視する必要性が強調されており、また医療や福祉においても、対象たる個人を超えて、いかに社会的環境をその中に取り込むかという課題のなかで、地域連携や地域福祉という考え方が叫ばれるようになってきている。

　こうしたそれぞれの領域における個人を取り巻く社会的環境をどのように捉えるかという際に、ソーシャル・キャピタルという考え方は重要な示唆を持つものであると考える。ともすればこれまでの地域という言葉にあらわされる一連の活動が、ともすれば初期の段階での理念やその過程としてのプロセスが強調されるのみで終わってしまう傾向がみられ、その政策的対応の成果を示してこなかったともいえる。ソーシャル・キャピタルという考え方が必ずしも、全てのこうした論点に対して解決策を示せるとは限らないが、すくなくともソーシャル・キャピタルという考え方には、地域を対象とした政

策的対応のある種の方向性が示されていると考えられる。

なお、本研究は平成17年度科学研究費補助金（萌芽）「健康分野におけるソーシャル・キャピタル指標の開発とその予備的検討（研究代表者：藤澤由和）、平成18年度科学研究費補助金（若手A）「ソーシャル・キャピタルと健康の関係性に関する実証的研究基盤の確立とその展開の研究」（研究代表者：藤澤由和）の研究成果の一部を取りまとめたものである。

## 注

1) これらの論者に関しては、まず Putnam の指摘を受ける形で、多くの論者が指摘するようになってきている（Putnam 2000: 19）(Putnam 2002: 4)(Ostrom & Ahn 2003: 22-35)(Winter 2000: 19)(Halpern 2005: 6)(坂田2001: 12)(宮川 2004: 19)。
2) ちなみに Jacobs の Social Capital に関する明確な言及は "The life and Death of Great American Cities." にわずかにあるのみである。またこの点に関しては Ostrom らが指摘するように (Ostrom & Ahn 2003:XXV)、Jachobs 自身は Social Capital という用語をほとんど用いていないといえる。
3) Coleman はこうした Loury と同様にソーシャル・キャピタルを個人的な資源として捉える考え方をもつ論者として Bourdieu (1980)、Flap and De Graaf (1986) を挙げている (Coleman 1990: 300)。
4) Bourdieu のソーシャル・キャピタルに関する理論的検討に関しては Fine (2001)、Warde and Tampubolon (2002) を参照。
5) Broudieu がソーシャル・キャピタルに関して直接かつ明確に言及しているものとしては、1980年の "le capita social" および1986年の "The Forms of Capital" を挙げることができる (Broudieu 1980, 1986)。ちなみに後者は英語で発表されているが、Richard Nice による翻訳で原文は "Ökonomisches Kapital, kulturelles Kapital, soziales Kapital," in Soziale Ungleichheiten (Soziale Welt, Sonderheft 2), edited by Reinhard Kreckel. Goettingen: Otto Schartz & Co., 1983, pp183-98.
6) だが、それがいわゆる通常の資本の場合と、その他の主要な資本形態としての文化資本やソーシャル・キャピタルの場合では、個人の属性的な側面は異なるものと想定されている。ちなみに通常の経済的な資本が最も個人的属性を帯びたものであることは言うまでもなく、ソーシャル・キャピタルは Bourdieu の議論の中においては相対的に関係性を帯びたものであるといえる。
7) こうした Bourdieu のソーシャル・キャピタルに対する考えが Coleman や Putnam

に比べて、その重要性が意識されていない理由として、既存の社会理論にソーシャル・キャピタルという考え方を組みこむという社会理論との密着性を指摘する見解もある。この点に関しては、Field (2003: 19) を参照。

8) Putnam のソーシャル・キャピタル論に関わる論及には膨大なものがあり、また Putnam の見解に対してより肯定的なものから否定的なものまで様々なものがある。比較的近年の Putnam のソーシャル・キャピタル論への論考に関しては、Hooghe and Stolle (2003) および McLena et al (2002) を参照。

9) Putnam のソーシャル・キャピタルに関する解説書は、宮川 (2004)、坂田 (2001) などを参照。

10) ちなみに Putnam 自身によるソーシャル・キャピタルへの論及は、次のものを参照 Putnam (1993, 1995, 2000, 2002)。

11) 確かに Putnam がソーシャル・キャピタルの個人への影響を全てその理論図式から排除しているわけではないが、その中心的な焦点は、集合的な構成のパフォーマンスにあるといえる。

## 文献

金光淳、2003『社会ネットワーク分析の基礎——社会的関係資本論にむけて』勁草書房.

坂田正三、2001「社会関係資本と開発——議論の系譜——」佐藤寛編『援助と社会関係資本：ソーシャルキャピタル論の可能性』アジア経済研究所 11-33.

内閣府、2003『ソーシャル・キャピタル：豊かな人間関係と市民活動の好循環を求めて』内閣府国民生活局市民活動促進課.

内閣府経済社会総合研究所編、2005『コミュニティ機能再生とソーシャル・キャピタルに関する研究調査報告書：Social Capital for Community Regeneration』内閣府.

宮川公男、2004「ソーシャル・キャピタル論——歴史的背景、理論および政策的含意」宮川公男、大森隆編『ソーシャル・キャピタル：現代経済社会のガバナンスの基礎』東洋経済新報社 3-53.

Bourdieu, P. 1980 "Le capital social: Notes provisaires". Actes de la Recherche en Sciences Sociales, 31: 2-3.

Bourdieu, P. 1986 "The Forms of Capita", in J. Richardson (ed.) *Handbook of Theory and Research for the Sociology of Education*. New York: Grenwood, 241-8.

Coleman, J. S. 1988 "Social Capital in the Creation of Human Capital". *American Journal of Sociology*, 94/ Supplement: S95-S120.

Coleman, J. S. 1990 *Foundations of Social Theory*. Cambridge, MA: Harvard University

Press.

Dasgupta, P. and Serageldin, I. eds. 2000 *Social Capital: A Multifaceted Perspective*. Washington DC: The World Bank.

de Tocqueville, A. 1835 *De la démocratie en Amérique* = 1969 J. P. Mayer ed. *Democracy in America*. New York: Harper Perennial.

Flap, H. D. and de Graaf, N. D. 1986 "Social capital and attained occupational status." *The Netherlands' Journal of Sociology* 22:145-161.

Field, J. 2003 *Social Capital*. New York: Routledge.

Fine, B. 2001 *Social Capital versus Social Theory: Political economy and social science at the turn of the millennium*. London: Routledge.

Giddens, A. 2000 *The Third Way and Its Critics*. Cambridge: Polity Press.

Halpern, D. 2005 *Social Capital*. Cambridge: Polity Press.

Hanifan, L. J. 1916 "The rural school community center." *Annals of the American Academy of Political and Social Science*, 167:130-8.

Hanifan, L. J. 1920 *The Community Center*. Boston: Silver Burdett

Hooghe, M. and Stolle, D. 2003. *Generating Social Capital: Civil Society and Institution in Comparative Perspective*. New York: Palgrave Macmillan.

Jacobs, J. 1961 *The Life and Death of Great American Cities*. New York: Random House.

Lin, N. 2001. *Social Capital: A Theory of Social Structure and Action*. Cambridge: Cambridge University Press.

Lin, N., Cook, K. and Burt, S. R. 2001 *Social Capital: Theory and Research*. New Jersey: New Brunswick.

Loury, G. C. 1977 "A dynamic theory of racial income differences". in P. A. Wallance and A. Le Mund (eds.) *Women, minorities, and employment discrimination*. Lexington, Mass: Lexington Book.

Loury, G. C. 1987 Why should we care about group inequality? *Social Philosophy and Policy*, 5:249-271.

Mclean, L. S., Schultz, A. D. and Steger, B.M. 2002 *Social Capital: Critical Perspectives on Community and "Bowling Alone"*. New York: New York University Press.

OECD 2001 *The Well-being of Nations: The Role of Human and Social Capital*. Paris: OECD.

Ostrom, E. and Ahn T.K. (eds.) 2003 *Foundations of Social Capital*. Cheltenham: Edward Elgar Publishing Limited.

Putnam, R. D. 1993 *Making Democracy Work: Civic Traditions in Modern Italy*. Princeton, New Jersey: Princeton University Press.

Putnam, R. D. 1995 "Bowling Alone: America's Declining Social Capital", *Journal of Democracy*, 6 (1):65-78.

Putnam, R. D. 2000 *Bowling Alone: The Collapse and Revival of American Community*. New York: Simon & Schuster.

Putnam, R. D. (ed.) 2002 *Democracies in Flux: The Evolution of Social Capital in Contemporary Society*. New York: Oxford University Press

Warde, A. and Tampubolon, G 2002 "Social Capital, Networks and Leisure Consumption", *Sociological Review*, 50 (2) : 155-80

Winter, I. (ed.) 2000 *Social capital and public policy in Australia*. Melbourne: Australian Institute of Family Studies.

Woolcock M. 1998 "Social Capital and economic development: Toward a theoretical synthesis and policy framework", *Theory and Society*, 27:151-208.

## 第21章　医療職と福祉職の現状と課題
### ——医師及び社会福祉士・介護福祉士を中心に

米林　喜男

## 1．はじめに

　介護保険法が施行されてから、医療と福祉の連携ならびに統合の必要性が今まで以上に強く叫ばれるようになっている。しかし、他方では医療サービスと福祉サービスとが連携して活動するにはさまざまな隘路があり、実際には困難であるという意見も少なくない。そこで本章では、医療職と福祉職の違いをその歴史的な経緯ならびに社会的認知の遅滞に焦点を当てながら、両者の連携にとって重要な役割を果たす医師と社会福祉士・介護福祉士の現状と課題について検討する。

## 2．医療職と福祉職の成立

　医療職の代表ともいうべき医師は、明治維新以来国家資格として条件整備が進められてきたが、現行制度としては、昭和23年（1948年）の10月に施行された「医師法」において、"医師は、医療及び保健指導を掌ることによって公衆衛生の向上及び増進に寄与し、もって国民の健康な生活を確保するものとする"とその任務が規定された。この医師法が施行されてまもなく60年になる。また、医師が専門的・技術的職業従事者として人口統計に位置づけられたのは、昭和25年（1950年）の国勢調査の際に用いられた職業分類であった。
　一方、これからの福祉職の中核ともいうべき社会福祉士・介護福祉士は、昭和62年（1987年）の5月に施行された「社会福祉士及び介護福祉士法」において、"社会福祉士は、専門的知識及び技術をもって、身体上若しくは精神

上の障害があること又は環境上の理由により日常生活を営むのに支障がある者の相談援助を行なう者"、"介護福祉士は、専門的知識及び技術をもって、身体上又は精神上の障害があることにより日常生活を営むのに支障がある者につき入浴、排せつ、食事その他の介護等を行なう者"とその任務が規定されている。

　この社会福祉士及び介護福祉士法が施行されてまもなく満20年になろうとしているが、医師法施行時から約40年の遅れということになる。また、社会福祉士と介護福祉士が専門的・技術的職業従事者として位置づけられたのは、昭和62年(1987年)の「日本標準職業分類」においてであった。

　したがって、第2次世界大戦後、福祉職が専門的職業従事者として位置づけられたのは医療職に遅れること37年と四半世紀以上も経ってからのことであった。

　このように、医療職と福祉職の法制ならびに専門職としての社会的認知の遅滞は、医療と福祉の連携ならびに統合にあたって、どうしても医療職なかでも医師の主導になってしまうことは否めない。このことが医師以外の医療職や多くの福祉職の側から、医療サービスと福祉サービスの有機的な連携は困難であるという主張の理由のひとつにもなっているのである。

## 3．医療職ならびに福祉職の専門分化

　医療職の専門分化は、福祉職に比べると著しいものがある。すなわち、医師以外に、歯科医師、薬剤師、保健師、助産師、看護師、准看護師、診療放射線技師、臨床検査技師、衛生検査技師、理学療法士、作業療法士、視能訓練師、臨床工学技師、義肢装具士、歯科衛生士、歯科技工士、言語聴覚士、あんまマッサージ師、指圧師、はり師、きゅう師、柔道整復師など多岐にわたっている。これらの医療職の多くは、もともとは医師の職分であった業務の一部を剥奪することによって成立したものである。こうした医療職の専門分化に比べ、福祉職の領域では、社会福祉士、介護福祉士、精神保健福祉士、保育士など少数の限られた専門分化した職種しかない。しかも、医療職と違って、ある確立した専門職の職分を剥奪する形で成立したものでもない。

第21章　医療職と福祉職の現状と課題　303

　また、医療職の代表ともいうべき医師は、内科医や外科医等にわかれ、内科医は呼吸器とか消化器、ひ尿器などの臓器別に分化するとともに、それぞれ呼吸器内科専門医とか消化器内科専門医といった形に専門分化しつつある。こうした医師の専門分化に照応して、看護師の領域でもがん専門看護師とか小児専門看護師といった専門分化の動きがみられるようになっている。

　一方、福祉職の領域では、社会福祉士をゼネリック・ソーシャルワーカーとして位置づけ、精神保健福祉士や保健・医療ソーシャルワーカーをスペシフィック・ソーシャルワーカーとして位置づけようとする動きが広く支持されつつあり、近い将来は社会福祉士資格を持つ介護福祉士もまたスペシフィック・ソーシャルワーカーとしての位置づけがされるようになるかもしれない。なお、介護福祉士の間では、看護師の専門分化の動きに照応して、認知症専門介護福祉士を養成すべきだという意見が出始めている。

　こうした医療職ならびに福祉職の専門分化はまた、医療職どうし、福祉職どうしの間に次第に専門性の格差を生み出しつつあることも否めない。

## 4．業務独占と名称独占[1]

　医療職の代表ともいうべき医師は、医師法の第17条で「医師でなければ、医業をしてはならない」という業務独占条項によってその国家資格がまもられている。さらに、医師法18条では「医師でなければ、医師又はこれに紛らわしい名称を用いてはならない」とその名称独占条項が規定されている。しかし社会福祉士及び介護福祉士法では、第48条で「社会福祉士でない者は、社会福祉士という名称を使用してはならない。介護福祉士でない者は、介護福祉士という名称を使用してはならない」と名称独占条項が規定されているだけで業務独占を規定した条項はみあたらない。それはなぜかというと、介護を例にあげてみるならば、介護は専門的な訓練をうけていなくても誰でもおこなうことできるところから、介護は介護福祉士が独占している業務ではないとみなされたからである。また、福祉職の場合、専門性の核となるものがないため、業務独占ではなく名称独占だけの資格になったという指摘[2]もみられる。なお、診療は、医師のみにゆるされた行為で、無資格者が診療類

似行為を行なえば違法となる。しかし、介護についてはこうした法的に違法となる明確な規定がみあたらない。

## 5．医師と医師以外の医療職における権限の相違

　医師の業務の対象範囲は、医師法第1条の規定にみられる通り、保健医療の全域におよぶといっても過言ではない。しかし、医師以外の医療職の多くはそれぞれの業務に対する制限条項は規定されているものの、その業務の遂行にあたっては「医師の指示又は指導監督」を必要とするものが多い。

　たとえば、保健師は「保健指導に従事する」（保助看法第2条）、助産師は「助産又は妊婦、じょく婦若しくは新生児の保健指導」（保助看法第3条）、看護師は「傷病者若しくはじょく婦に対する療養上の世話又は診療の補助」（保助看法第5条）とそれぞれの業務内容が規定されているが、保健師は「傷病者の療養上の指導を行うに当って主治医があるときは、その指示を受けなければならない」（保助看法第35条）、保健師、助産師、看護師は「診療機械を使用し、医薬品を授与し又は医薬品についての指示を与える」場合には医師の指示が必要とされている（保助看法第37条）。また、診療放射線技師（診療放射線技師及び診療エックス線技師法第2条第2項）、理学療法士（理学療法士及び作業療法士法第2条第3項）、臨床検査技師（臨床検査技師、衛生検査技師等に関する法律第2条第1項）、衛生検査技師（臨床検査技師、衛生検査技師等に関する法律第2条第2項）、作業療法士（理学療法士及び作業療法士法第2条第4項）、視能訓練士（視野訓練士法第2条）、臨床工学技士（臨床工学技士法第2条第2項）、技肢装具士（技肢装具士法第2条第3項）においても、それぞれの業務遂行にあたっては「医師の指示又は指導監督のもとに」ということが明確に規定されている。なお、言語聴覚士について規定している言語聴覚士法には、医師の指示又は指導監督のもとにという規定はない。

　言語聴覚士を除くすべてのコメディカル（パラメディカル）は、その業務遂行にあたって「医師の指示または指導監督」を必要としていることになる。

　こうした、医師と医師以外の医療職との権限の違いは、医療サービスと福祉サービスの連携を複雑にし、ひいては困難なものにしてしまう要因のひと

つともなっている。加えてこうした権限の違いと先述した医師の専門的業務ならびに名称の法的な独占が、患者に対しても、医師以外の医療従事者に対しても、医師がパターナリズムを発揮しがちになる根源であるともいえよう。

なお、福祉職の領域では、医療職の領域にみられるような権限の二重構造は今の所みあたらない。

## 6．専門職としての確立

医療職の中でも医師は早くから専門職として認められるとともに、その社会的地位もゆるぎないものがみられる。また、医師以外の医療職も医師の指示または指導監督のもとにあるとはいえ、福祉職に比べればその専門職としての確立は強固なものがみられる。しかし、福祉職の中核ともいうべき社会福祉士と介護福祉士が、社会福祉士及び介護福祉士法において、専門的職業従事者として規定されたにもかかわらず、その専門職としての確立は未だ脆弱であることは否めない。加えて、社会的認知度については、医師と比べるならば格段の差があるといえる。

しかし、社会福祉士については、最近では介護保険法の改正によって市町村に設置された地域包括支援センターには必ず配置されなければならなくなったり、平成18年（2006年）には、厚生省令の改正にともない、社会福祉士の現場実習施設に保健・医療施設が追加されたり、社会福祉士業務の一部が、診療報酬として点数化（回復期リハビリテーション病棟入院料、リハビリテーション総合計画評価料、退院時リハビリテーション指導料、在宅時医療総合管理料）されることになり、医療福祉界ではその認知度も次第に高まりつつある、といえる。一方、介護福祉士についても、平成16年（2004年）7月の社会保障審議会介護保険部会において、介護職員については、まず資格要件の観点からは、将来的には、任用資格は「介護福祉士」を基準とすべきであるとされた。そして、今後求められる介護福祉士像として、①尊厳を支えるケアの実践、②現場で必要とされる実践的能力、③自立支援を重視し、これからの介護ニーズや政策にも対応できる、④施設・地域（在宅）を通じた汎用性ある能力、⑤心理的・社会的支援の重視、⑥予防からリハビリテーション、さらに看取り

まで利用者の状態の変化に対応できる、⑦他職種協働によるチームケア、⑧一人でも基本的な対応ができる、⑨個別ケアの実践、⑩利用者・家族・チームに対するコミュニケーション能力や的確な記録・記述力、⑪関連領域の基本的な理解、⑫高い倫理性の保持（「介護福祉士のあり方及びその養成プロセスの見直し等に関する検討会」報告書／2006年7月5日）の12項目がかかげられるなど、その専門性を高めるための議論が始まっている。

　いずれにしても、医療職も福祉職もともに専門職であるかぎり、専門的知識・技術・倫理の獲得のための長期の訓練・生涯研修と共同体ないし社会への無私のサービス志向という専門職の根本的な特質はかわらないといえよう。

## 7．医療職及び福祉職の資質について

　医師をはじめとする医療・福祉職の多くは、その専門職として必要な知識と技術と態度の3要素のうち、知識と技術については、国家試験で一応のミニマムリクワイヤメントは確保されているといわれている。しかし、その職業的態度の醸成は不十分な場合が少なくない。例えば、不遜な立ち振る舞いと病状の説明不足による患者・医師関係の悪化事例は、医療現場では枚挙にいとまがない。

　**図1**はWHOのワーキンググループが作成した医師の資質判定基準要綱である。

　この基準は、知識・理解・問題解決能力といった認知領域（Cognitive Domain）、技術・技能などの精神運動領域（Psychomotor Domain）、職業的態度・習慣・使命感といった情意領域（Affective Domain）の3部からなっており、さらにこれら3つの領域のおのおのに、医師としての職務を遂行する際に影響する確実な基準要件があげられている。情意領域の基準要件としては、**図2**の通り、患者やその家族に対する配慮（患者の福祉に関心を持ち、責任を引き受けること、患者やその家族を扱うのに思慮深く気転をきかすこと、患者の不安を注意し、元気づけ、支えてやること、患者や家族に状態や治療法、予後などを説明する際に率直に話し合うこと）、自分の職業的能力とその限界を認識すること（緊急時

第21章 医療職と福祉職の現状と課題　307

```
①知識・理解・問題解決能
  力などの認知領域
②技術・技能などの
  精神運動領域
③職業的態度、使命
  感などの情意領域
```

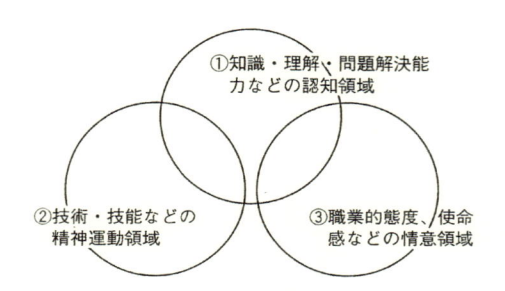

**図1　医師の資質判定基準要綱**

1. 患者やその家族に対する配慮
2. 自分の職業的能力とその限界を認識すること
3. 同僚または保健チームの他のメンバーと有効な関係を確立する能力
4. 固着した信念を再考するとともに、自発的に新しい知識を求めるといった探求心と疑う心をもつこと
5. 自分の専門的知識と技術を個々の患者と同様に、コミュニティへの貢献のために役立てようとする心構え

**図2　情意領域(Affective Domain)の基準要件**

または他の専門家の助力のあるとき以外には、自分の能力の範囲内で行動すること、知らない領域や過誤のあることを認めること、助力・助言を受けること）、同僚または保健チームの他のメンバーと有効な関係を確立する能力（示唆、批判を受け入れること、意見の相違に思慮深く気転を利かして対応すること、経験の少ないものを助け指示すること、自分の意思で決定したことに責任をとること）、固着した信念を再考するとともに、自発的に新しい知識を求めるといった、探究心と疑う心をもつこと、自分の専門的知識と技術を個々の患者と同様に、コミュニティへの貢献のために役立てようとする心構えの5項目があげられている（米林、1977）。

最後の自分の専門的知識と技術を個々の患者と同様に、コミュニティへの貢献のために役立てようとする心構えは、W.Jグードが指摘した専門職の2つの根本的な特質のひとつである共同体ないし社会への無私のサービスと重なる。

こうした医師の資質判定基準要綱は、そのまま社会福祉士や介護福祉士の資質判定にも応用できるのではないだろうか。

## 8．専門職とは何か

W.J.グードは、専門職の2つの根本的な特質として、**表1**の通り、専門的知識獲得のための長期の訓練と、共同体ないし社会への無私のサービス志向をあげた。

なお、専門職について初めて本格的に研究したと言われているA.M.カールサンダースとP.A.ウイルソンは、専門職の要件について、長期の訓練によって獲得された専門的技術、専門的技術と関連した特別の責任感情と倫理綱領の存在、専門的技術と倫理綱領の維持・統制を行うアソシエーションの形成、利潤追求型ではなく謝礼あるいは給与形態をとる固定報酬制の採用という4つの特質をあげている（進藤、1990）。また、天野正子は、欧米の複数の専門職論を概観・整理し、専門職の構成要因を次の5項目に整理している（天野、1971）。

**表1　専門職の2つの根本的特質**

■専門的知識獲得のための長期の訓練
■共同体ないし社会への無私のサービス志向

出典）W.J.Goode：進藤雄三「医療の社会学」世界思想社

1. 理論的知識に基づいた技術を必要とし、その獲得のために専門化された長期的にわたる教育訓練を必要とする。
2. その職業に従事するためには、国家ないしはそれに関わる団体による厳密な資格試験をパスすることが要求される。
3. 同業者集団としての職業団体を結成し、その組織としての統一性を維持するため、一定の行動規範が形成されている。
4. サービスの提供は、営利を主たる目的とすることはなく、公共の利益を第一義的に重視して行われる。
5. 雇用者・上司・顧客などから職務上の判断措置についての指揮・監督・命令を受けない職務上の自律性 autonomy をもち、また職業団体としての成員の養成・免許・就業などについて一定の自己規則力を持つ。

以上の5項目のうち、"サービスの提供は、営利を主たる目的とすることなく、公共の利益を第一義的に重視して行われる"という要因は、先のグードがあげた"共同体ないし社会への無私のサービス志向"という専門職の根本的な特質とも重なるし、WHOの医師の資質判定基準要綱の"自分の専門的な知識と技術をコミュニティへの貢献のために役立てようとする心構え"とも通じるものがある。

これらの専門職の要件は、プロフェッション (profession) ということばの概念が、奉仕的・専門的・自営的な要素をもつ職業の総称であったこと、特に奉仕的という要素こそが本質的なものであったこととも無関係ではないと思われる。したがって、これから医療や福祉の専門職を目指す人々に対して、"愛他的な奉仕"の精神をいかに体得させるかが重要な課題と言えよう。

## 9. 医療・福祉専門職の課題

第16期日本学術会議の社会福祉・社会保障研究連絡委員会は、後揚の**表2**の通り、医療（診療）・看護・保健・福祉・総合相談・住宅・生活環境・消費生活及び保健福祉行政の各分野について、専門職の現状と課題、学問的基盤及びサービスの総合化の課題を整理している。この整理にあたって3つの前

## 表2 医療・保健・福祉サービスシステムの再編成に対応する専門職に関する検討枠組み

| | 専門職 | | 学問的基盤 | | サービスの総合化・ネットワーク化（各職種間のチームワーク） |
|---|---|---|---|---|---|
| | 基礎資格 | 専門分化の課題 | 中核 | 関連 | |
| 診療（メディカルケア）機能回復訓練 | 医師・歯科医師<br>理学療法士(PT)<br>作業療法士(OT)<br>言語聴覚士<br>視能訓練士<br>薬剤師 | ケア・マネジャー（ケース・マネジャー）<br>専門医・家庭医<br>（4年制大学卒リハビリテーション専門職）<br><br>かかりつけ薬剤師 | 医学<br><br><br>リハビリテーション医学<br><br>薬学 | 医療社会学<br>医療心理学<br>医療社会福祉学<br>医療倫理学<br><br>社会薬学 | 医療ネットワーク（病院・診療所の連携、専門医・家庭医のネットワーク）<br><br><br>医薬分業 |
| 看護 | 看護師<br>（準看護師） | ケア・マネジャー（ケース・マネジャー）<br>認定看護師<br>専門看護師<br>（4年制大学レベル・修士レベル） | 看護学 | 看護社会学<br>看護心理学<br>医学<br>保健学 | 継続看護ネットワーク<br>地域看護ネットワーク（病院・施設・訪問看護ステーション等の看護職連携・ネットワーク） |
| 保健 | 保健師<br>助産師<br>栄養士 | ケア・マネジャー（ケース・マネジャー）<br><br>管理栄養士 | 保健学<br><br><br>栄養学 | 保健社会学<br>保健教育学<br>保健福祉学<br>医学・保健学 | 地域保健ネットワーク（病院・保健所・保健センター等の保健婦の連携・ネットワーク） |
| 福祉 | 社会福祉士<br><br>介護福祉士<br><br>保育士<br>認定心理士 | 医療ソーシャルワーカー（修士レベル社会福祉士）<br>ケア・マネジャー（ケース・マネジャー）<br>4年制大卒介護福祉士<br>家庭保育・児童相談員<br>（4年制大卒保育士）<br>臨床心理士 | 社会福祉学<br><br><br><br>介護福祉学<br><br>保育学<br>臨床心理学 | 医学・保健学<br>社会学、心理学<br>法学、生活学<br>看護学、家政学<br>保健体育学<br>レクリエーション学<br>教育学 | 地域福祉ネットワーク（病院・保健施設・福祉施設と地域社会のソーシャル・ワーカーの連携・ネットワーク） |
| 総合相談 | 保健師<br>看護師<br>社会福祉士<br>介護福祉士 | ケア・マネジャー（ケース・マネジャー）<br>ケア・プランナー<br>（市町村専門職員） | （総合ケア科学） | 医学、保健学<br>看護学<br>社会福祉学<br>臨床心理学 | 相談員の総合的知識・技術<br>相談員チームワーク<br>相談ネットワーク |
| 福祉機器住宅生活環境 | PT.OT<br>建築士 | 福祉機器技術者<br>リフォーム・ヘルパー | リハビリテーション工学<br>医療福祉工学<br>建築学<br>都市計画学<br>土木工学<br>交通工学 | リハビリテーション医学<br>住居学<br>地域社会学 | ハード面の開発<br>ソフト面のサービス拡充 |
| 消費生活（生活者保護） | 消費生活相談員<br>消費生活アドバイザー<br>消費者生活コンサルタント | 高齢消費者専門相談員<br>シルバー・ビジネス専門相談員 | 消費経済学<br>生活学 | 家政学<br>消費者保護法 | 消費者被害対策ネットワーク |
| 保健福祉行政分権化専門化 | 医師<br>保健師<br>社会福祉主事（自治体福祉職） | 社会福祉士<br>自治体福祉職 | 医学<br>保健学<br>社会福祉学<br>行政学 | 法学<br>経済学<br>社会学 | 行政の科学化<br>専門職の配置<br>保健・福祉の総合組織 |

前提：① 「生活の質」の向上と「生きがい」の実現のための経済的・物的条件の整備と質の高い専門的対人社会サービスの拡充
② 専門的対人サービスにおける、保健・医療・福祉専門職間の連携とチームワークによる社会サービスの総合化
③ 各専門職内部の連携・ネットワークの推進による関係施設間及び施設・地域社会間の連携の強化

提を挙げているが、そのひとつである"専門的対人サービスにおける、保健・医療・福祉専門職間の連携とチームワークによる社会サービスの総合化"という課題について言及してみたい。

まず、連携をすすめるにあたって、医療・福祉の違いについて予め認識しておく必要がある。

福祉の主な事業は行政によって実施される場合が多いが、医療の多くは私的な行為として医師と患者の契約によっている。

福祉行政によって実施される社会福祉活動は、それらがいかに専門的な活動であっても、他の行政と同じ様に多くの制約を受けることになる。具体的には、法令に基づいて、予算の範囲内で、業務命令のもとで事業を実施しなければならないことになる。したがって、相手が望み、ニーズがあると判断されるサービス事業であっても、行政上の制約により提供できないことが少なくない。また、今までの福祉行政の多くは申請者に対し、一定の基準に照らして措置するか否かの判断をしてきた。医療においては一般的な診療行為の内容を、行政として制約することはない。

今ひとつの課題は、介護をめぐる医療と福祉の連携が難しいということである。介護には医療と福祉の両方の要素が必要であることはいうまでもないが、一般に医療職にある者は、障害の原因を客観的に分析し、改善ないし悪化の防止を目指すが、医療的介入により改善の見込みがないと判断すると、興味を失いがちである。一方福祉職にある者は、障害を持った人をいたわり、生活全体を世話することを得意とするが、医学的原因の追究はできない。こうしたことから、医療職と福祉職とがチームを組むことが困難となり、その結果、医療職か福祉職のいずれかの主導のもとで介護が提供されることが多くなっており、その弊害もまた現れている。

さらなる課題のひとつに、介護と看護をめぐる業務内容の異同の問題があげられる。フローレンス・ナイチンゲールやバージニア・ヘンダーソンの看護の考え方の中には介護の思想や理念がすでに含まれており、看護と介護はその源は同じであると言えよう。

一般的には、高齢者や障害者に対して行ういわゆる「身の回りの世話」が

介護という概念で呼ばれるようになったのである。

　源を同じにしていた看護と介護が分離していった背景には、医学・医療の目覚ましい発達と高齢化社会の進展に伴う病弱・障害高齢者の増加がある。

　保健婦助産婦看護婦法（略称、保助看法）に、看護業務は独占業務として、診療の補助と療養上の世話という2つの働きが規定されている。後者の療養上の世話が、身の回りの世話であり、介護ということになる。しかし、医療とともに発展してきた看護は、診療の補助という医療措置が優先され、療養上の世話の大部分は、看護師不足という状況下で家族や付き添いに委ねられてきた。その結果、医療を受ける患者や福祉関係者に看護師は医療専門職であるというイメージが定着するとともに、医学の進歩発展につれて、医療措置に比重を置かざるを得なくなり、看護師に生活援助を担う実践者としての役割を期待することは次第に不可能な状態となってしまったのである。一方、疾病や障害のある高齢者は医療を受けるだけでは健康問題が解決せず、日常生活上で何らかの介助、すなわちケアを必要とする事例が増加したにもかかわらず、看護師が生活の援助にまで手をさしのべることができなかったために、介護を専門的に担う専門職すなわち介護福祉士をつくらざるを得なかったのである。したがって介護と看護とは多くの部分で業務が重なりあっているのが実情である。高齢者の日常生活が、健康状態や障害の状況と密接にかかわっている以上、看護師と介護福祉士の連携なくしては高齢者がいきいきとした生活を送ることは不可能である。したがって、両者は互いの専門性を尊重しあいながら、密接に協調し合っていくことが望まれる。

## 10. まとめ

　医師をはじめとする医療・福祉専門職の意識と行動を、各専門職間の連携にふさわしい形に変えていく方法は、遠回りのようであってもやはり教育しかないと思う。

　そこで、WHOのワーキンググループが提示した"医師の資質判定基準要綱"の職業的態度・習慣・使命感といった情意領域（Affective Domain）を、医

師のみならず他の医療・福祉職の、共通の教育目標としてはどうであろうか。もちろん、患者をクライアント（依頼者）ということばに置き換えたりすることは必要となるかもしれない。しかし、この情意領域には、専門職の定義に関わるものを始めとして、インフォームドコンセントやチームワークの必要性、そして自ら学ぶ姿勢の大切な前提条件として探究心や疑う心を持つことがうたわれている。

　なお、連携には、同じ敷地内・施設内での異なる専門職間の連携と、異なる施設・機関の間での各専門職同士の連携、そして、後者の場合は、病院・診療所間や専門病院・地域病院間の連携のような異なる施設間の医師同士の連携といった同じ専門職同士の連携など、様々な形の連携が考えられる。それぞれの連携には基本的な違いがあり、保健医療の全域に及ぶ業務ならびに名称を独占している医師は、他の専門職の人以上に、これらの違いを理解しないと連携が難しくなる。たとえば地域で医療と福祉の連携があまりうまくいかない原因のひとつに、自己中心的な医師の意識と行動がしばしば指摘され、逆に連携がうまくいっている事例の多くは医師の民主的なリーダーシップが発揮されている。

　なお、専門職間での連携の前提には、自分だけで活動していたのでは目的を達成する事ができないことから、他の専門職に協力を依頼し、協同して活動しようとする事があげられる。したがって、いずれの専門職にしても、連携にあたってまず求められるものは、自らの専門職の独自の役割と限界を客観的に認識し、保健・医療・福祉チームの他のメンバーと有効な協力関係を確立する能力ではないだろうか。

## 注

1) 専門職の国家資格制度において、有資格者のみがその業務を独占して行うことを業務独占という。例えば、医師、弁護士、税理士などの業務独占の国家資格では、無資格者はその業務を行えない。資格をもたずに医師等の名称を用いたり、医療の類似行為を行えば違法となる。介護福祉士、社会福祉士は、その業務が日常一般的に行われるべき行為であることから、業務独占とするにはなじまず、名称独占（資格を取得した者以外は、法律に定められた名称を使用することは許されない）の国家資格とされている（秋元美世他編「現代社会福祉辞典」有斐閣 P84.

P446）。
2) 座談会「社会福祉士及び介護福祉士法の成立と今後の展望」『月刊福祉』第70巻9号 1987年 .P18. 当時の厚生省社会局庶務課長瀬田公和氏の発言

**引用文献**

1) 天野正子、1971年「看護婦の労働と意識」『社会学評論』22（3）：30-49。
2) 進藤雄三、1990年『医療の社会学』世界思想社：135。
3) 米林喜男、1977年「医学教育と社会学」『保健医療社会学の成果と課題』垣内出版：199-200。

**参考文献**

三島亜紀子、2001年「医師とソーシャルワーカーの専門職化」－A.フレクスナーの及ぼした影響を中心に－、黒田浩一郎編『医療社会学のフロンティア』世界思想社：111-132。
進藤雄三、1999年「医師」、進藤雄三・黒田浩一郎編『医療社会学を学ぶ人のために』世界思想社：42-59。
山手茂、2003年『社会福祉専門職と社会サービス』相川書房。
米林喜男、1996年「保健・医療・福祉の改革と医師」『保健医療社会学論集』7：24-25。
米林喜男、2004年「保健・医療・福祉専門職の現状と課題」『新潟医療福祉学会誌』第4巻・第2号：3-9。

## あとがき

　本書の出版企画は、新潟医療福祉大学社会福祉学部の完成記念出版計画として3年前に提案された。当時、社会福祉学部の教員は、第1期生が社会福祉士国家試験に合格し社会福祉関係の職業に就いて活動するよう支援することを中心とした教育活動に多忙を極めており、それぞれの研究成果を論文にまとめる時間を確保することが難しかった。しかし、学部の自己点検を行うと、社会福祉士国家試験合格率や就職率は高く評価しうるが、教員の研究成果については学部としてまとまった評価データがないため、この論文集を是非とも出版したいという気運が高まり、その後共同研究を重ね、本学大学院医療福祉学研究科社会福祉学専攻完成記念の意味をこめて、この論文集をとりまとめることができた。

　編集は、山手、園田、米林の3名で行ったが、米林が「まえがき」を、山手は「あとがき」を、そして園田が「解題」を分担した。この「あとがき」を書くために、全体の初校を読み、この論文集には下記の特徴があると考えている。

　第1に、「地球規模で考え、地域で行動する」という言葉が、収められた論文全体を総合すると、われわれの研究活動にもあてはまる、といえる。世界の福祉政策・ソーシャルワーク・福祉教育の動向と日本・新潟の福祉政策・実践活動・教育活動の動向や課題が、相互に関連しあっていることがわかる。

　第2に、社会福祉を、保健・医療と密接に関連しあう専門的社会サービスとして、広い観点からとらえ、患者・障害者を中心としながら広く人間・市民の多様な生活問題・ニーズに対応する保健・医療・福祉サービスやその中核的担い手である保健・医療専門職について研究している。

　上述したような特徴があるこの論文集の基礎には、保健医療福祉社会学がある。編者3名とも、日本保健医療社会学会の結成に参画し理事・会長を歴任している。本書出版の直後、日本保健医療社会学会大会が新潟医療福祉大

学を会場にして開催される。編者3名にとって感慨深い。

　なお、本書は新潟医療福祉大学刊行助成金を受けた。東信堂の下田勝司社長、そして担当された向井智央氏には御尽力頂いた。執筆者とともに、心からの謝意を表したい。

2007年3月

山手　茂

# 索　引

## ア行

アジアの思想　31
医師の資格判定基準要綱　306-309,311
意欲　62,64,123,127,207,208
医療ソーシャルワーカー業務指針　49
医療福祉論　49,50
医療保険　251,263,269,272-275
影響要因　233-235,237-239,242,244
エラスムス計画　8
欧州高等教育圏　5,6
欧州大学間単位互換制度　6

## カ行

介護施設規模の変遷　168
介護職員　93,94,96,99,104,144-146,172
介護の専門性　97
介護保険　100,101,127,136,149,172,219,224,273
回復力　26,27
学童保育所　179-191,193-199
家族と家庭　173
緩和ケア　18-20,24
規範　136,138,141-145
業務独占　303,313
グローバリゼーション　5,9,14
ケアマネジメント　81,120,121,123-126,129-137
現金給付　263,264,266-268,270
健康管理スタッフ　205,208-211
健康権　249,250,252
現物給付　263-267,269-271
広域地方自治体　232,233
公共政策　296
公共の福祉　248
公衆衛生　247,249-252,301
構成効果　276

高等教育　5-9,13
高齢者の尊厳　165,170
国際競争力　6,8
コミュニケーション能力　64,306
ゴールドプラン21　151,154

## サ行

財政状況　235,237,239
サービスの質　10,45,52,130
サテライトケア　170-172,174,176
三角錐モデル　269,271,273,275
事業場内産業保健スタッフによるケア　206,208,209,211
事業場における心の健康づくりのための指針　201
自己評価　58-60,65,153
市町村合併　201,206,211
実践的な知識　55,64
指定基準　151,152,155
社会的環境要因　296
社会福祉士　34,35,37,38,41-51,55,66,67,70,71,74,76,302,303,305,308
社会福祉士一般養成施設　37,38,43
社会福祉士国家試験　35,38,42,43,66,70,71,76,272
社会福祉士および看護福祉士法　34,49,51,53,70,97,139,301-303,305
社会福祉基礎構造改革　45,79,80,86,243
社会福祉主事　41,45,47,48,53
社会福祉協議会　213,214
社会福祉審議会　238
社会保険　251,266,275
社会保障　250-252,266-269
社会保障給付費　252,253,255,256
住民参加型在宅福祉サービス　213-215,217,229,230
情意領域　306,307,311,313
障害者自立支援法　106,117,120,121,127,137,

214
職能団体　140,141,309
職場環境の変化　207
自立支援　58,59,61,62,80,86-88,90,91,93,104
自立生活支援　56,80,86-88,91
人件費比率　162
人的資本　290,291
ストレングス　26,27,131
スピリチュアリティ　18-25,27-29
スピリチュアル　18-20,22,24,27-29
スペシフィック・ソーシャルワーカー　303
生活機能　81-83,139
生活支援　79-82,85,87-92,100,106,116,117,174,175
政策概念　85,87,93
精神障害　123,125,127,133,135,257
精神障害者地域生活支援センター　106-109,112,114,117,118
精神障害者の生活支援　106,117
精神保健法　259,260
生態学的錯誤　276,278,279
設置主体　40,156,162
ゼネリック・ソーシャルワーカー　303
1997年の児童福祉法改正　86
全国学童保育連絡協議会　178-184,186,197
相談援助職　54,59,61-64
相談スキル　55
ソクラテス計画　8
ソーシャル・キャピタル　282,284,285,287-298
ソーシャルケア　10,11
ソーシャル・プロフェッション　13
ソーシャル・ペダゴーグ　13
ソーシャルワーク教育　5,9,11-15

タ行

大学間格差　66,69,75
第三者評価　129,163
宅老所　149,150,152,170,176
知識基盤社会　5
地方公務員　200,201,206,210,212
施設生活　165
地理的空間性　281,284,285
陳情活動　238,242

デイホーム　149,150,152
動機付け　62-64

ナ行

日本国憲法　139,145,247,250
日本社会福祉士養成校協会　38,46,50-52,66
日本社会福祉教育学校連盟　46,50,52,66
日本標準職業分類　302

ハ行

福祉事務所現況調査　44,52
福祉政策　175,232-234,236,237,239,243
福祉政策形成過程　232-234,239,242
プロフェッション　71,75,309
プロフェッション教育　71,75
文化資本　291,297
文脈効果　276
ヘルプ活動　216-220,224-226
放課後児童健全育成事業　177-180,182,183,185,195,196
放課後児童健全育成事業の課題　195
放課後児童健全育成事業の動向　178
ボローニャ・プロセス　5,6,9,12-15

マ行

マスコミ報道　237,242
マルチレベル分析　276,278,280,282-285
名称独占　303,313
メンタルヘルス・カウンセラー　203-205
メンタルヘルスケア　203,206,209-211
メンタルヘルス相談　201-204,208,210
模擬相談者　54,65
問題解決型アプローチ　54,55

ヤ行

有償　215,217,219,220,227,230
ユニット数　153,159

## ラ行

ラインによるケア　202,206,208,210

倫理綱領　13,138-142,144
老人保健法　171,258,260

## ◆執筆者紹介

※執筆順。現職は全て新潟医療福祉大学。○印は編者。

**岩﨑　浩三**　いわさき　こうぞう
現職：医療福祉学研究科　社会福祉学専攻　保健医療福祉マネジメント学分野長／教授（2007年3月末退職予定）
専門、研究領域：児童福祉論
学位・資格等：MSW. Ph.D.
経歴、所属している団体等：東京都児童相談センター児童福祉司、岩手県立大学教授、弘前学院大学大学院教授、日本社会福祉学会、日本子ども家庭福祉学会、日本ソーシャルワーカー協会副会長
研究論文、研究業績、著書等：「Child Welfare in Context」相川書房，「Caring for deprived children in Japan」Asia Pacific Journal of Social Work and Development,「Global perspectives on foster family care」Russell House Publishing，「ソーシャルワーク実務基準及び業務指針」相川書房

**村上　信**　むらかみ　まこと
現職：教授
専門、研究領域：社会福祉援助技術
学位・資格等：社会福祉士、社会学修士
経歴、所属している団体等：慶應義塾大学月が瀬リハビリテーションセンターソーシャルワーカー、静岡県立大学短期大学部助教授等を経て現職。静岡県ケアマネジメントリーダー養成研修講師、日本医療社会事業協会理事等を歴任。日本社会福祉学会、日本社会福祉実践理論学会。
研究論文、研究業績、著書等：『福祉社会の最前線－その現状と課題』『リエゾン・カンファレンス』『臨床ソーシャルワーク論』『ソーシャルワーク実践への道』他。
研究紹介等：研究テーマは保健・医療領域におけるソーシャルワーク。

**横山　豊治**　よこやま　とよはる
現職：助教授
専門、研究領域：ソーシャルワーク
学位・資格等：社会福祉士、社会福祉学修士
経歴、所属している団体等：加賀八幡温泉病院・静岡済生会総合病院のソーシャルワーカー、上智社会福祉専門学校教員、日本社会福祉士会理事を歴任。日本社会福祉学会、日本社会福祉実践理論学会、日本社会福祉教育学会。
研究論文、研究業績、著書等：『戦後社会福祉教育の五十年』『新・社会福祉援助の共通基盤（上）』『成長するソーシャルワーカー～11人のキャリアと人生～』他。
研究紹介等：研究テーマ「ソーシャルワーカーの力量形成支援・生涯研修」

**星野　恵美子**　ほしの　えみこ
現職：助教授
専門、研究領域：社会福祉援助技術、障害者福祉論・福祉臨床心理学
経歴、所属している団体等：新潟県身体障害者更生相談所身体障害者福祉司、県中央児童相談所

相談判定課長、新潟県身体障害者更生指導所指導課長等を歴任。日本心理臨床学会、日本臨床心理士会会員、新潟市保健医療推進会議委員、新潟県精神医療審査会委員、新潟県障害者アビリンピック実行委員
研究論文、研究業績、著書等：「身体障害者の地域生活移行」「障害の受容について」

○山手　茂　やまて　しげる
現職：医療福祉学研究科　社会福祉学専攻長／教授
専門、研究領域：社会福祉総論
学位・資格等：社会福祉学博士
経歴、所属している団体等：東京女子大学・茨城大学・東洋大学各教授を経て現職。日本保健医療社会学会会長、日本医療社会福祉学会会長、日本学術会議社会福祉研連第16・17期委員、日本社会事業学校連盟社会福祉専門職検討委員会委員長等を歴任。
研究論文、研究業績、著書等：『社会問題と社会福祉』『福祉社会形成とネットワーキング』『社会学・社会福祉学50年』『社会福祉専門職と社会サービス』他。

内保　美穂　うちほ　みほ
現職：助手
専門、研究領域：社会福祉援助技術現場実習における実習指導
学位・資格等：社会福祉学修士、社会福祉士
経歴、所属している団体等：日本社会福祉学会、日本社会福祉士会、新潟医療福祉学会会員。

丸田　秋男　まるた　あきお
現職：教授
専門、研究領域：地域福祉政策、生活支援論、学校ソーシャルワーク
学位・資格等：社会福祉士、地域政策学修士
経歴、所属している団体等：新潟県長岡地域福祉センター次長、福祉保健部障害福祉課参事を歴任。日本地域政策学会理事、日本ケアマネジメント学会、日本社会福祉学会。厚生労働省障害者ケアマネジメント体制整備検討委員会委員、同省身体障害者更生相談所のあり方委員会委員、新潟県青少年問題協議会委員等。
研究論文、研究業績、著書等：『保健社会学～理論と現実～』『児童相談事例集』他。
研究紹介等：地域福祉政策における総合的な生活支援のあり方を研究。

岡田　史　おかだ　ふみ
現職：助教授
専門、研究領域：介護福祉、地域介護、施設及び在宅介護サービス
学位・資格等：介護福祉士、介護支援専門員、介護技術講習会主任指導者
経歴、所属している団体等：社団法人新潟県介護福祉士会会長、社団法人日本介護福祉士会理事、日本介護福祉士会前副会長、新潟市特別養護老人ホーム等介護職２６年、日本介護福祉学会、日本介護学会
研究論文、研究業績、著書等：「災害時における高齢者介護」「介護における口腔ケア」「地域連携意識はどのように形成されるか」
研究紹介等：認知症専門介護福祉士教育研究、認知症介護研究、介護負担のない介護を目指してキネステティク研究、バリデーション研究

## 佐藤　真由美　さとう　まゆみ
現職：助手
専門、研究領域：精神保健福祉援助技術、精神保健福祉士養成教育
学位・資格等：精神保健福祉士、社会福祉士、介護支援専門員、障害者ケアマネジメント従事者
経歴、所属している団体等：精神病院、精神科デイケアセンター、精神障害者生活訓練施設の精神科ソーシャルワーカー、介護老人保健施設の支援相談員を歴任。日本社会福祉士会、日本精神保健福祉士協会、日本保健医療社会学会。

## 吉田　光爾　よしだ　こうじ
現職：講師
専門、研究領域：精神保健学、精神保健福祉論
学位・資格等：保健学博士
経歴、所属している団体等
前職：国立精神・神経センター　精神保健研究所
研究論文、研究業績、著書等：『地域保健におけるひきこもりへの対応ガイドライン』他
研究紹介等：精神障害者・精神科医療に関する偏見、精神保健領域における援助希求行動の増進について

## 大槻　美智子　おおつき　みちこ
現職：助教授
専門、研究領域：介護福祉学、看護学、老年学
学位・資格等：老年学修士
経歴、所属している団体等：東京都立北多摩看護専門学校、東京YMCA医療福祉専門学校他を経て現職、日本社会福祉学会、日本老年社会科学会
研究論文、研究業績、著書等：訪問介護員養成研修テキスト2級課程（共著）、事例で学ぶケアプラン作成演習（共著）、高齢者看護学（共著）

## 松山　茂樹　まつやま　しげき
現職：助教授
専門、研究領域：社会福祉施設運営管理論、ケアマネジメント論
学位・資格等：社会福祉士
経歴、所属している団体等：身体障害者療護施設生活指導員、社会福祉士養成施設専任教員、特別養護老人ホーム施設長等を歴任。社会福祉法人理事・評議員。新潟県社会福祉士会会長。日本ソーシャルワーカー協会、日本社会福祉学会。『基礎から学ぶ社会福祉講義』他。

## 宮下　榮子　みやした　えいこ
現職：講師
専門、研究領域：介護哲学・死生観
学位・資格等：看護師・養護教諭
経歴、所属している団体等：養護教諭、富山医療福祉専門学校、鶴見大学短期大学部福祉専攻、介護福祉教育学会、生命哲学・倫理学会、認知症ケア学会
研究論文、研究業績、著書等：死生観教育の教材研究

豊田　保　とよだ　たもつ
現職：教授
専門、研究領域：地域福祉論・市民福祉活動論
学位・資格等：教育学・社会学修士
経歴、所属している団体等：東京都庁福祉職・都立高等保育学院専任講師を経て現職。日本社会福祉学会、日本地域福祉学会などに所属。
研究論文、研究業績、著書等：『子どもの感性と発達』東研出版（1984、単著）『福祉社会の最前線』相川書房（2001、共編著）『社会福祉とコミュニティ』東信堂（2003、共著）『地域福祉論』ミネルヴァ書房（2005、共著）、『福祉コミュニティ形成と市民福祉活動』萌文社（2005、単著）。
研究紹介等：市民・住民の自発的福祉活動・事業について実証的に研究している。

伊東　正裕　いとう　まさひろ
現職：教授
専門、研究領域：臨床心理学
学位・資格等：臨床心理士
経歴、所属している団体等：東京都神経科学総合研究所・豊島病院精神科・梅ヶ丘病院精神科・児童相談センター治療指導課等の心理技術職、都立高等保育学院専任講師を経て現職。日本精神分析学会、日本心理臨床学会、日本内観学会などに所属。日本心理劇学会常任理事。
研究論文、研究業績、著書等：『"甘え"理論の研究』『受験生、こころの参考書』『こころとからだの健康百科』他。
研究紹介等：心理療法、保健・医療・福祉における心理援助、職場のメンタルヘルスなどを研究。

渡邉　敏文　わたなべ　としふみ
現職：助手
専門、研究領域：社会福祉学
学位・資格等：学位＝社会学士　資格＝社会福祉士、介護福祉士、精神保健福祉士、介護支援専門員
経歴、所属している団体等：日本社会福祉学会、日本介護福祉士会、日本精神保健福祉士協会（日本精神保健福祉学会）、日本社会福祉学会、日本介護福祉学会、日本在宅ケア学会、日本介護福祉教育学会

塩見　義彦　しおみ　よしひこ
現職：社会福祉学科長／教授
専門、研究領域：児童福祉、障害福祉政策
経歴、所属している団体等：コロニーにいがた白岩里所長、新潟県中央身体障害者更生相談所長、新潟県中央福祉相談センター所長等歴任。新潟県社会福祉審議会児童措置部会長、新潟市男女共同参画審議会委員、新潟家庭裁判所家事調停委員。
研究紹介等：研究テーマ「地方自治体における福祉政策の形成過程に及ぼす各種要因」

○園田　恭一　そのだ　きょういち
現職：医療福祉学研究科　社会福祉学専攻　保健医療福祉政策・計画・運営分野長／教授
専門、研究領域：社会調査論・保健福祉計画論・地域福祉論
学位・資格等：保健学博士
経歴、所属している団体等：東京大学・東洋大学各教授を歴任。東京大学名誉教授。日本社会学会理事、日本保健医療社会学会会長、日本保健福祉学会理事、日本地域福祉学会理事等を歴任。
研究論文、研究業績、著書等：『保健・医療・福祉と地域社会』『健康の理論と保健社会学』『地域福祉とコミュニティ』『健康観の転換』他。

執筆者紹介

**横山　和彦**　よこやま　かずひこ
現職：教授（2007年3月末退職予定）
専門、研究領域：社会保障
学位・資格等：経済学修士
経歴、所属している団体等：前新潟大学経済学部教授、社会政策学会、日本年金学会（代表幹事）
研究論文、研究業績、著書等：『社会保障論』有斐閣、『社会保障制度の仕組みと問題点』教育社、『国民年金』教育社
研究紹介等：日本社会保障の展開過程

**濱野　強**　はまの　つよし
現職：助手
専門、研究領域：保健医療福祉サービスの評価とモニタリング
学位・資格等：修士（体育学）
前職：国立保健医療科学院経営科学部リサーチレジデント
所属学会：日本公衆衛生学会、日本病院管理学会、日本健康教育学会、日本健康福祉政策学会、他
研究論文：「診療報酬上の精神科包括病棟の取得動向に関する全国調査」、「厚生労働科学研究費補助金による研究成果についての新聞報道調査」、「住民主体の健康づくり活動の展開－新住民を活用した某山村の事例－」他

**藤澤　由和**　ふじさわ　よしかず
現職：助教授
専門、研究領域：保健医療社会学、医療福祉政策論
学位・資格等：修士（文学）、Graduate Diploma of Public Health
経歴、所属している団体等：国立医療・病院管理研究所協力研究員、NSW大学クリニカルガバナンス研究センター客員研究員、Sydney大学オーストラリアヘルスプロモーション研究所客員研究員、国立保健医療科学院政策科学部リサーチ・レジデントを歴任。日本保健医療社会学会、日本健康福祉政策学会、社会政策学会（保健医療福祉部会運営委員）、日本公衆衛生学会

○**米林　喜男**　よねばやし　よしお
現職：社会福祉学部長／教授
専門、研究領域：医療社会学・家族社会学
学位・資格等：社会学修士
経歴、所属している団体等：順天堂大学医学部助教授、日本保健医療社会学会会長、日本学術会議社会学研究連絡委員会委員（第14期・第18期）、WHO主催国際歯科保健比較調査企画委員会副委員長、新潟県青少年健全育成審議会会長等歴任。
研究論文、研究業績、著書等：『保健医療の社会学』（共編著）有斐閣、『医の統合Ⅲ・医の教育①』（共著）日本医事新報社、『Ecology Society and the Quality of Social Life』（共編著）Transaction Publishers New Brunswick (U.S.A.) and London (U.K.) 等。
研究紹介等：医療・福祉・保健の連携のあり方

*Research and Practice on Health and Welfare*

保健・医療・福祉の研究・教育・実践

2007年3月31日　初版　第1刷発行　　　　　　　　〔検印省略〕

＊定価はカバーに表示してあります

編者ⓒ山手茂・園田恭一・米林喜男　発行者　下田勝司　　印刷・製本　中央精版印刷

東京都文京区向丘1-20-6　郵便振替 00110-6-37828
〒113-0023　TEL 03-3818-5521(代)　FAX 03-3818-5514　　発行所　株式会社 東信堂
E-Mail tk203444@fsinet.or.jp

Published by TOSHINDO PUBLISHING CO.,LTD.
1-20-6,Mukougaoka, Bunkyo-ku, Tokyo, 113-0023, Japan

ISBN978-4-88713-751-6　C3036　Copyright©2007 by S.YAMATE, K.SONODA, Y.YONEBAYASHI

【現代社会学叢書】

|  |  |  |
|---|---|---|
| 開発と地域変動――開発と内発的発展の相克 | 北島滋 | 三二〇〇円 |
| 在日華僑のアイデンティティの変容――華僑の多元的共生 | 過放 | 四四〇〇円 |
| 健康保険と医師会――社会保険創始期における医師と医療 | 北原龍二 | 三八〇〇円 |
| 事例分析への挑戦――個人現象への事例媒介アプローチの試み | 南保輔 | 三八〇〇円 |
| 海外帰国子女のアイデンティティ――生活経験と通文化的人間形成 | 水野節夫 | 四六〇〇円 |
| 有賀喜左衞門研究――社会学の思想・理論・方法 | 北川隆吉編 | 三六〇〇円 |
| 現代大都市社会論――分極化する都市？ | 園部雅久 | 三六〇〇円 |
| インナーシティのコミュニティ形成――神戸市真野住民のまちづくり | 今野裕昭 | 五四〇〇円 |
| ブラジル日系新宗教の展開――異文化布教の課題と実践 | 渡辺雅子 | 七八〇〇円 |
| イスラエルの政治文化とシチズンシップ | 奥山眞知 | 三八〇〇円 |
| 正統性の喪失――アメリカの街頭犯罪と社会制度の衰退 | G・ラフリー 室月誠監訳 | 三六〇〇円 |

【シリーズ社会政策研究】

|  |  |  |
|---|---|---|
| 東アジアの家族・地域・エスニシティー――基層と動態 | 北原淳編 | 四八〇〇円 |
| 福祉国家の社会学――21世紀における可能性を探る | 三重野卓編 | 二〇〇〇円 |
| 福祉国家の変貌――グローバル化と分権化のなかで | 武川正吾編 | 二〇〇〇円 |
| 福祉国家の医療改革――政策評価にもとづく選択 | 小笠原浩一編 | 二〇〇〇円 |
| 保健・医療・福祉の研究・教育・実践 | 三重克則編 | 三四〇〇円 |
| 福祉政策の理論と実際（改訂版）福祉社会学研究入門 | 武川正吾編 | 二五〇〇円 |
| 韓国の福祉国家・日本の福祉国家 | 平岡公野一卓編 | 三二〇〇円 |
| 福祉国家とジェンダー・ポリティックス | 深澤和子編 キム・ヨンジョン | 二八〇〇円 |
| 新版 新潟水俣病問題――加害と被害の社会学 | 飯橋晴俊男編 | 三八〇〇円 |
| 新潟水俣病をめぐる制度・表象・地域 | 関礼子 | 五六〇〇円 |
| 新潟水俣病問題の受容と克服 | 堀田恭子 | 四八〇〇円 |

〒113-0023 東京都文京区向丘1-20-6
TEL 03-3818-5521　FAX 03-3818-5514　振替 00110-6-37828
Email tk203444@fsinet.or.jp　URL:http://www.toshindo-pub.com/

※定価：表示価格（本体）＋税

東信堂

|  |  |  |
|---|---|---|
| グローバル化と知的様式——社会科学方法論についての七つのエッセー | J・ガルトゥング 大矢・澤光・重修太次郎 訳 | 二八〇〇円 |
| 社会階層と集団形成の変容——集合行為と「物象化」のメカニズム | 丹辺宣彦 | 六五〇〇円 |
| 世界システムの新世紀——グローバルシアとマレーシア化 | 山田信行 | 三六〇〇円 |
| 階級・ジェンダー・再生産——現代資本主義社会の存続メカニズム | 橋本健二 | 三二〇〇円 |
| 現代日本の階級構造——理論・方法・計量分析 | 橋本健二 | 四五〇〇円 |
| 人間諸科学の形成と制度化——社会諸科学との比較研究 | 長谷川幸一 | 三八〇〇円 |
| 現代社会と権威主義——フランクフルト学派権威論の再構成 | 保坂 稔 | 三六〇〇円 |
| 共生社会とマイノリティへの支援——日本人ムスリマの社会的対応から | 寺田貴美代 | 三六〇〇円 |
| 現代社会学における歴史と批判（上巻）——グローバル化の社会学 | 山田信行 武川正吾 編 | 二八〇〇円 |
| 現代社会学における歴史と批判（下巻）——近代資本制と主体性 | 丹辺宣彦 片桐新自 編 | 二八〇〇円 |
| ボランティア活動の論理——阪神・淡路大震災からサブシステンス社会へ | 西山志保 | 三六〇〇円 |
| 捕鯨問題の歴史社会学——近代日本におけるクジラと人間 | 渡邊洋之 | 二八〇〇円 |
| 覚醒剤の社会史——ドラッグ・ディスコース・統治技術 | 佐藤哲彦 | 五六〇〇円 |
| 現代環境問題論——理論と方法の再定置のために | 井上孝夫 | 二三〇〇円 |
| 情報・メディア・教育の社会学 | 井口博充 | 二三〇〇円 |
| BBCイギリス放送協会（第二版）——カルチュラル・スタディーズしてみませんか？ | 簑葉信弘 | 二五〇〇円 |
| 記憶の不確定性——社会学的探求 | 松浦雄介 | 二五〇〇円 |
| 日常という審級——アルフレッド・シュッツにおける他者・リアリティ・超越 | 李 晟台 | 三六〇〇円 |
| 日本の社会参加仏教——法音寺と立正佼成会の社会活動と社会倫理 | ランジャナ・ムコパディヤーヤ | 四七六二円 |
| 現代タイにおける仏教運動——タンマガーイ式瞑想とタイ社会の変容 | 矢野秀武 | 五六〇〇円 |

〒113-0023 東京都文京区向丘1-20-6　TEL 03-3818-5521　FAX 03-3818-5514　振替 00110-6-37828
Email tk203444@fsinet.or.jp　URL:http://www.toshindo-pub.com/

※定価：表示価格（本体）＋税

東信堂

**〈シリーズ 社会学のアクチュアリティ:批判と創造 全12巻+2〉**

| | | | |
|---|---|---|---|
| クリティークとしての社会学——現代を批判的に見る眼 | 宇都宮京子編 | | 一八〇〇円 |
| 都市社会とリスク——豊かな生活をもとめて | 野田正夫編 | | 一八〇〇円 |
| 言説分析の可能性——社会学的方法の迷宮からポスト・コロニアルの地平 | 佐藤俊樹編 | | 二〇〇〇円 |
| グローバル化とアジア社会——ポスト・コロニアルの地平 | 友枝敏雄編 | | |
| | 新原道信編 | | 二三〇〇円 |
| | 吉原直樹編 | | |

**〈地域社会学講座 全3巻〉**

| | | | |
|---|---|---|---|
| 地域社会学の視座と方法 | 似田貝香門監修 | | 二五〇〇円 |
| グローバリゼーション/ポスト・モダンと地域社会 | 古城利明監修 | | 二五〇〇円 |
| 地域社会の政策とガバナンス | 矢澤澄子監修 | | 二七〇〇円 |
| 岩城完之 | | | |

**〈シリーズ世界の社会学・日本の社会学〉**

| | | | |
|---|---|---|---|
| タルコット・パーソンズ——最後の近代主義者 | 中野秀一郎 | | 一八〇〇円 |
| ゲオルグ・ジンメル——現代分化社会における個人と社会 | 居安 正 | | 一八〇〇円 |
| ジョージ・H・ミード——社会的自我論の展開 | 船津 衛 | | 一八〇〇円 |
| アラン・トゥーレーヌ——現代社会のゆくえと新しい社会運動 | 杉山光信 | | 一八〇〇円 |
| アルフレッド・シュッツ——主観的時間と社会的空間 | 森 元孝 | | 一八〇〇円 |
| エミール・デュルケム——社会の道徳的再建と社会学 | 中島道男 | | 一八〇〇円 |
| レイモン・アロン——危機の時代の透徹した警世家 | 岩城完之 | | 一八〇〇円 |
| フェルディナンド・テンニエス——ゲマインシャフトとゲゼルシャフト | 吉田 浩 | | 一八〇〇円 |
| カール・マンハイム——時代を診断する亡命者 | 澤井 敦 | | 一八〇〇円 |
| 費孝通——民族自省の社会学 | 佐々木衞 | | 一八〇〇円 |
| 奥井復太郎——都市社会学と生活論の創始者 | 藤田弘夫 | | 一八〇〇円 |
| 新明正道——綜合社会学の探究 | 山本鎭雄 | | 一八〇〇円 |
| 米田庄太郎——新総合社会学の先駆者 | 中 久郎 | | 一八〇〇円 |
| 高田保馬——理論と政策の無媒介的統一 | 北島 滋 | | 一八〇〇円 |
| 戸田貞三——家族 研究・実証社会学の軌跡 | 川合隆男 | | 一八〇〇円 |

**〈中野 卓著作集・生活史シリーズ 全12巻〉**

| | | | |
|---|---|---|---|
| 生活史の研究 | 中野 卓 | | 二五〇〇円 |
| 先行者たちの生活史 | 中野 卓 | | 三二〇〇円 |

〒113-0023 東京都文京区向丘1-20-6
TEL 03-3818-5521 FAX 03-3818-5514 振替 00110-6-37828
Email tk203444@fsinet.or.jp URL:http://www.toshindo-pub.com/

※定価:表示価格(本体)+税